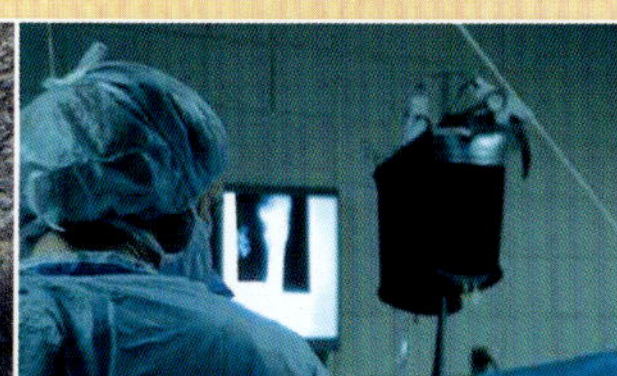

회장 **박 양 동** 외 일동

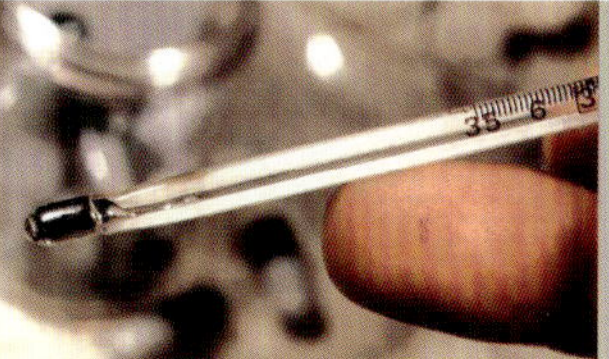

www.kndoctor.org

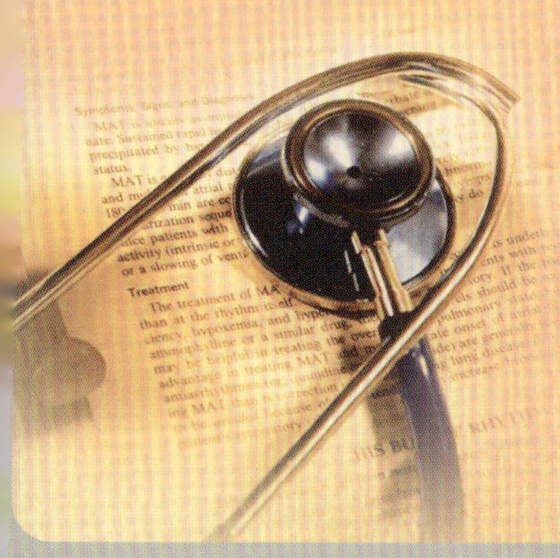

경남 창원시 성산구 상남동 27-1
병 원 • 055) 262-8511
사무처 • 055) 240-6224

제4회 **경남수필문학상** 시상식 및
경남수필 제38집 출판기념회

경남수필문학회
합평회 풍경

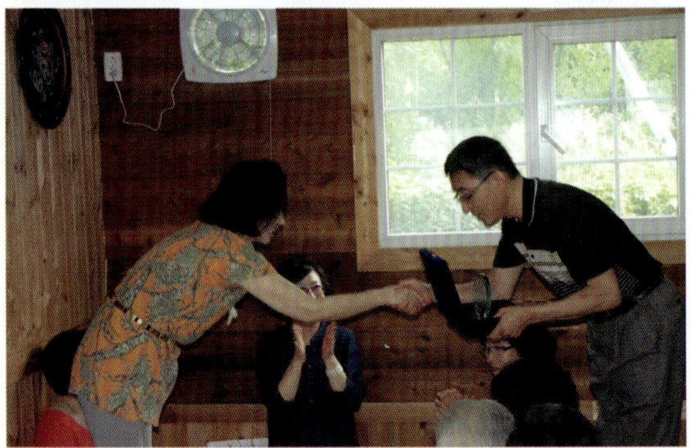

10월 문학기행
거제 일원

慶南隨筆 | 이천십이년 ● 39

경남수필문학상 수상자 황소부

題字 | 竹軒 **鄭 文 丈**
· 대한민국 서예대전 초대작가
· 한국서예협회 이사
· 한국서예협회 경남지부장 역임

본문삽화 **이상진**

5매 수필

표지화가 **이원기** 〈유채꽃 만발한 제주〉

경남 사천 출생. 1997년 《문학춘추》 신인상 등단. 수필집 《듣기 좋은 꽃노래도》 외 다수, 화집 《이원기 화집 그리고 자전에세이》, 《이원기의 동양란 기르기》. 문학춘추회, 마산수필동인회, 한국문협, 경남문협, 마산문협 회원. 마산 한일정형외과 원장

평 론

Gyeongnam Essays

지금 이 순간 정목일 신작수필집

선우미디어 | **신국판** | **272면** | **값 10,000원**

수필의 길에 들어선 지 40년이 돼온다. 수필집을 낸 것만도 20여 권이다. 세월이 갈수록 수필쓰기가 수월하지 않음을 느낀다. 수필을 쓰지 않으면 심심하다. 내게 수필이 있음이 다행이다 싶다. 수필을 쓸 때가 가장 편안하다. 숨 쉬고 있음을 느끼게 한다. 나의 수필쓰기는 삶에서 스쳐가는 순간의 발견이다. 평범한 일상에서 얻은 순간의 진실한 모습이고 숨결이다.

— **저자**의 〈머리말〉 중에서

낮은 곳에 물 고이듯 강수찬 수필집

도서출판 경남 | **변형국판** | **양장본** | **264면** | **값 10,000원**

발로 뛰며 수필을 쓰다보면 꽃도 만나고 나무도 만나고 종내 임도 만나게 되는 것이 아니겠는가. 그 임은 곧 화자에 있어서 문학작품이 된다. 그래서 화자의 수필은 자연스럽게 답사나 기행문이 주류를 이룬다. 이렇듯 자연을 접하고 숲 속을 거닐게 되다보니, 수필에 풀꽃 향기가 싱싱하다. 또한 이 수필을 읽는 독자들을 배려한 듯 유머도 섞어 놓아 입맛을 당기게 하고 있다.

— **하길남**(수필가 · 문학평론가)

지리산 빗점골의 가을 백남오 지음

서정시학 | **국판변형** | **256면** | **값 13,000원**

백남오 선생의 수필집 《지리산 빗점골의 가을》은 지리산의 넓고 깊은 의미를 파헤쳐 보여주는 작품이다. 나는 그가 이 수필집을 통해서 인간이 자연으로부터 가르침을 얻어 자신의 역사적 경험을 승화시키는 방법을 보여주고 있다고 생각한다. 이 두 번째 수필집은 그가 얼마나 큰 집념을 가진 사람인지 알 수 있게 해준다.

— **방민호**(문학평론가 · 서울대 국문과 교수)

수필로 만나는 음악의 향기 서영수 음악에세이

아이엠피미디어 | **국판변형** | **204면** | **값 10,000원**

창작은 연주의 계획이며 연주는 그 계획을 실제의 아름다운 음을 통해서 재현하는 작업을 말한다. 그러나 아무리 아름답고 훌륭한 연주라도 이것을 들어주는 청중이 없으면 음악상황이 성립될 수가 없기 때문에 음악 감상은 음악상황 성립의 가장 중요한 요소가 된다. 꿈 많은 청소년들에게는 애정과 동경심을 싹트게 하고, 성인들에게는 아름다운 추억을 회상케 하는 작품인 것을 확신한다.

— **안종배**(경남대 · 일본 나고야예술대학 명예교수)

2012 제39호

경남수필문학회

머리말

제39회 경남수필범선의 닻을 내리며

한 편의 글을 빚기 위하여 작가는 시간을 죽이며 고뇌한다. 잠들어 있는 영혼의 별들을 깨우는 작업이다. 하나하나 일어선 영혼의 별들이 함께 손잡고 이제 세상을 항해하려 한다. 고뇌하며 태어난 글들이 어지러운 세상을 정화하고, 삶의 정수리가 맑아지며 재정비되는 손길일 수 있다면 작가들의 진통은 참 보람되다 할 것이다. 왜 글을 쓰는가. 왜 글을 읽는가의 물음과 해답을 늘 가슴에 품고 사는 사람들, 깨어 있는 영혼의 한마당에 많은 눈길이 머물러 주길 기도한다.

수필을 읽고 쓰는 일은, 어떻게 사는가 어떻게 살 것인가에 대한 의문에 작은 해답을 얻는 일도 될 것이다. 치달리는 문명과 행렬, 그 발길과 반열에 채이고 뒤처질세라 숨가삐 뛰며 인간적, 정서적인 많은 것을 간과하며 사는 현대의 삶은 어쩌면 슬픔 그 자체인지 모른다. 무분별한 충동을 자극하는 문명의 이기들, 이 범람 속에서 부조화한 영과 육, 겉껍질만 비대해져버린 비정상적 발육들이 순간적 쾌락을 쫓아 경악스런 범죄로 탄생되고 사회는 불안에 떤다. 이런 때일수록 문학인들의 역할인 치유와 희망의 공감적 사회적 사명감이 더한층 절실하지 않은가 한다.

경남수필문학회는 1976년에 창간되어 햇수로 33년, 문집으로 39회차의 연륜을 지녔다. 결코 짧지 않고 만만치 않은 연륜인 만큼 수필계의 저력, 무게 중심 또한 단단하다. 그러나 여기 작가들의 감성은 늘 여린

경남수필문학회장
김 미 정

풀잎처럼 작은 바람결에도 파르르 촉수를 떨며 굳은살이기를 거부하고 외로운 작업 속에서 아름다운 내출혈을 한다. 매달 월례회 때는 엄숙하고 치열하게 문업을 갈고 닦으며 서로를 육성하고 반성한다. 어렵게 쓰고 쉽게 읽히는 좋은 글을 쓰기 위한 작가로서의 끊임없는 자세는 변함없이 이어질 것이다. 그리고 경남수필문학상을 제정, 올해로 벌써 5회째 지원해주신 경남의사회와 좋은 글을 빚어주신 모든 회원님 그리고 이 책이 엮이도록 손잡아 주신 협찬업체와 문예진흥금을 주신 진주시청에 깊이 감사드린다. 그리고 금년의 수상자이신 황소부 님께 뜨거운 축하 말씀 올린다. 머리글을 쓰노라니 자연히 묵직한 본회의 긴 발자취가 회상된다 '그립고 아쉬운 먼먼 젊음의 뒤안길' 이란 시구가 절로 떠오르며 가슴 한켠이 아릿하다. 초대회장이셨던 박민기님에서부터, 재작년도 경남수필문학상 수상자 정태용 님을 비롯하여 문정을 나누었던 여러 문우님들이 저 먼 곳의 안개 속에서 그리웁게 서 계시다.

그대여 우린 또 어디로 가고 있을까… 가고 있는 길 위에서 세상의 모든 사람이 아름답고 행복하게 살기 위한 에너지에 모두가 시간을 너그러이 바치기를 바란다. 그리고 올해 처음으로 문을 연, 본 문학회 카페도 자주 거닐어 서로 맑고 다정한 공기를 흠씬 나누시길 바라며 경건한 기도의 맘으로 제39회 경남수필범선의 닻을 내린다.

특집 제5회 경남수필문학상

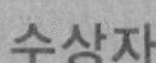

黃昭夫

아호 용전龍田. 부산대학교 문리과대학 영어영문학과 졸업, 부산대학교 대학원에서 석사 · 박사학위 취득(문학박사). 경상대학교 인문대학 영어영문학과 교수, 미국 Harvard대학교 연구교수, 미국 Yale대학교 Fulbright 교환교수, 영국 Cambridge 대학교 객원교수. 경상대학교 학생부처장, 신문방송사 주간, 인문대학장, 경상대학교 교수회장, 전국국공립대학교 교수협의회장, 한국영어영문학회 · 한국현대영미시학회 · 미국 MLA학회 회원, 한국 T.S.엘리엇학회 부회장 · 평의원(현), 영미어문학회장, 현대영미어문학회장. 경상대학교 명예교수(현)

경남일보 · 경남신문 논설의원 역임. 세계인명사전(Marquis Who's Who)에 등재. 황조근정훈장 수훈. 진주문협 · 경남문협 · 한국수필가협회 회원. 경남수필문학회 회장

《우정은 노을처럼》(7인 수필집), 〈嶺 넘어 흐르는 江〉(嶺南代表 에세이), 〈Essay〉(月刊 에세이) 등에 수록된 다수의 수필을 비롯해 〈영미수필의 해학성〉(제5회 한국수필가협회 세미나 주제발표), 〈포스트 모던 수필〉 등의 수필이론, 〈수필과 체험의 자기화〉, 〈사물과 현상에 대한 인식 패러다임〉 등의 수필 평론, 〈글로벌시대의 문화예술 환경〉 등의 시론 및 칼럼, 방문 인상기 〈마리아 폰 트랩여사〉 등 200여 편의 산문 발표.

| 황소부 대표작 |

귀뚜라미의 소야곡 외 2

나의 가을은 귀뚜라미 소리에서 시작된다. 한낮의 뜨거움과 아침저녁의 서늘함에서 이미 계절의 변화를 직감하지만 가을이 정녕 나에게도 왔구나 하는 확신은 역시 귀뚜라미 소리가 밤공기를 은은히 울려 퍼질 때이다.

짜증스런 여름이 훌쩍 떠나고 청명한 하늘과 풍요로운 대지를 기대하면서 8월의 달력을 떼어버릴 때도 가을을 실감하지 못하지만 귀뚜라미나 풀벌레들의 노래가 가을의 서곡처럼 들리면 이젠 더 이상 여름을 생각지 않게 되고 가을이 왔다는 기쁨에 마음이 설레이게 된다. 내 주위의 여러 가을 꽃들이 가을을 다투어 알려주고 익어 터진 석류가 계절의 변화를 신묘하게 보여 줄 때 가을을 맞이한 기분을 느끼는 것도 사실이다.

그러나 시각적인 풍경 속에서 느끼는 가을도 좋지만 역시 가을은 무언지 모르게 가슴을 가득 채워주는 소리와 그 정감이 있어야 더욱 진맛이 나는 것 같다.

밤의 연가처럼 들려오는 귀뚜라미 소리야 말로 가을 특유의 소리와 정감을 함께 자아내 주는 것이다. 귀뚜라미의 소야곡은 내 마음의 녹슨 창을 스스럼없이 열게 해 주고 무딘 감정을 녹여 주면서 가을을 나만의 세계로 만들어 주는 것이다.

가슴속에 깊이 간직했던 추억과 회한을 되씹게 해 주고 일기장을 꼭꼭 채웠던 지난날의 아름다운 사연들을 남 몰래 회상시켜 주기도 한다.

귀뚜라미는 깊어가는 가을밤 시간 가는 줄 모르고 책을 읽을 때 고독한 나의 벗이 되어주던 그 다정함을 올해도 변함없이 안겨주는 것이다.

청명한 하늘에 달빛이 교교한 밤, 귀뚜라미마저 소야곡을 불러대면 삭막한 생활 속에서 어느덧 메말라 버린 나의 감정에 조용히 샘물이 흘러 가슴에 차 온다.

누구나 느끼는 바가 다르겠지만 귀뚜라미의 소야곡이 들려오는 가을밤 그리움과 고독과 사랑의 묘한 기분이 앙상블을 이루며 나를 엄습해 올 때 나는 가을밤의 정취에 매료되어 버린다. 그래서 가을엔 모든 것이 정겹고 아름답게만 느껴진다. 굳어지고 거칠어진 심신에 가을의 정감이 배어들면 기계처럼 바쁜 생활 속에서 갈수록 잊어가는 낭만에 왈칵 향수를 느끼게 된다.

귀뚜라미의 소야곡에 도취되어 마음의 창을 열어 볼 수 있는 행복감, 결코 사치스럽지만은 않았던 그리움과 고독과 사랑을 한순간이나마 다시 느낄 수 있는 것은 분명히 가을과 귀뚜라미 소리가 나에게 주는 귀한 선물인 것이다. 〈구노의 세레나데〉를 들어 보아도 〈토셀리의 세레나데〉를 불러 보아도 귀뚜라미 소리만큼 다정다감한 정의情意를 느낄 수 없는 것 같다.

문명의 소음과 잡다한 생활 이야기에 멍들고 지친 청각에 감미로움과 낭만을 안겨주는 귀뚜라미 소리는 언제 들어도 다정스럽기만 한 가을의 소야곡으로 내 마음의 창을 열게 해 준다.

K군에게 보내는 글

K군,

오랜만에 필을 들었네. 그동안 틈틈이 문안 인사 빠뜨리지 않던 군에게 변변히 소식 한 자 전하지 못해 항상 마음이 무거웠네.

실로 오랜만에 한가로운 시간을 가져 연구실 창밖을 내다보니 비 온 뒤라 7월의 나무들이 더욱 싱그러워 보이는군.

새로 이전한 캠퍼스는 지난날 자네가 공부하던 칠암동 교정처럼 숲이 울창하진 못하지만, 현대식 건물들과 옮겨 심은 지 몇 년 안 된 나무들, 정성들여 기르는 잔디들로 아름답게 정돈된 곳이네.

특히 학교 교목으로, 교문부터 줄지어 심어진 느티나무의 커가는 모습은 해마다 그 자태를 달리한다네. 올해엔 잎이 훨씬 푸르고 무성해졌다네. 이런 넓고 쾌적하고 편리한 새 캠퍼스에서 군과 동창들이 대학 생활을 다시 한 번 시작했으면 얼마나 좋았을까 하고 가끔 생각해 보기도 하네.

K군,

대학에 들어와서 멋진 인생의 설계도를 꾸며 보겠다고 강한 결의를 보이면서 학문과 인격 도야에 전념하던 자네를 생각하면, 지금도 교육에 나선 나 자신의 삶에 보람 같은 것을 느끼네.

그러나 대학이 젊은이의 앞날에 비전을 줄 수 있는 그런 역할을 다했는지……. 나 또한 대학인으로서 대학의 이념을 구현하는 일에 얼마나 헌신했는지를 생각하면 다시금 옷깃이 여며진다네. 자네는 스스로 자신을 일깨워 가며 성실로 이룩된 성공한 학창생활을 보냈고 지금도 사회에 나가 더욱 건강한 삶을 영위하고 있다고 들으니 더욱 그런 생각이 든다네.

좋은 스승 밑에서 좋은 제자가 난다고들 하지만, 청출어람靑出於藍이란 말이 내포하듯 선생보다 훌륭한 제자가 되어 사회의 역군으로서 일할 수 있어야 한다는 게 우리들의 희망이요, 기대인 것만은 분명하네.

지금 대학엔 자율화 바람이 강하게 불어 젊은 학생들의 함성이 그칠 새 없지만, 이 또한 먼 미래를 위한 진통이 아니겠나. 젊은이들이 갖는 이상과 기성세대인 우리가 갖는 현실에 대한 인식엔 다소 차이가 있음도 사실이지만 말일세.

그러나 밖으로 터져 나오는 큰 함성이 있기는 하지만 대학 내부에 깊이 흐르는 큰 줄기는 강의실과 실험실, 도서관과 운동장에서 대학 본래의 사명이 무엇인가를 증언하듯 도도히 흘러가고 있네.

그러나 K군,

진리 탐구의 문에 들어섰어도 진리의 상아탑 속에서 방향을 찾지 못하고 선배들의 숨결을 느끼지 못하는 학생들이 간혹 눈에 뜨일 땐 가슴이 뜨끔해 오는 것은 숨길 수 없는 사실일세. 또 너무 현실 감각이 민감하여 대학 밖의 여러 일에 대한 지나친 관심과 흥미 때문에 대학생 본연의 책무를 망각하여 나중에 후회하는 학생들도 더러 있다네.

K군,

지난날 우리가 넓게 높게 대학의 이상을 이야기해 보았지만 귀착되는 것은 한 가지뿐이었지. 대학은 학술의 심오한 이론과 그 광범 정치한 응용방법을 배우고 연구하는 곳이라고. 그리고 사회에 나가서 지도자가 될 인격 도야를 해야 하는 곳도 대학이라면 우리가 생각하고 행동해야 할 길과 방법은 자명하게 드러나지 않던가.

K군

영미소설 강독 시간에 읽은 에밀리 브론테 〈폭풍의 언덕〉을 기억하고 있겠지? 19세기 소설이라 수식어도 많고 표현도 지루했지만 우리는 그 소설의 배경과 낭만에 무척 매료되어 있었지.

더구나 자네는 주인공 「히드클리프」의 인간성에 대해 퍽 깊은 관심을 가졌었지. 물론 소설가에 의한 인물 창조이고 소설이 허구물이긴 하지만, 주인공이 그러한 복수심과 격정을 갖게 된 배경과 심리적 정신적 학대에 학생들은 많은 연민을 가졌었는데 자네는 정신 분석학적인 측면에서 좀 더 「히드클리프」를 고찰해 보고 싶어 했었지.

그뿐만 아니라 우리는 문학 작품 속에서 많은 인간형을 보았었지? 「햄릿」과 「돈키호테」 같은 인간형이 있고, 《스케치북》에서 어빙이 그린 자기 세대를 지내 버린 초시간적 인물 「리밴윙클」 같은 환상적 인물도 보았었지. 악한 사람, 착하고 선한 사람, 순애보 같은 사랑을 할 줄 아는 여인, 지나치게 시기심이나 심술이 많은 남녀 인간형도 보았지.

문학 작품 속에 그려진 갖가지 인간상과 교훈 말고도 동서고금의 많은 선현들이 인간과 인간성에 대해서 설파한 것이 많고, 종교가 도덕성이나 실천 윤리를 강조하는 걸 보면 인간에겐 분명히 선한 면과 악한 면이 공존하고 있음을 알 수 있었지.

K군,

대학 문화가 충분히 꽃피지 못한 곳에서 대학인다운 인간됨과 인격체, 지성의 면모를 갖추라고 한다는 것은 교수님의 지나친 욕심이 아니냐고 반문하던 군의 진지한 모습은 언제나 나와 같은 교수의 입장에서 나를 돌아보고 나의 주위 환경을 둘러보게 하는 계기가 되었음을 부인하지 않네.

그러나 내가 군에게 들려주고 싶었던 많은 이야기는 나의 대학 생활의 체험 가운데서 내 나름대로 겪었던 시행착오를 다시금 후진들이 되풀이하지 말아야 한다는 생각에서였네. 자네도 또 후배들에게 그렇게 해 주길 바라면서 말이야.

대학은 자각하는 성인을 길러내는 곳이기에 지적인 면에서와 인격적인 면에서 자기 성장을 꾀하기 위해 부단히 자기실험을 해야 하며 스스로 모순을 발견하고 어려운 문제를 해결할 수 있는 능력을 배양하는 곳이지 않나. 그래서 인간의 폭과 깊이를 갖기 위해 사고의 영역을 확대하기 위해, 실컷 놀아 볼 줄도 아는 대학생이 되어야 한다는 역설 아닌 역설이 우리 사이에 운위될 수 있었던 게 아닌가?

K군,

이제 사회에 나서고 보니 대학생이 가질 수 있고 가져야만 할 뜨거운 가슴의 의미를 알겠나? 냉철한 머리의 의미를 이해하겠지? 뜨거운 가슴이 있기에 대학생은 젊고 발랄하고 생동감 있고 신선한 가운데 낭만을 간직할 수 있는 것이네. 또한 냉철한 머리가 있기에 합리적으로 사고할 수 있고, 지성인다운 현명함이 있고, 문제를 근본적으로 인식하고 분석할 줄 아는 능력이 있으며, 자기절제와 극기를 실천할 수 있지 않겠나?

K군,

자네의 후배들은 아직도 이런 면에서 성숙해 있다고 자신 있게 말할 수 없는 게 안타까운 현실이네. 선배로서 기회 있는 대로 자네의 경험을 가슴에 와 닿도록 후배들에게 들려 줄 수 있으면 얼마나 좋겠나.

K군,

언젠가부터 대학 생활은 자꾸 바빠만 가니, 자네와 함께 잔디밭에서나 벤치에서 혹은 빈 교실이나 막걸리 집에서 한가로운 대화를 나누던 그런 정겨운 기회도 지금은 좀체로 마련키 어렵네.

한 학기 강의가 다 끝나도 교수는 학생의 얼굴과 이름을 다 기억할 수 없을 정도로 학생 수가 많아졌으니, 나는 어떻게 그들에게 고루 정을 줄 것이며 학생들은 또 어떤 정이나 친근감을 교수에게서 느낄 수 있겠나?

이제 좀 더 가까운 사이가 되어야 하겠네. 이제 보다 많은 대화의 시간을 만들어야겠네. 이젠 좀 더 기본적인 삶에의 성찰을 함께해야겠다는 것이 항상 내 자신에 대한 자책과 함께 일어나는 결심일 뿐이네.

K군,

자네 후배들에게 7월의 무더위 속에 흘리는 땀의 의미를 되새겨 주고 싶네. 논에 김을 매는 농부의 얼굴에 구르는 땀방울이 바깥 기온처럼 후덥지근한 도서관에서 공부하는 학생들의 속옷까지 배어나오는 땀방울과 무엇이 다를 바 있겠나? 그래서 땅은 농부들의 가꾸는 정도에 따라 수확을 낼 정도로 정직한 것이며, 그리고 더욱 귀한 보답을 가질 것이라고 힘주어 말하고 싶네.

K군,

오랜만에 만나서 나누는 대화처럼 말이 길어졌네. 7월의 무더위에 몸 조심하고 건투를 빌면서 이만 필을 줄이네.

영미 수필의 해학성

1.

베르그송은 "유머는 긴장의 해소이며 신경의 완화"라고 말했다. 또 카아라일은 "유머란 어떤 사실과 함께 웃는 것이다"란 정의를 내리고 있다. 여기서 말하는 유머란 익살스러운 농담이나 기질 혹은 해학을 뜻하는 것이다.

학자에 따라서 웃음을 기조로 하는 골계문학은 두 가지 유형, 즉 해학과 풍자를 내포하고 있으며 해학과 풍자의 상위개념으로 골계문학을 논하기도 한다.

해학과 풍자는 상당한 차이는 있지만 웃음을 공유하는 면에선 동일한 특성을 갖는다. 따라서 넓은 의미의 해학성은 풍자를 포함해서 논하는 것이 더욱 타당한 일일 것 같다. 해학이 인간성에 호소하며 동정적이고 사랑에 바탕을 둔 웃음이라면, 풍자는 부정적이고 야유적이며 비판적인 것으로 웃음을 유발시키는 것이라고 말할 수 있다.

베르그송은 웃음의 의미의 기본개념으로 말 재롱, 희화, 그리고 희극

인물의 기질(또는 유형)과 같은 흔히 우습다고 여겨지는 광범하고 다양한 상황들이 아주 교묘히 적용되는 것을 들고 있다. 이러한 웃음은 수필에서도 예외일 수는 없다. 감성과 지성을 바탕으로 하여 생활주변을 둘러보고 소박한 인생철학을 담은 수필들은 재미있게 웃음을 자아내면서 독자를 감동시키고 있기 때문이다.

해학은 개인과 국민의 역사성과 시대적 배경과 연관되어 그 감도나 특질을 달리하고 있지만 해학이 웃음을 자아내는 것이고 우습다고 하는 광범하고 다양한 상황들에서 동일한 해학의 본성을 알 수 있고 인간이 갖는 보편적 감정을 공감할 수 있는 것이다.

인간성에 대한 열렬한 탐구정신이나 영원한 동경이거나 인간의 악행이나 우행을 경멸하는 데서 나오는 웃음이 수필에서 갖는 효과와 가치는 다른 어느 문학 장르보다 크다고 말할 수 있다.

2.

영국수필에 나타난 해학은 오랜 전통을 가지고 있다. 영국에서 무수한 수필들이 나왔고 베이컨으로부터 시작하여 램, 체스터튼, 가디너, 밀른 등 많은 수필가들이 그들 특유의 해학과 위트가 넘치는 글들을 발표해 영국수필에 운치를 더해 주었다.

예를 들어 램은 자신의 생활과 성벽에서 비롯된 애수와 감상을 억제할 만한 지혜와 유머를 가지고 있었다. 〈굴뚝 소제부 예찬〉에서 악의 하나 없는 소제부를 두고 그들의 귀족적 신분까지 상상해 보기도 하고 얼굴도 옷도 시꺼멓다고 '이중의 암흑'이라고 표현할 정도로 우습다. 아무도 거들떠보지도 않을 굴뚝 소제부에게 느끼는 인간적 사랑과 인간성에 대한 호소는 흥미 있는 상상력의 세계에서 유머러스하게 전개되고 있다.

램은 감상과 비애를 억제하고 사실감 나는 묘사와 유머러스한 터치로 감정의 균형을 유지하고 있다.

가디너의 〈모자철학〉 같은 수필을 보면 그의 수필은 일상생활에서 겪고 있는 사소한 것에서 주제를 택하여 그것을 재치 있고 유머러스하게 묘사하는데 이런 작품을 통해 영국인의 해학성과 그 의식세계를 엿볼 수 있는 것이다.

엄격히 따져보면 해학은 기지나 야유, 우스개와는 다르며 통찰과 동정을 바탕으로 하는 면에서 정적인 작용이라고 할 수 있는데 램이나 가디너, 밀른의 수필도 그런 바탕에서 우러나오고 있다. 램의 경우 남달리 온유한 감정, 동정을 바탕으로 갖고 있는 것이 그의 해학의 특징이기도 하다.

대체로 영국의 인포말 에세이에 나타난 해학은 지성의 바탕에서 점잖은 전통을 고수하고 있다. 익살이나 야유의 가시가 없는 것도 아니지만 해학이 지니는 따사로움과 높은 교양의 향기가 포근하게 느껴지는 특질을 잘 드러내고 있다. 모순과 결점투성이의 인간과 사회를 꼬집기도 하지만 인생 성찰의 과정에서 야단스럽지 않고 덤덤함을 내보일 뿐이다.

그래서 영국의 수필은 생활에 여유가 있을 때 웃음이고 해학이다. 그런 웃음은 항상 그들의 생활을 윤활유처럼 부드럽게 해주는 것이다. 가디너와 밀른의 수필에서 인생의 어리석은 일들을 사랑이 깃든 눈빛으로 바라보는 그런 예술적 표현으로서의 해학을 볼 수 있다. 이런 해학은 지성에 바탕을 둔 객관적인 표현이어야 하고 명랑성과 정서가 풍부해야 함은 물론이다.

영국의 수필을 두고 볼 때 해학은 전통적으로 인생에서 얻어지는 많은 모순, 부조리, 갈등을 헐뜯기보다는 비애와 불쾌감을 따뜻한 사랑과 동정으로 감싸준다. 그래서 해학에서 오는 웃음은 웃음으로 그치기도 하고 그 웃음으로 모순을 인식하고 놀라움을 발견하면서 그러한 인식과 발견에서 야기된 심적인 불균형 상태를 평형화하는 작용을 하게 된다.

3.

미국수필은 초창기엔 미국다운 특성 있는 해학을 갖지 못하고 영국풍의 태도와 기분을 그대로 나타낼 정도였다. 그러나 참다운 미국문학에 대한 갈구라는 서부문학을 낳게 되었고 서부의 문학은 모든 점잖고 전통적인 영국이나 구라파 전통을 무시하고 새롭고 신선하고 투박한 그러면서도 미국 특유의 익살, 방언을 사용하면서 프론티어(변경)의 서부문학으로 발전하였다.

서부문학의 주류를 이루는 유머는 미국사회의 현저한 조건, 다시 말해서 프론티어와의 투쟁에서 나온 것이라 할 수 있다. 그 투쟁이 절망적인 것이었기에 더욱 웃음이 필요했을 것이다.

이러한 서부의 유머는 남부 · 동부의 유머와 혼합되어 곧 미국의 낙천주의와 염세주의를 기초로 하여 전 미국적 유머로 발전했다.

미국은 풍요사회에서 희비극의 기분을 함께 느끼면서 미국의 꿈을 실현했고 개인의 존엄성을 최후의 거점으로 숭상했던 것이다. 그러나 20세기에 들어서면서 희망과 좌절을 느꼈다. 미국의 지식인들은 고도로 발달된 기계문명과 고도산업사회, 그리고 인간의 감정을 고갈시키는 도시화된 기능사회에 대하여 깊은 좌절과 회의를 맛보게 되었다.

최초의 프론티어의 유머는 기상천외적인 과장과 터무니없는 농담이 해학의 기본이었다. 이런 해학에는 나쁜 인간성에 대한 조소가 따르고 대부분 크게 웃음을 자아내게 한다.

워싱턴 어빙 같은 작가의 수필이나 단편에서 풍기는 유머는 오히려 영국의 에디슨의 계통을 이어받는 품위 있는 완곡한 것이라고 볼 때 그들은 지적이긴 하나 따뜻한 체온이 부족했던 것이다. 그 이후에 상스러운 말, 방언, 거치른 익살을 즐겨 쓰며 창출된 미국의 유머는 세련미는 없지만 강한 힘이 있고 솔직하고 진솔하여 따뜻한 체온과 혈기를 느끼게 해 준다.

해학은 비애와 완전히 공존할 수도 있고 분노와 혐오와도 공존할 수 있다는 것을 증명하듯 미국의 수필가들은 신문, 잡지 등에서 인간성을 분석하고 진보된 미국, 고도의 물질의 풍요를 누리는 사회에서 발견되는 허다한 모순당착을 포착하여 거기서 교묘하게 해학을 뽑아내는 유머리스이며 그 낭만성, 해학성 밑에는 항상 현실에 대한 강한 직시와 적발의 태도도 있었다고 말할 수 있다.

현대에 와서 개인의 자유탐구, 도시화된 미국 문명에 대한 수필가들의 견해는 미국적인 경험의 특질에 대한 근본적인 것에 집중되는 듯하다. 인종문제, 성의 문제, 전쟁에서 오는 좌절, 기계로 인한 인간소외, 절망, 거부, 자아실현에의 의지 등에 비상한 관심을 보이고 있다.

오늘날의 미국은 인간의 곤경에 대해서 재치 있게 해명을 구하거나 해결책에 대한 제시를 한다. 미국의 해학은 이런 시대와 사회의 특수한 비극적 상황을 희극적인 음조로 바꾸려는 문인들의 글에서 찾을 수 있다. 시와 소설에서뿐만 아니라 터버나 벤츨리 같은 작가들은 미국의 상황에서 신문 · 잡지 등을 통해 신변잡기나 유머러스한 수필 등을 발표함으로써 웃음과 함께 생에 대한 비판을 하고 있다.

《뉴요크》지에 기고한 글을 엮은 터어버의 〈나의 인생과 고난의 시대〉 등에 실린 〈대학생활〉 같은 수필에서 개개인이 당하는 곤경이 예리한 심안으로 파헤쳐서 묘사되고 있는데, 개개인이 당하는 그런 곤경이나 불행은 모두 코미디처럼 보편화되어 웃음을 자아내고 있다.

엘리엇은 터어버의 해학 밑바닥에서 생에 대한 진지하고 심오한 비평을 발견했다고 했듯이 터어버의 해학은 진지한 데가 있고 그의 해학은 그가 속해 있는 미국과 그 시대의 증언이라 할 수 있다.

유머리스트이자 풍자가인 터어버는 명랑성이 있는 중에서도 항상 생의 어두운 면을 이해하는 염세주의자라 할 수도 있기에 생의 숱한 단면을 꼬집고 비웃으면서 진실을 말하는 것이다. 그러나 그의 해학에서 생의 긍정적인 변모를 볼 수가 있다.

〈아메리카 유머의 도시화〉라는 제목의 글에서 월터 블레어가 다음과 같이 밝힌 터어버의 유머에 대한 본질을 보면 현대 미국수필에 담긴 해학성을 더욱 잘 이해할 수 있다.

"우리가 웃는 일들도 우리들 눈앞에 일어나고 있는 동안에는 무서운 것이지만 나중에 이를 되돌아보면 우습게 보이는 것이다. 그리고 다른 사람들이 웃는 것은 그들 역시 그런 것을 경험했기 때문이다.…"

유머는 우리들이 잘 알고 있는 것, 아니 그중에서도 굴욕적이며 비참하며 비극적이기조차 한 것에 가장 좋다고 생각한다. 유머는 냉정히 그리고 조용히 회고하며 말하는 일종의 정서적 혼란이다.

인간은 우월감에서 웃는 것과 동시에 일종의 원숙한 자기연민에서도 웃는다.

또 한편 미국의 해학에서 1960년대 바쓰, 프리히드만, 헬러 등의 글에서 보이는 기분 나쁜 잔학한 유머, 즉 '블랙 유머'를 빼놓을 수 없다. 이 '블랙 유머'의 저변에는 예리한 풍자정신, 철저한 비판정신 내지는 부정, 현실의 희화 패러디화, 허무사상 등이 내재되어 있는데 '블랙 유머'에는 냉혹한 웃음, 비참한 웃음이 있을 뿐이다.

냉혹하지만 현대가 가지고 있는 부조리, 잔혹성, 공포 같은 어두운 부분을 웃어 넘기지 않으면 인간은 정신의 균형을 원만히 유지하지 못했을 것이다. '블랙 유머'는 슬프고 비참한 일을 웃음으로 승화시키는 지혜가 있기 때문이다.

4.

리 · 콕 스테판은 "해학은 인생의 천태만상의 부조리를 웃음으로 바라보는 것"이라고 말했다. 이 말은 해학이 단순히 우스꽝스러운 것이 아니고 기지처럼 현실을 개별적으로 파악하고 풍자처럼 대립적인 것이나 배리적인 것을 강조하기보다는 한결 높은 차원과 깊은 통찰을 가지고 모순을 해결하고 조화하려고 하는 수용적 태도에 가깝다고 할 수 있다.

해학은 인생에서 얻어지는 모순, 부조리를 파헤치기보다는 너그럽게 수용하고 포근하게 쓰다듬어 주는 위치에서 비정과 불쾌감을 사랑과 동정으로 얽어매는 것이다. 그래서 웃음은 감정적인 반면 이지적이요 또한 사회적이라고 말할 수 있는 것이다.

훌륭한 웃음을 자아내는 해학은 복잡성보다는 단순성을 가지고 중용과 화해를 조장하는데 그런 웃음 속에서 인간정신의 건전함과 인간적인 다정함과 겸허함이 있을 때 우리는 해학의 참 가치를 알 수 있을 것이다.

임어당의 말처럼 해학은 하늘에서 내린 단비처럼 우리 모두를 행복하게 하고 흐뭇한 우애의 분위기 쪽으로 휘몰아 넣는다.

인간의 생활은 선과 미덕만이 있는 것이 아니고 슬픔과 비애, 어리석음과 좌절로 가득 차 있다. 여기에 인간을 강하게 하는 활력소로서 해학이 필요한 것이다.

해학은 시대의 변화와 민족의 기질 문화 환경 등에 따라 그 넓이와 깊이와 강도가 다르다. 그렇기 때문에 우리는 수필 속에서 해학이 유발하는 잔잔하고 미소 머금은 웃음에서부터 차갑고 냉소적인 눈물의 경우에도 웃지 않을 수 없는 그런 웃음까지 본다.

그러나 기본적으로 해학이 가지는 본질은 여유와 따뜻함이고 부드러움과 메마르지 않은 윤기이고 높고도 낮은 자세라고 말할 수 있다. 풍자와는 달리 해학은 또한 우호적이고 긍정적이고 옹호적인 특질을 가지면서 인간과 인간성에 끊임없이 호소하는 것이다.

수필가들의 해학 속에서 인간은 거리낌 없이 웃을 수 있다. 그들의 수필에서 야유하고 꼬집는 익살과 웃음을 머금게 하는 해학과 번뜩이는 기지의 힘으로 현실을 진실하게 반영할 수 있는 것이다. 이런 해학 속에는 인생의 밝은 진리가 있으며 이러한 진리를 수필이 가질 때 그 수필의 운치와 향훈은 더욱 강하고 짙게 될 것이다.

—제5회 한국수필가협회 세미나 주제발표(1986)

| 경남수필문학상 수상소감 |

황 소 부

경남수필문학상을 받으리라고 기대를 하지 않았습니다. 이룩한 문학적 업적이 보잘것없다는 걸 잘 알고 있기 때문입니다. 훌륭한 작품을 많이 쓴 수필가들이 많은데 상을 받게 되어 정말 기쁜 마음보다 부끄럽고 죄송한 마음이 앞섭니다.

중 · 고교 시절 교지나 학생잡지에 글이 실리기도 했고 대학생일 땐 전통 있는 문학 동아리에 참여도 해 보았습니다. 그러나 제가 택한 삶은 영문학 교수였기에 학문에 대한 열의가 강해지는 만큼 문학에 대한 열의는 식어지고 말았습니다. 글쓰기에 대한 미련은 희망의 씨앗으로 남아 있었을 뿐이었습니다. 그래서 가끔씩 지성과 감성 사이에서 갈등을 겪기도 했습니다. 지성적 욕망은 저에게 학문연구에 매진하라고 압박하고 감성적 본능은 감명 깊은 글을 창작해 보라고 재촉하곤 했으니까요.

그럴 무렵 경남수필문학회가 결성되어 저는 창립회원이 되어 글쓰기에 대한 희망의 불씨를 지필 수 있게 되었을 뿐만 아니라 문학에 대한 새로운 개안(눈뜸)을 경험하게 되었습니다. 박만기 초대 회장님과 정태용 회장님의 노력과 지도력으로 경남수필문학회의 기틀이 잡혔을 무렵 제가 회장직을 맡았습니다. 저는 무엇보다도 월례회의 작품 합평회를 내실 있는 토론회로 발전시키는데 진력했습니다.

교수라는 직업 탓이었는지 공부하는 분위기를 조성하기는 어렵지 않았습니다. 위선 회장인 저 자신부터 글쓰기에 열정을 쏟으려고 애썼고 새로운 문학이론 등을 공부하여 소개하기도 하면서 솔선수범하는 자세로 합평회에 임했습니다. 지금도 그 당시 합평회의 긴장된 분위기가 눈에 선하고 수준 높은 문학 담론들이 귓전을 울리는 것 같습니다. 그 결과 저는 회장 임기 2년 동안 일 년에 두 번씩 네 번의 작품집을 출간할 수 있었습니다. 그리고 얄팍한 지갑을 털어가면서 「경남 수필 문학의 향연」이란 타이틀의 심포지엄을 개최하여 문학 활동의 지평을 넓혀 보려고도 했습니다. 그 이후 역대 회장님들과 회원들이 합심하여 노력한 결과 경남수필문학회는 크게 성장 발전하여 오늘에 이르렀습니다.

많은 회원들이 보폭을 넓히며 전국적으로 문명을 펼치고 있을 때 저 또한 한국수필가협회 세미나에서 주제 발표를 하기도 했습니다. 조경희 회장은 공식행사 인사말에서 "세미나 주제에 맞는 발표자를 서울 등지에서 찾기 힘들었는데 진주의 황소부 교수가 훌륭한 발표를 해주었다." 라고 격찬을 해 주셨습니다. 부회장으로 사회를 맡았던 서정범 교수도 공식 석상에서 같은 취지로 칭찬과 감사를 표해 주셨습니다. 이 일은 저 개인의 영광이기도 했지만, 경남수필문학회의 저력을 내보인 흐뭇한 일이라 생각합니다.

이렇게 경남수필문학회 회원들은 문학에 정진하면서 문사로서 위상을 높이는 한편 글벗으로 따뜻한 우정을 함께 나누고 있습니다. 경남수필문학회의 이런 좋은 분위기와 문학적 환경에 힘입어 저 자신도 글공

부를 꽤나 많이 했다고 자부합니다. 각종 문예지, 교육 전문지, 신문 잡지 등에 발표했던 200여 편의 작품들의 대다수가 경남수필문학회원으로 활동하면서 쓴 글들입니다.

이제 저의 영문학 교수로서의 삶은 정년을 맞았습니다만 정년 없는 문학의 길을 새롭게 달려가고 싶습니다. 수필은 곧 그 사람이라고 합니다. 지성보다 더 가치로운 것은 인격이라고 합니다. 저 자신도 수필은 인격을 담는 그릇임을 모르진 않습니다. 저에게 주어진 과분한 상은 저 자신을 다시 한 번 둘러보고 성찰하면서 새로운 수필문학의 길을 향해 좀 더 스퍼트하라는 호루라기로 생각하겠습니다. 수필가로서 좀 더 뛰어난 심미적 안목과 사색의 깊이를 가진 작품을 창작하라는 준엄한 명령으로 알고 두 손 모아 이 상을 받아들입니다.

사랑하고 존경하는 경남수필문학회 회장님과 회원님들, 문학으로 인연을 맺은 경향 각지의 글벗들, 그리고 경상남도의사회 회장님과 회원 여러분들의 격려와 성원에 감사드립니다.

| 경남수필문학상 심사평 |

정 목 일

한국문협 부이사장, 한국수필가협회 이사장

제5회 경남수필문학상 심사위원회가 10월 20일 거제에서 개최되었다. 심사위원은 신일수, 이승철, 서현복, 강현순, 정목일이었으며 김미정 회장이 참관하였다.

심사위원들은 토의결과 창립회원으로 우리 수필계에 영미수필의 번역과 소개, 수필 이론의 전개, 경남수필문학회 초기 발전을 위한 헌신으로 반석 위에 올려놓은 황소부 전 회장, 경상대 교수를 만장일치로 수상자로 선정하였다.

황소부 교수는 경상대학교 인문대학장, 전국 국 · 공립대학 교수협의회회장 등을 역임하였고 영문학자로 한국 수필계에 영미수필의 모습과 기법을 소개하여 신선한 바람을 일으켰으며, 공동 수필집 《인생은 노을처럼》(황소부, 신일수, 최문석, 정목일 외)을 내고, 2백여 편의 수필과 논문을 발표한 원로 수필가이다.

황소부 교수의 수필은 서정적인 문체를 구사하지만, 단아하고 지적이며 철학적인 면을 담고 있다. 한국 수필의 서정성과 영미수필이 지닌 지성, 논리성을 취하고 있다. 한국적인 서정성의 추구만이 아닌, 서양 수필에서 보이는 사회적인 통찰과 문제의식 등을 심도 높게 제시하고 있는 지성이 돋보인다. 이번 황소부 교수의 경남수필문학상 수상자 선정은 번역, 이론, 강의, 작품에 있어서 총체적인 무게를 지닌 수필가라는 점에서 전 회원이 축하하는 바이다.

ESSAY

회|원|작|품

강대진 강돈묵 강수찬 강종엽 강지영
강 천 강현순 공대식 김미정 김정원
도혜숙 류재식 박주원 배대균 백남오
서영수 서현복 손영희 신서영 신일수
신태순 심옥배 안순자 안황란 유명숙
윤지영 이광수 이동이 이방수 이승철
이원기 이정옥 이정하 정동호 정목일
정영선 진재수 최문석 한석근 한후남
허익구 허표영 허학수 황광지 황소부

강 / 대 / 진

《한국수필》 등단. 한국수필가협회, 한국수필작가회, 붓꽃문학회 회원

비 계

중학교 때 단짝 친구였던 남 아무개로부터 전화가 왔다. 우리의 인연은 이상하게 꼬여 졸업 이후 한 번의 연락도 없었던 터라 놀랍고 반가웠다. 그는 안부의 말 한마디 없이 하동포구 노래비를 보았느냐고 물었다. 그것이 자기 아버지의 글이니 가보라는 말로 끝을 맺는다. 삼 년간의 우정으로는 오십 년의 세월을 이을 수 없었나 보다. 텅 빈 가슴속에 친구라는 글자가 의문표를 단 채 여운으로 남는다.

늘 무심하게 지나치던 하동포구 노래비 앞에 차를 세운다. 강정 모퉁이의 강바람은 여전히 세차다. 바람에 흔들리는 머리카락을 쓸어 올리며 발아래 흐르는 강을 내려다본다. 희뿌연 안개로 뒤덮인 만조의 하구, 바닷물은 힘차게 치닫고 강물은 쏜살같이 달려온다. 씨름꾼처럼 부딪치고 뒤엉키더니 홀로 서 있는 내 가슴을 지나 굽실굽실 바다로 흘러간다. 자연이 쓰는 정 · 반 · 합의 논리는 역사의 현실보다 더욱 선명하다. 정답 없는 논쟁을 즐기던 학창시절의 일들이 생각나기도 한다.

노래비는 섬진강 대로를 따라 높게 쌓은 하구의 둑 위에 세워져 있다. 작곡자의 이름은 없고 남대우라는 작사가의 이름만 새겨져 있다. 오른쪽으로 눈을 돌리니 이병주 문학비가 서 있다. '태양에 바래지면 역사가 되고 월광에 물들면 신화가 된다.'는 소설 《산하》 속의 글귀가 새겨져 있다. 두 분은 같은 시대를 살았다. 왼쪽 돌에는 오십 년대의 광풍을 이기지 못한 이의 애절한 감성이 쓰여 있다. 오른쪽 돌에는 세찬 바람을 견뎌낸 이의 날카로운 이성이 새겨져 있다. 태양에 바래지건 월광에 물들었건, 사시사철 나란히 서 있는 두 비석은 친한 친구처럼 보인다.

무지개를 보며 용이 승천한다고 믿었던 때가 있었다. 어미 팔아 친구 산다는 시절이다. 우르르 몰려다니며, 더우면 알몸으로 강물에 뛰어들었었다. 강물이 얼면 대나무 활을 메고 스케이트로 얼음을 지쳤다. 곁에 있는 모든 아이들이 친구였다. 손짓 한 번, 웃음 한 번으로 마음이 통했다. 말 한 마디로 용기도 주고 위로도 하였다. 백사장 여기저기 흩어져 있는 너테 사이로 주둥이를 들이밀고 쪼아대는 청둥오리들처럼 마냥 즐겁고 행복했었다.

남 아무개와의 인연은 중학교에 입학하면서부터 시작되었다. 키가 비슷한 우리는 졸업할 때까지 옆자리에 앉아서 함께 꿈을 꾸며 희망을 이야기하곤 했다. 가장 친한 친구를 물어오면 나는 그를, 그는 나를 지목했다. 지식의 계단을 하나 둘 쌓아 가는데 우리는 서로를 필요로 했다. 늦은 가을 새로운 보금자리를 향해 하늘을 나는 기러기 같았다. 중학교를 졸업하면서 그는 상급학교 진학을 했고, 나는 가장이 되어 농사를 짓게 되었다. 세월은 흘렀고 친구라고 불렀던 수많은 사람들과 함께 그도 나도 추억의 바다 속으로 떠밀려갔다. 인연이 끊어진 지난 오십 년, 마음에서 멀어진 것은 눈에서 멀어진 때문일까. 서로가 필요하지 않아서 찾지 않은 것은 아닐까.

따뜻한 기운이 다가오자 안개는 매화마을을 지나 백운산 쪽으로 담배 연기처럼 몰려가고 있다. 떠오르는 태양의 기운을 피하여 차갑고 습한 골짜기로 흘러들어 간다. 햇빛 든 등성이는 화안하고, 안개 낀 골짜기는 신비롭다. 아침 안개의 흐름을 감상하며 나의 직장 생활을 되돌아본다. 교육활동은 어디에서나 꼭 같았다. 그런데도 전근에 영전 또는 좌천이라는 말을 붙여가며 이 학교에서 저 학교로 아침 안개처럼 몰려다녔다. 한 학교 안에서도 능력과 친소에 따라 이리저리 몰려다녔다. 촘촘히 짜인 조직 속에서 우리는 서로를 동료라 불렀다. 흐린 물을 만나면 신발을 같이 씻었다. 맑은 물을 대하면 하얀 셔츠를 빨아 사람들 앞에 높이 걸기도 하였다. 그것이 동료에 대한 의리이며 사랑이라 생각했다. 아침 안개 같았지만 그것을 보호막이라 생각했다. 지혜로운 삶이라고 양심을 다독거리기도 하였다.

영전을 좇은 것은 거대한 조직의 뒤에 서서 자신을 돋보이게 하려한 얄팍한 계산이었을 것이다. 흐린 물을 맑게 하려는 용기는 왜 외면했을까. 뱃속 깊숙이 자리한 물욕의 요청을 거부할 용기가 없어서일까. 화합과 동료애라는 말로 양심을 덮고 현실에 아부한 나는 비겁한 자였다. 의당 해야 할 일을 해 놓고 개선장군처럼 의기양양해 했던 것은 부끄러운 일이었다. 삐어져 나오는 송곳을 싸고 또 싸던 어리석음이여, 하늘을 가린 손가락 사이로 비치는 햇빛에 눈을 뜰 수가 없구나.

새로 짓는 건물 외벽에 얼기설기 걸쳐놓은 비계를 본다. 건물이 완성되면 저 계단은 치워질 것이다. 해체된 자재는 눈비 맞으며 한쪽 구석에 잊힌 채로 있겠지. 또다시 비계가 필요하게 되면 쓸 만한 것만 골라서 다시 만들 것이다. 필요한 것을 발견하지 못했을 때에는 새 자재로 새로운 사다리를 만들지 않겠는가. 친구나 동료 간의 만남과 헤어짐도 저와 같다는 생각이 든다. 우정과 의리를 논하던 그때의 일들이 부질없어진다. 만남과 헤어짐을, 숨 쉬고 맥박 뛰는 내 몸의 한 부분처럼 받아들여야겠다. 순간에 충실하고, 정성이 깃든 마음 한 자락 만나는 이마다 내어드렸으면 좋았을 것을. 비바람 맞고 찬 서리 뒤집어쓴 노적장에서, 정성을 다했던 몇 가지 일을 생각하며 싸늘한 가슴에 온기를 느낀다.

태양의 더운 기운이 강물 위로 살포시 내려앉는다. 물안개는 서서히 걷히고 강 언덕의 속살은 태양 아래 드러난다. 갈매기 한 마리가 자기의 영역인 듯 강가를 낮게 날고 있다. 낮의 주인이 나타난 것이다. 강 건너 언덕 위의 대나무는 나의 마음을 헤아리고, 과거의 흔적이 묻은 이별의 노래를 부른다. 떠나야 할 시간이다.

처량한 마음으로 지리산 끝자락에 있는 집으로 돌아온다. 진돗개 세 마리가 나의 차 소리를 알아듣고 부리나케 달려온다. 개 짖는 소리에 놀란 아내가 문을 반쯤 열고 내다보며 웃음을 짓는다. 나의 친구들이다. 개는 나를 필요로 하고 나는 그들을 필요로 한다. 한 쌍의 원앙이기를 바라는 아내와 나의 관계와는 사뭇 다르다.

동쪽 산이 높은 나의 집에도 햇볕이 든다. 목이 긴 티셔츠를 벗고, 나이를 알 수 있는 굵은 주름을 드러내자. 강렬한 햇볕을 들이마시고 싶다. 마음속에 남아 있는 거짓과 위선의 그림자까지 바싹 말리고 싶다. 바스락거리는 잔영일랑 강바람에 날려 보내자. 시들어 가는 양심을 추스르고 인간성에 목말라하는 자신을 선명하게 드러내어야겠다. 양지의 나무처럼 우뚝 서서 사람 냄새 물씬 풍기는 그늘을 드리우자. 누가 아는가, 끊임없는 만남과 헤어짐이 이 그늘 아래서 이루어질지. 그것이 남은 생에 아름다운 무늬를 더해 줄지.

아침 안개는 서서히 걷히고, 문득 떠오르는 내일의 이야기는 아련하게 다가온다.

강/돈/묵

문학박사. 호서문학상, 신곡문학상 대상, 새한국문학상 본상 수상. 수필집 《러브레터와 로비레터》《놓아주기 연습》《감주와 설탕물》《흔들리는 계절》 외 다수. 한국문인협회 저작권옹호위원회 위원. 거제대학교 교수

눈발 속에서

이미 찬바람은 몸을 탐하고 있었으나, 나는 미처 알지 못했다. 그냥 겨울이면 찾아오는 추위려니 했다. 더구나 남쪽 끝 섬에서 지내다가 서울에 올라왔으니 체감되는 추위는 당연히 있을 것으로 여겼다. 으스스 밀려오는 오한은 기온 차 때문일 것이다. 찬바람의 기습에 모종의 대처가 필요할 것이라고는 전혀 생각하지 않았다.

나의 몸에 온갖 기계를 들이댄 의사는 종내에는 의외의 결론을 내렸다. 폐렴이라는 것이다. 그 결론과 함께 나는 링거 줄에 꽁꽁 묶이고 병실에 영어되는 몸이 되었다. 실은 이러자고 상경한 것은 아니었다. 정기검진 결과 조직검사를 해 보는 게 좋겠다는 진지한 의사의 권유에 응했을 뿐이다. 하지만 조직검사 전에 폐렴이 찾아와서 침상에 눕고 말았다. 의사는 체온만 내려가면 계획대로 조직검사를 하자고 할 것이다.

병상에 누워 깊은 상념에 젖는다. 이까짓 폐렴이야 별거 아니지만, 바로 '악성' 운운하며 병명이 제시될 경우 어떻게 대처해야 한단 말인가.

방사능 앞에 무너져 내릴 자신의 모습이 괴성을 지르며 스쳐간다. 내 지금껏 하던 일이야 버리면 그만이겠지만, 남아 있는 자들의 가슴에 뚫린 구멍은 어떻게 메워야 할지. 희미한 시야로 병실의 흰색이 들어온다. 온통 하얗다. 그 도배지에 시선을 얼마나 주고 있었을까. 별안간 벽의 하얀 도배지가 희미한 산속의 설경으로 바뀐다. 흐릿하게 먼 데서 바라본 숲 속처럼 설화 핀 나뭇가지도 보인다. '순은純銀의 천지' 외에는 다른 표현이 불가하다.

훈련소에서 교육을 마치고, 끌려온 곳이 강원도의 한 보충대였다. 한 끼 먹고, 사역하고, 때가 되면 다시 한 끼 먹는 우리의 대기생활은 전쟁포로나 다름이 없었다. 언제 어디로 팔려갈지 모르는 초조한 나날이 계속되었다. 가끔은 불안감을 추위가 덜어내 주었다. 강가에 나가 무를 닦고, 배추를 씻다보면 추위가 나를 독차지했다. 그러면 어디로 팔려갈지 모르는 불안감을 잠시 내려놓을 수 있었다.

한 주일의 초조함 끝에 배속명령이 떨어졌다. 전혀 알지 못하는 곳이었다. 오후 시간이 깊어지자 우리 다섯 명은 한 덩어리가 되어 전령의 손에 넘겨졌다. 더플백을 등에 메고 우리는 눈 속을 무작정 걸었다. 먼 데서 얼음장 깨지는 소리가 들려왔다. 느닷없이 허기가 느껴졌다. 찬바람에 밀려온 눈발은 볼에 차가운 기운을 더했다. 볼을 타고 흐르던 땀방울에 한기가 보태졌다. 문득 무서운 생각이 들었다. 마른 입술을 혀로 축이자 소금기가 진하다. 그래도 옆에 같이 가는 사람이 있다는 것이 천만다행이었다. 그들의 입김이 그리 좋을 수가 없었다.

고갯마루를 하나 넘으니 밤으로 이어지고 있음이 분명했다. 눈발은 날렸지만 유난히 달빛이 밝은 밤이었다. 겁에 질린 나는 하늘의 별을 바라보며 방위를 가늠해 보았다. 틀림없이 북으로 향하는 것 같기도 했고,

동으로 방향을 튼 것 같기도 했다. 도대체 나는 어디로 가고 있는 것인지 알 수가 없었다. 전령은 별다른 말이 없이 걷기만 계속했다.

그가 천천히 걸으면 우리는 따랐고, 빠른 걸음이면 역시 종종걸음으로 뒤를 좇았다. 밝은 달빛으로 인하여 눈발이 머리를 풀고 줄달음치는 것이 보였다. 어느 것은 곤두박질치고, 또 어느 것은 유순하기 이를 데 없었다. 눈발은 야릇한 분위기를 조성했지만, 아무도 그 분위기를 즐기는 사람은 없었다. 오직 꿋꿋하게 걸을 뿐이었다. 속이 탄 나는 겁에 질려 전령에게 용기를 내었다.

"요 너머가 비무장지대입니까?"

전령의 웃음이 하얗게 부서졌다.

"와 무섭나? 지난달에는 졸던 보초병 녀석의 목을 베어갔다."

사실 나는 이 전령이 불안했다. 우리를 비무장지대 안으로 밀어 넣을지도 모른다는 생각이 들었다. 또 북쪽의 아이들과 내통하여 우리를 넘길지도 모른다는 불안감도 일었다. 내가 의아한 눈빛으로 그의 대답을 기다리자, 그는 내 머리에 꿀밤을 메기고는 다시 웃었다.

시야를 가늠할 수 없을 정도로 내리는 눈은 우리의 방향감각을 앗아갔다. 세상이 이런 데도 있었나 싶게 생소했다. 눈이 내리고 있는 산야를 올려다보면 그 산은 하늘 속으로 숨기도 하고, 달이 산 뒤로 숨기도 하였다.

한 고개를 넘으면 더 큰 것이 기다리고 있었다. 온 천지가 순은으로 덮인 깊은 산속을 끝없이 걸었다. 이따금 나타나는 부대의 불빛을 바라보며, 이제 다 왔구나, 안도했지만 그곳도 아니었다. 그냥 스치고 가는 것이었다. 자꾸만 깊은 산속으로 들어갔다. 산의 높이도 자라는 듯이 느껴졌다. 한번 바라볼 때마다 한 뼘씩은 자라는 게 분명했다. 점점 산이 높아지며 공포로 내게 다가오기 시작했다. 내가 떨고 있는 것은 추위 때문만은 아니었다. 이 길은 언제나 끝이 나려는지, 또 그 끝에는 무엇이 있는지 모른다는 것은 아주 큰 고통이었다.

분명 내가 가고 있는 이 길의 끝은 비무장지대이거나, 북쪽의 어느 땅굴 입구가 될 것이라는 추측이 나를 더 무섭게 만들었다. 초년병시절 배속될 때 겪었던 공포의 추억에서 벗어난 것은 간호사의 부드러운 목소리에 의해서였다.

"열이 내렸네요. 이제 조직검사를 해도 되겠어요."

조직검사. 조직검사. 조직검사. 그래 난 내 몸속에 달라붙어 있는 균이 무엇인지 파악하기 위해 이곳에 와 있었지. 이 검사를 마치면 눈 속으로 끝없이 헤매던 시련의 세월이 끝이 날까. 오히려 눈이 훨씬 더 쌓인 깊은 산속으로 빠져드는 것은 아닐까. 그 산 너머에는 내가 누울 수 있는 한 평의 땅이 준비되어 있을 것이고, 그곳이 내가 마침내 멈춰야 할 곳은 아닐지.

스르르 마취되어 가는 의식 저쪽으로 의사의 목소리가 멀어져 간다.

강 / 수 / 찬

경남 마산 출생. 2002년 《문학사랑》 수필 등단. 경남문협 우수작품집상 수상. 봇꽃문학회 · 진해문협 회장 역임. 수필집 《추억은 길을 멈추지 않는다》 《낮은 곳에 물 고이듯》. 경남문협 감사, 한국수필가협회 운영이사

고려인들의 애환

나는 뉴스를 제외하고 텔레비전 방송을 잘 보지 않는다. 젊은 날, 방송기술직에 근무하면서 방송모니터 앞에서 업무를 보는 것으로 착각하기 때문이다. 요즈음은 지구촌 여행을 다니면서 다소 여유로워졌다. 가끔 스포츠 중계나 예능프로에서 자신이 여행을 다녀온 지역이 화면에 나오면 관심을 가지고 보게 된다. 최근에 한국 국가대표팀이 '2014 브라질 월드컵' 아시아지역 최종예선을 중계하였다. 우즈벡의 타슈켄트 센트럴 경기장에서 하는 축구 원정경기에 채널을 고정시켰다. 우리나라는 우즈백과 2-2로 어렵게 비겨 다행이었다.

일찍이 찾아온 무더위를 피하여 오아시스 실크로드여행을 다녀왔다. 중앙아시아 이슬람 건축과 종교 유적이 있는 우즈베키스탄의 유서 깊은 도시를 탐방하였다. 부하라는 중세의 모습을 고스란히 담고 9~10세기 과학과 문화가 있는 실크로드의 중심도시다. 부하라에서 고대도시 히바로 가는 길은 모래땅에 아스팔트를 얹어놓은 것같이 부실하였다. 간간이 지나가는 대형 화물차가 흡사 엉금엉금 기어가는 것 같았다. 그 길

양편에는 끝이 보이지 않는 사막의 연속이었다.

소비에트연방 시절에 군사 물자를 수송하기 위해 건설한 도로가 보수를 하지 않아 자동차가 속도를 낼 수 없었다. 그 길옆으로 새로운 고속도로를 건설하면서 중장비가 간간이 세워져 있었다. 한국의 건설회사와 독일회사가 공동도급을 하여 공사 중에 하자가 발생하여 중단되었다고 한다. 유럽으로 연결되는 도로를 따라 굵은 가스관이 연결되어 있었다. 풍부한 지하자원의 보고寶庫로 사막의 열기만큼 잘 살아보려는 뜨거운 열정을 감지할 수 있었다.

카라쿰 사막을 가로질러 10시간을 달리는 버스는 비포장도로의 시골 정취가 묻어났다. '유속이 빠르다' 라는 뜻을 가진 아무다리아강 언덕에서 한참을 쉬었다. 실크로드의 길목, 사막 한가운데 이렇게 큰 물줄기가 흐르고 있다는 것은 상상을 초월한 현상이었다. 이 강이 오아시스 역할을 톡톡히 하였다고 한다. 아무다리아강 하류에 위치한 우르겐치에는 많은 사람들이 모여 살고 있었다. 일행은 히바를 가기 전에 인근 도시 우르겐치에서 하룻밤을 묵었다. 유월 초순의 넓은 호텔 정원에는 장미꽃이 만발하였다.

이슬람의 성도 히바는 기원전 1세기에 조성되었다. 사막 가운데 있는 오아시스 마을에는 고대 페르시아 시대부터 사막의 등대가 서 있었다. 실크로드의 길목이라 17세기부터 번성하였다. 도시 전체가 박물관으로 1990년에 세계문화유산에 등록이 되었다고 한다. 히바는 야간조명 아래, 이른 아침 해가 뜰 무렵에, 한낮에 가이드와 함께 세 번은 봐야 그 진수를 맛본다는 베기의 설명이다.

베기는 28세의 건장한 현지인 가이드다. 영어와 한국어를 유창하게 구사하면서 역사공부도 많이 한 것 같았다. 결혼을 하여 아들딸 둘이 있다고 했다. 나무랄 데가 없는 젊은이라 여행길 내내 좋은 친구 역할을 하였다. 이들이 한국어를 배우려는 것은 건설과 자원개발을 위해 이곳에 진출한 한국 기업에 취업을 하기 위해서다. 갑자기 불어닥친 한류열풍과 한국기업에 안정적인 직장을 구하면 10배가 넘는 소득이 보장된다니 우즈벡의 한국어 열풍을 이해할 수 있었다.

일정을 마무리하면서 국내선 항공으로 우즈벡의 수도 타슈켄트 교외에서 살아가고 있는 고려인 마을 시온고를 찾았다. 이들은 일제강점기 때에 독립운동이나 생계를 위해 극동러시아 지역에 정착했던 조선인들이다. 1937년 스탈린의 강제 이주정책에 따라 중앙아시아로 쫓겨 오게 되었다. 열차의 화물칸에 21일 동안 실려 와서 이곳에 정착한 고려인이 무려 17만 명이었다. 처음에는 너무 살기 어려워 풀을 뜯어 먹으면서 개펄을 개간하여 논과 밭을 일궜다고 한다. 스탈린은 황무지에서 죽으라고 내쫓았다고 한다. 억척같이 살아온 고려인이 아직 500명 정도 생존하고 있다며 장에멜리아 할머니는 증언하였다.

1905년생으로 1974년에 사망한 노력영웅으로 2번이나 선정되었다는 '김병화 박물관' 을 찾았다. 당시의 어려운 상황을 사진 기록으로 남겨 전시하였다. 고려인들은 북한 사람이든 남한 사람이든 "나는 한국인"이라는 자부심으로 살았다고 한다. 점심을 먹으러 고려인이 운영하는 식당으로 들어갔다. 우즈벡은 이슬람국가로 돼지고기나 개고기를 먹는 것은 금기다. 그런데 연해주에서 이주해 온 고려인들이 즐겨먹던 보신탕을 메뉴로 내어 놓았다.

고려인 3세인 어느 대학생은 "우리 고려인들은 우즈베키스탄에서 계속 살고 있지만 스스로 한민족이라고 생각하는 이중적인 존재"라고 말했다. 타슈켄트 센트럴경기장에서 치른 월드컵예선전 한국과 우즈벡의 축구경기를 보며 그들은 과연 어느 나라를 응원하였을까? 하고 잠시 애환에 잠겼다.

강/종/엽

《수필과 비평》 등단. 수필과비평작가회의 회원. 경남문인협회 회원

묵은지

아파트 옥상엔 숨겨두기 좋은 곳이 있다. 벽과 벽 사이에 항아리 두어 개 놓아두기에 알맞은 곳이다. 하루 종일 볕 구경하기 어렵지만 바람은 잘 통하는 바람의 길이다. 김장을 저장하기엔 안성맞춤이다.

세월과 바람이 숙성시킨 묵은지를 꺼내 한 가닥 쭈욱 찢어 맛을 본다. 세월과 정성이 숙성시킨 맛이며 우주가 담긴 맛이다. 땅속에 묻어두고 먹던 친정엄마의 김치 맛은 아니지만 발효과학이니 김장독이니 하는 냉장고 묵은지와는 비교할 수 없는 맛이다.

여자가 시집와서 김장 서른 번쯤 하고 나면 할머니가 된다고 하는데 나는 마흔 번 넘게 김장을 하였다. 그것도 모자라 사계절 시간표대로, 가족의 입맛까지 챙겨가며 김치를 담았으니 김치만 담그다가 한 세월 다 지나간 것 같다.

인생을 김치 맛에 비교해 본다.

청춘은 봄이라는 유행가가 있지만 청춘이란 겉절이 맛일 게다. 풋내는 나지만 풋풋하고 상큼함이 있어 초간장만으로 버무려도 맛이 난다. 오래 저장성 없는 김치이듯이 나의 청춘도 직장생활 하랴 아이 셋 키우랴 늘 달음박질로 살다 보니 내게도 청춘시절이 있었나 싶다.

사오십 대는 잘 발효된 깍두기 맛이다. 깍두기는 김치라 하지 않고 왜 깍두기라 부를까? 그 유례는 조선시대로 거슬러 올라간다. 어느 왕이 백성은 잘 볼보지도 않고 산해진미를 두고도 입맛 없다고 투정 부리던 중 어떤 대감 부인이 고민 끝에 무를 썰어 소금에 절여서 왕에게 진상했다. 왕이 입맛이 돈다며 이것이 뭐냐고 물어 그냥 무를 각독각독 썰어 절인 거라 하니 그럼 이것을 각독기라 명하노라 하여 지금의 깍두기가 되었다고 한다. 깍두기만의 독특한 모양과 홍시 감처럼 고운 빛깔, 국물 하나 버릴 게 없는 맛있는 김치다.

아이들 뒷바라지도 어느 정도 끝나가고 사는 재미가 솔솔 하던 인생의 맛있던 시절이 오십 대가 아니던가.

묵은지를 꺼내며 생각에 절여본다. 몸도 마음도 쇠약해져 아삭함 없는 내 모습이 묵은지다. 베틀에 북 지나가듯 세월은 빠르게 지나 이젠 인생의 8부 능선쯤 와 있는 나는 틀림없는 묵은지다.

하지만 내 안에 CF 광고처럼 긍정을 불어넣는다. 세월을 삭혔다 하여 맛있는 묵은지가 아니다. 적당한 간 절임과 욕심을 털어낸 양념으로 버무려 삭혀야만 묵은지의 깊은 맛이 배어난다.

참고 견뎌내며 절제된 삶이야말로 묵은지 같은 인생의 참맛이 아닐까.

올해는 실패 없이 김치 맛이 아주 좋다. 한 쪽씩 맛보라며 이웃에게 나눈다. 시집간 두 딸을 위해 그릇을 준비한다. 묵은지가 베푸는 삶까지 나를 가르친다.

남은 여생 몇 번이나 김장을 하고 이 맛을 느끼며 살 수 있을지 모르지만 다가올 겨울 김장을 위해 항아리를 비운다. 겉절이보다 상큼하고 깍두기보다 싱그러운 나의 멋진 여생을 꿈꾸며 티 없이 욕 안 듣고 살기를 희망하면서 항아리의 안팎을 닦는다.

강/지/영

2009년 개천문학상 당선. 진주문협 · 한국문협 회원

목탁 소리

불상 앞에 엎드리고 있다. 목탁 소리마저 들리지 않는 시간, 뒤늦게 속을 울려본다. 밤은 답이 없다. 어둠을 붙들고 가슴을 친다. 둔탁한 소리는 얼마 못 가 멎고 만다. 바닥에 놓인 한숨만 무거운 밤이다.

흔들리는 촛불을 따라 요동치는 탱화 속 목어木魚 이야기를 읽는다. 등에 나무가 심겨 태어난 물고기가 물길에 휩쓸리고 있다. 파도가 치고 태풍에 불어오는데도 헤엄치지 못한다. 수행을 게을리한 업 때문이다. 고통 속에 살던 물고기는 바다에서 우연히 전생의 스승을 만나게 된다. 눈앞에서 하염없이 우는 제자를 알아본 스승이 제를 지내주었고 그는 업을 씻는다.

스님의 꿈에 나타난 제자가 등에 있던 나무로 물고기를 만들어 수행에 써달라고 했다는 데서 유래한 것이 목어木魚다. 불교 사물四物 중 하나인 목어는 파낸 속을 두드려 내는 소리로 수중 미물을 깨우는데 쓰인다. 한시도 수행을 게을리하지 말라는 의미에서 목어를 지니고 다닐 수 있게 만든 것이 목탁이 되었다. 소리통을 몸이라 보고 손잡이를 꼬리라 치면

물고기를 닮은 것도 같다. 불상 앞에 놓인 목탁에 한 사람의 얼굴이 비친다. 한시도 쉬지 않고 나를 위해 울렸던 목탁 소리가 희미하게나마 들려오는 듯하다.

어머니께서 용변 보기가 불편하다고 하신 것도 몇 년이 지났다. 병원에 가보자고서는 바쁘다는 핑계로 때를 놓쳤다. 탈이 난 모양이었다. 처방전만 받아 오신 줄 알았는데 내시경 날짜를 알려주셨다. 관장약을 복용하신 어머니는 오분이 멀다하고 화장실을 들락거리셨다. 문 앞에서 기다리고 섰다가 하얗게 질리신 모습의 어머니를 마주했다. 금방이라도 쓰러지실 듯 위태로운데 바닥에 등 붙일 새도 없이 다시 화장실로 가셨다. 속을 비우는 것이 그렇게 힘든 일인지 전에는 미처 몰랐다.

어울리지 않는 큰옷이 몸을 겉돌았다. 부축하는 손에도 맥없이 흔들릴 정도로 어머니는 약하셨다. 카랑카랑 울리는 목소리도 경쾌한 움직임도 없는 것이 내가 아는 당신이 아니셨다. 웅크리고 누운 것은 뱃속에 있을 때와 다름없을 텐데 모진 세월이 상처와 주름만 남겼나 보다. 당신이 잃은 집을 대신하기에는 턱없이 부족한데도 그마저 꼭 잡으심에 눈시울이 붉어졌다.

반수면 상태로 나온 어머니를 병실에 눕혀드린 후 의사를 면담했다. 큰 병원에 가라는 말이 가슴을 쳤다. 암이 많이 생기는 자리라 마음의 준비를 해두란다. 암이라고 확진받는 순간 평생의 짐이 더해진다고 생각하니 한숨밖에는 더 뱉어 낼 말이 없었다.

마취에 덜 깨신 파리한 모습은 몇 번을 봐도 낯설기만 했다. 텁석 잡은 손이 툭 떨어졌다. 누구도 덜어줄 수 없었던 어머니의 외로운 사투에 가슴이 저려왔다. 보이는 상처라면 어렴풋이 짐작이라도 해보겠지만 속에서 진행된 수술은 오로지 당신만 아시는 아픔이었다.

용종을 발견하고 수술과 조직 검사까지 근 한달이 걸렸다. 잔인한 한 달. 기다림이 그토록 길고 무겁게 느껴질 수 있음을 생전 처음 알았다. 삼십 일도 그러한데 못난 자식 키워 오신 날들은 오죽했을까. 가족들 뒷바라지하시느라 마음 졸이며 살아오셨을 당신 삶에 눈이 시렸다.

모진 소리로 수도 없이 어머니 가슴을 긁어냈다. 좁은 방과 빠듯한 생활을 불평하며 찬란했을 세월을 초라하게 만들었다. 원하는 대학에 가지 못한 것도, 바라는 길로 들어서지 못한 것도 모두 당신 탓이었다. 그럴 때마다 속을 치시던 마음을 왜 헤아리지 못했을까. 나 편하자고 하는 말과 행동이 수많은 상처를 만들고 있었다. 내 것 채우기에 바빠 어머니 속이 나날이 비워지고 있다는 것은 눈치 채지 못한 채 늘 더 바라기만 했다.

살점을 도려내는 수술이었는데도 겉으로는 흔적 하나 남지 않았다. 당신 삶이 그러했다. 비우고 나면 그자리가 내 것이라도 될 것처럼 어머니는 오늘도 내색 없이 문드러진 속을 잘라내신다. 파낸 속으로 발 딛을 땅을 주시고도 더 주지 못해 안타까워하신다. 텅 비어 덜어낼 것마저 없어지자 빈속을 두드려 소리 길을 내주신다.

가득 찬 것에서 나는 울림은 둔탁하고 무겁다. 그런 소리는 몇 걸음 가지 못해 멎고 만다. 도려낼 만큼 도려내신 어머니에게서 맑은 목탁 소리가 들린다. 거센 세파에도 흔들림 없이 앞을 향해 갔으면, 목표하는 바를 꼭 이루어 냈으면 하고 기도하는 당신 마음이 목탁 소리가 되어 울려 퍼진다.

빈속에 마음을 넣어 본다. 한 줌도 덜어내지 못해 소리를 내는 법은 모르지만 따뜻한 한마디 말로나마 당신의 세월을 어루만져 드릴 수 있으면 좋겠다. 빨리 가기보다는 바르게 가라셨던 가르침대로 목표한 바를 이루는 것으로, 당신에게서 받은 가늠할 수 없는 사랑을 나누는 것으로 속을 채워 드릴 수 있을 날을 그린다.

강 / 천

2010년 월간 《수필과 비평》 등단.
마산문인협회, 붓꽃문학회 회원.
생태활동가.

은행나무 행복론

살다 보면 한 번쯤은, 세상에서 가장 빛나는 때가 있다. 가지 끝에 주렁주렁 행복주머니를 매달고서, 오연하게 세상을 굽어보는 오늘처럼. 늦은 가을 저녁나절, 잔잔하게 불어오는 바람에 몸을 내맡긴다. 폭포수처럼 가을 햇살이 쏟아진다. 바르르, 이별을 예감한 늙은 이파리가 아쉬운 여운을 남긴다. 스치듯 뜬금없이 다가오는 오늘 같은 날, 애써 짊어지고 온 고해의 덩어리들을 미련 없이 내려놓는다. 쑥부쟁이마저 말라 비틀어진 길섶에는 애착의 끈을 놓아버린 샛노란 잎사귀들로 수북하다.

지나온 봄날은 왜 그리도 서러웠을까. 복사꽃이 연분홍으로 흐드러질 때, 푸르죽죽한 꽃잎이 부끄러워 잎사귀 아래로 감춰야 하는 것이 슬펐다. 벚꽃에 열광하는 군상들에게서 소외된 자신이 초라했고, 대나무처럼 올곧음을 가지고 태어나지 못한 것에 실망했다. 그래서 그 봄날은 짝 잃은 소쩍새처럼 서럽게 울었다.

누군가가 그랬었다, 시간은 모두에게 공평한 것이라고. 영원할 것만 같았던 고난의 굴레가 여름 뙤약볕에 긴 그림자로 드리워지던 날, 어떤 이가 내 그늘에서 피곤한 몸을 쉬었다가 갔다. 또 누군가는 비를 피하며 커다란 그림자 아래서 사랑을 만들었다. 내 품 안에서 막걸리 한 사발로 시름을 덜어내는 이웃을 보며 조금씩 고독의 덩어리를 같이 녹여왔나 보다.

닐 파스리차*가 제시하는 한 스푼의 행복이란, 예상은 가능하지만 기대하지 못한 작은 상황 뒤에 숨어 있다. 계산대의 긴 줄이 서서히 지겨워 질 무렵, 새로운 계산대에서 "이쪽으로 오세요."라는 외침 한마디에 행복해한다. 구내식당에서 식판을 들고 머뭇거릴 때 자신을 보고 손짓하는 친구가 있어 행복하고, 여러 개의 양말이 모두 제 짝이 맞을 때도 행복해한다.

달라이라마는 행복에 대하여 설파하기를 "어떤 순간 느끼는 행복과 불행은 주변과는 관계가 없다. 상황을 어떻게 받아들이며 자신이 가진 것에 대하여 얼마나 만족하는가에 달려 있다."라고 했다. 그는 암담한 국가의 현실과 종교적 박해 속에서 살아가는 사람이다. 그런데도 항상 행복한 마음을 가질 수 있는 것은 긍정하는 마음을 잃지 않는 데서 나오는 것이라고 할 수 있다. 수많은 사람의 행복한 이야기들은 특별한 것이 아니다. 그저 일상의 작은 것에서 행복을 찾고 만족해한다. 세상에서 자신이 행복하다고 생각하는 사람들은 문명의 혜택을 누리는 사람이 아니라, 자연 속에서 마음껏 살아가는 사람들이다.

행복은 순간의 느낌이다. 우리 삶에서 행복한 순간이 많지 않다고 생각되는 것은 행복했던 감정도 두어 번 반복되면 무감각해지기 때문이다. 목마를 때는 물 한 컵이 행복이고, 배고플 때에는 한 끼의 식사가 행복이다. 하지만 한꺼번에 두 잔의 물이나, 배부를 때의 억지 식사는 오히려 고통스러울 뿐이다. 인간의 감정은 만족을 모르고 항상 새로운 것을 갈구한다. 지금의 가슴 터질 것 같은 행복도, 내일은 채워지지 않은 텅 빈 물통에 불과할 뿐이다.

가을이 저물어가는 오늘, 길바닥이 차고 넘치도록 삶의 잔해들을 내려놓았다. 이들이 흙으로 돌아가 썩고 문드러져, 새봄에는 다시 이웃과 나의 양식이 되어 돌아올 것이다. 차마 놓지 못해, 붙들고 바동거리던 미련을 던져버린 마음이 더없이 홀가분하다. 지난봄은 무엇이 나를 그토록 두렵게 했을까. 남과 같지 않다는 비교 때문이었을까. 그도 아니면 남보다 모자란다는 열등의식이었을까. 돌아보면 과거는 그저 지나간 시간의 흔적일 뿐인 것을. 긴 겨울이 지나고, 새로운 봄이 와도 복사꽃은 여전히 내 곁에서 화려할 것이다. 나는 또한, 눈에 잘 띄지도 않는 푸르죽죽한 꽃을 피울 것이고.

가장 빛나고 아름다운 오늘, 노랗게 물든 잎사귀들을 바람 속으로 흩어버리는 데에서 찾은 작은 행복이다.

*널 파스리차 : 《행복 한 스푼》의 저자(박미경 역, 행간 펴냄)

강/현/순

1993년 《한국수필》 신인상. 한국수필가협회 이사 · 경남수필문학회장 · 《경남문학》 편집장 역임. 남명문학상신인상, 경남문학상신인상, 경남문협우수작품집상, 부산한국수필문학상 수상. 수필집 《좋은 예감》(2000년) 《세 번째 나무》(2006년). 한국수필작가회 · 경남문협 · 창원문협 이사

안민고개의 사계

공연히 눈물이 나거나 외로움이 와락 밀려올 때면 안민고개를 찾는다. 그간 다녀간 내 발자국을 헤아려 볼 양이면 아마도 백여 개는 넘지 않을까 싶다.

그곳에 가면 우람한 자태의 벚나무들이 특유의 당당한 모습으로 나를 주눅 들게 하지만 어느새 조용조용한 말씀으로 삶의 지혜를 가르쳐 준다.

봄이면 눈물겹도록 황홀한 꽃구름으로 나의 눈과 마음을 정화해주며 자신처럼 예쁘고 아름답게 살아가야 한다는 걸 깨닫게 해준다.

꽃잎이 한잎 두잎 저만치 떨어져서 피지 않고 서로 정겹게 어깨동무를 하고 있으면서 가족끼리 이웃끼리는 함께 어우러져 살아가야 한다는 것도 일깨워 준다. 그러다 비님이라도 오시면 나뭇가지와 헤어지지 않으려고 안간힘을 쓰며 매달리기는커녕 초연하게 미련 없이 빗줄기에 몸을 맡기는 모습에는 고개를 떨구지 않을 수 없다.

태양이 작열하는 한여름날, 무성한 이파리들이 서로 손을 잡고 껴안으며 터널을 만드는 데도 그만한 까닭이 있다. 자신보다 더 삶에 지치고 힘든 사람들에게 잠시 쉬어가게 할 그늘의 힘을 보여주기 위함이다.

안민고개가 시작되는 부분에서 끝나는 지점까지 승용차를 타고 시속 30km로 달릴 경우 대략 17분 정도가 소요된다. 걸어서 간다면 더욱더 많은 시간을 필요로 할 것이다. 햇볕이 강렬한 날, 초록터널을 지나노라면 몸도 마음도 시원하기 그지없겠지만 흐린 날에는 어둠이 슬그머니 종종걸음으로 다가오므로 오래 걷자면 신경이 쓰인다.

사람들은 대체로 어둠보다는 빛을, 그늘보다는 양지를 선호하는 것 같다. 아니 어둠과 그늘을 아예 멀리하려는 것 같다. 어둠과 그늘 속에는 어쩐지 무언가가 웅크리고 있는 것 같고 덮칠 준비를 하고 있는 야생 짐승이 노려보고 있을지도 모른다는 두려움 때문일 것이다. 하지만 불행을 겪어본 뒤라야 행복의 진정성을 알 수 있듯이 어둠과 그늘을 지나보아야만 빛의 소중함을 절실히 느낄 수 있다. 안민고개의 벚꽃터널은 어둠도 그늘도 우리네 삶의 일부라는 것을 조용히 말해주는 것이다.

벚나무에 이윽고 가을이 당도하면 소녀들은 곱게 물든 잎만 주워들면서 탄성을 지른다. 그러나 중년의 문턱에 도달한 사람들은 예쁜 이파리도, 찢겨나가 볼썽사납거나 빛바랜 이파리도 예사로 보이지 않는다. 자신이 살아온 삶과 앞으로 살아가야 할 날들을 이파리의 색깔과 모양에 결부시켜보는 것이다.

봄에는 환장할 정도로 황홀한 빛깔의 꽃으로, 여름과 가을날에는 무성한 잎과 예쁘게 단풍물 든 이파리로 은근히 자신의 몸매를 과시하다가 차츰 시간이 흐르면서 다 부질없는 짓이라며 때로는 지나가는 바람에게 도움을 청하면서까지 몸을 흔들어댄다. 자신이 갖고 있던 모든 걸

미련 없이 놓아버리기 위해서다.

곱게 몸을 치장했던 것들을 다 떨쳐낸 겨울나목의 모습은 정말이지 그 어느 때보다도 눈부시도록 아름답다. 그야말로 숨김없는 본연의 자세이기 때문이다.

미국의 뉴스 전문 채널 CNN이 운영하는 사이트 CNN Go가 진해시 여좌천과 경화역의 벚꽃 내리는 광경을 '한국의 아름다운 풍경 50곳'에 포함시켰지만 진해의 아름다운 장복산 허리 부분에 위치한 안민고개의 모습도 그 못지않게 예뻐서 한 번 가본 사람은 잊지 않고 찾는 명소이다.

오늘도 나는 안민고개를 오른다. 바다를 곁에 두고 깨끗하게 가꾸어 놓은 산책길 한가운데서 위용을 과시하고 있는 아름드리 벚나무들은 마주치는 사람끼리 서로 인사하고 지나야 한다며 나뭇가지를 낮게 드리우고 있다. 수없이 오르내렸지만 아직도 소인인 나는 깨달음을 얻기 위해 내 마음의 쉼터인 그곳을 찾는 것이다.

공/대/식

《한국수필》 등단
한국수필가협회 회원
전 초등학교장

외로운 도시인

도시 사람은 산촌이나 바닷가에 사는 사람에 비해 외롭게 살아간다.

처음부터 도시에서 태어나고 도시에서 살아온 사람들은 덜하겠지만 농촌이나 산촌에서 순박하게 살다가 직장 때문에 고향을 멀리하고 도시로 나와 사는 사람일수록 더욱 그렇다.

현대사회에서 아파트가 늘어나면서 이웃을 모르고 지내고 이웃 간에 친근감이나 이웃 간의 정이라고는 점점 찾아보기가 어려워져 가고 있다.

내가 사는 아파트도 12년을 계속해서 살지만 한 라인에 사는 몇 안 되는 세대 사람들을 잘 모르고 살아가고 있으며 자주 이사를 가고 오고 하여 누가 누군지 몇 층에 사는 사람인지 모르고 지낸다.

그래도 엘리베이터에서 만나면 나이가 많다고 인사를 하는 젊은이가 있는가 하면, 엘리베이터에서 만나도 눈인사도 없이 지나치는 젊은이들이 많다.

오래전 이야기지만 상봉동 단독주택에 살 때, 바로 우리 뒷집에 사는 S군의 모 초등학교 교사라는 분도 3년을 앞뒷집에서 살았지만 나보다 일찍 출근하고 늦게 퇴근하니 출 · 퇴근길에 얼굴 볼 일도 없었다. 어쩌다 옥상에서 한두 번 본 것밖에 없다. 그것도 서로 자기 집 옥상에서 상대방 얼굴을 빤히 볼 수도 없고 평소에 인사도 안하고 지내는 사이라 만나도 얼굴 마주보기가 서로 민망했던지 돌아서거나 옥상에서 내려와 버리는 경우가 많다. 그런데 그분이 두 달 전부터 건강이 안 좋아 병으로 휴직하였다더니 부산이나 대구의 여러 병원으로 돌아다니기 1개월 반, 병원에서도 병을 고칠 가망이 없다고 했는지 암 말기로 열흘 전에 집에 와서 있다가 곧 돌아갔다는 것이었다. 바로 뒷집에 살던 사람이고 나이도 39세의 젊은 나이에 운명했으니 평소에 얼굴도 모르고 잘 지내는 처지도 아니었지만 그 집에서 간간이 들려오는 미망인의 애끓는 울음소리가 들려올 때면 나도 잠 못 이루고 공연히 객지에 나온 서글픈 마음이 든다.

요즘처럼 장례예식장 문화가 정착되기 전이라 어느 날 출상이라 아침부터 상가가 분주했고 고향으로 시신을 모시기 위한 발인제를 하느라고 골목이 부산한데 그렇다고 아예 구경할 수도 없어 방 안에 앉아 있으니 한없이 서글픈 마음이 든다. 오늘따라 이슬비는 내리는데 이제 8살짜리 상주와 열한 살짜리 큰딸을 두고 평소에 객지에 나와 고생하던 분이 고향으로 영구차에 실려 말없이 떠나갔다.

내 방에서 창문만 열면 바로 보이는 뒷집, 지척에 살고 있으면서 살았을 때 인사라도 하고 지냈더라면 상문이라도 할 텐데 망인도 그의 가족도 모르니 상문할 수도 없었다. 그래도 시골에서는 초상이 나면 온 마을 사람이 상부상조하여 슬픔을 같이하고 장례식 준비나 상여 운반에 서로 자기 일처럼 도와 주는데 도시에서는 대문을 마주보는 이웃이라도 또 몇 년을 이웃에서 살아도 특별한 경우가 아니면 누가 사는지 직장은 어디에 다니는지 모르고 지내는 경우가 많다. 어떤 불행한 일이 갑자기 부닥쳤을 때 평소에 친분이 없으면 도와주기 어렵고 그냥 지내기 쉽다. 만약 한밤중에 이웃에 도둑이 들었다든지, 갑자기 화재를 당했을 때도 이웃사람이 위험을 무릅쓰고 도와 줄 사람이 얼마나 있겠는가? 생각해 보니 도시인은 외롭고 이웃사촌이란 말은 옛말이요, 도시 사람들에게는 맞지 않는 말이다.

몇 년 전 단독주택에 사는 친구 집에 도둑이 들어 이웃에 고함을 질러도 도둑에게 혹시 피해나 입지 않을까 두려워서 누구 한 사람 나와 보는 사람이 없더라는 것이다.

몇 년 전 공중전화박스에서 전화를 오래한다고 기다리던 젊은이가 살인을 한 경우도 도시에서 있었던 일이다. 대낮에 길거리에서 여자 핸드백을 날치기해 달아나는 날강도를 보고도 쫓아가서 범인을 잡으려고 하는 의리의 사람들은 드물어졌고 혹시나 길 가던 사람이 범인을 보고 범인을 쫓아가다 잘못되어 범인이 휘두르는 흉기에라도 다칠 경우를 생각해서인지 용기 있는 행동을 하는 사람들을 보기가 쉽지 않다. 도시인의 인심이 야박해지고 점차 살벌하며 외로워지는 것은 현대사회에서 자기 안전을 생각하고 몸 사리는 풍토라고나 할까?

요즘 도시인 사이에는 인정이 메말라 가고 이웃 간에도 서로 인사하며 다정하게 지내는 경우가 점차 희박해져 가고 있는 현실이다.

수십 층이나 되는 고층 아파트에 흙이라고는 밟기 힘들고 현대사회의 생활은 좀 편리해 졌는지 모르지만 이웃 간에 서로 모르고 지내기 쉽다. 엘리베이터 안에서 만나면 인사 정도 하는 사람이 있으면 그것도 다행이고 자주 보는 얼굴인데도 아는 척하지 않고 인사 없이 지내거나 마주치는 경우가 대부분이니 가까워야 하고 서로 다정하게 잘 지내야 할 이웃인데도 말하기 민망하고 가까이 지내야 할 이웃사촌이라고 하기는 더더욱 어색하다.

이렇게 지내다 보니 우리나라 고유의 미풍양속인 상부상조의 정신이나 이웃 간에 잘 지내기는 물론 어떤 어려움이 있을 때 서로 도와주고 같이 기뻐하고 같이 슬퍼하던 우리 고유의 미풍양속은 도시에서는 찾아보기가 어려운 실정이다.

이런 공간에 살고 있는 도시인들은 개인주의적이고 자기 중심적이고 자기 가족이나 가까운 친척밖에 모르는 인간미가 없는 사람으로 변했고 도시에서 살아가는 사람들은 외롭게 살아갈 수밖에 없는 사람들이라고 생각된다.

순수문학상(수필), 한국신문학상, 황진이문학상, 월파문학상, 한국문인상(시부 본상) 등 수상. 시집 《그대 앞에 풀잎처럼》 《흙을 훔치다》, 수필집 《안개바람》 《우정은 노을처럼》(7인 수필) 외. 한국문협 · 한국현대시협 위원, 한국신문학인협회 · 한국수필작가회 부회장, 월간 《신문예》 편집장, 국제펜 한국본부 회원, 한국수필가협회 운영이사. 중고등교사 6년. 경남도지사 및 통합창원시장, 국제로타리3720지구로타리총재 봉사상 수상

金/美/廷

| 김미정

아직 펴지 않은 시간의 병풍

미래는 다가오지 않은 내일이다. 그리고 '가져보지 못한 오늘' 이란 미지의 시간이다. 따라서 우리 인생의 미래는 아직 쓰이지 않은 자서전의 남은 페이지와 같다. 미래, 아직 펴지 않은 시간의 병풍, 여기에 사람은 누구든 오늘보다 나은 내일을 그린다. 사형수도 불치병 환자도 소생과 재생의 기적을 그려 넣는다. 꿈과 희망을 품기에 미래는 오늘의 버팀목이 된다. 그러나 미래는 불확실하고 모호한 영역이다. 노력과 벗하지 않으면 쓸데없는 몽상가의 부도수표일 뿐이다. 그래서 차근히 쌓아가는 지표의 삶이 소중하다. 미래의 지표는 개인과 개인, 가정과 나라에 따라 다르다. 세계가 하나로 이어진 오늘날은 세계 미래, 지구 미래도 무관한 남의 일이 아니게 되었다.

한 가정에 있어서의 미래는 곧 자식이다. 이에 부모는 헌신적 노력을 바친다. 언젠가는 도달할 강 저쪽, 무지개 뜨는 미래를 향하여 등골이 휘어진다. 한 나라의 단위세포 가정이 이런 힘을 쏟지만, 나라 통치자의

국가적 지표와 미래관이 온존치 못하면 온 국민이 위태롭다. 호전적이고 착취적인 국수는 마침내 국민에게서 유혈사태를 부른다. 미래를 꿈꿀 수 없게 한 까닭이다. 그래서 바람직한 국가미래의 비전으로 진정 나라를 사랑하고 돌보며 꿈을 주는 지도자를 국민은 원하는 것이다.

우리는 지금 우리가 발 딛고 숨 쉬며 살아가는 지구의 미래도 심각하게 생각해야 할 때이다. 오존층 파괴, 남극과 북극의 지표변화, 지진, 쓰나미, 혹한, 살인무더위 등 이러한 것은 지구 미래를 돌보지 않은 인간의 이기심이 불러온 재앙이기도 하다. 미래과학이 인간의 지혜를 찬탄하게 하는 이때, 더불어 생존하는 법칙으로서, 앓고 있는 지구 훼손을 최소 필요단위로 줄여야 할 것이다. 자연을 거슬러서 뜨거운 불구덩으로 빠져들고 있는 형상을 창조주는 어떻게 보고 있을까. 지구인 종말의 심판을 퍼붓는 건 아닐까하는 두려운 현상이 산목숨을 무더기로 쓸어내며 가슴을 쥔다.

한편 지금의 우리 사회는 고령화시대이다. 길어진 노년기가 사회의 문제성으로 대두되며 젊었던 아버지, 정년을 지난 노인들이 잉여인간, 폐인처럼 거리로 나앉고 배회한다. 의존하지 않고 당당하며 아름다운 노년을 보내기 위해 젊어서부터 알찬 미래기획이 절실하다. 그래야만 노년의 삼대고라는 외로움과 가난과 불건강에서 자유롭고 사회는 밝아질 것이다.

한치 앞을 모르는 게 사람의 일이라 한다. 사노라면 그 누구에게도 예고 없이 여러 상실의 불운한 일이 닥치기도 한다. 미래의 청사진에는 없는 변고이다. 이럴 때 아픔에 갇혀 머물면 인생을 탕진하게 된다. 전환적 운명을 수용하고 희망의 미래를 짚고 과감히 일어서는 긍정적 마인드야말로 훌륭한 사회인의 자세라 할 것이다.

우리 생에 있어 노년기는 원하든 그렇지 않든 많은 걸 밀어내 놓는 시기이다. 그래서 움켜쥐는 주먹보다 펼치는 손바닥이 훨씬 자연스럽다. 모든 걸 순리로 수용하는 노년은 평화로울 것이다. 지난날의 영광이나 명예에 집착하지 말며 살아온 경륜에 감사하고 욕심을 비운 자리에 좋은 벗, 좋은 어른이 되도록 맘 쓰며 건강을 스스로 챙기고 돌보며 취미생활을 가지며 너그러운 노인이 된다면, 적어도 노년에 가장 염려하는, 폐를 끼치는 노년은 아닐 것이다. 더하여 태어난 목숨 값으로 이타의 맘을 지니고 산다면 참 바람직하지 않으리. 그리하면 가장 흉한 노추의 이기적 인간은 전혀 아닐 터이다.

노년의 미래는 그리 길지 않다. 그러나 자손을 통한 노년의 미래는 무한하다. 미래를 깔아준 노년의 부모에게 자식들이 공경과 애정 어린 관심을 바치는 것이 마땅한 도리지만 그것을 강요해서는 안 된다. 그저 줌으로써 행복한 날이 아니던가. 자식도 그 자식을 위해 그렇게 살고 그렇게 모든 생명들이 만년을 이어간다.

나도 겨울 길목으로 들어선다. 평균연령이 한층 길어진 이즈음이 아니라면 이미 한겨울 속일 것이다. 남은 생을 어떻게 하면 잘 살아가는 것이 될까 생각해 보곤 한다. 종국에 우리가 가는 길은 모두 하나이다. 누구든 육신은 거의 유사한 길을 밟는지 모른다. 그러나 정신의 품격에 따라 그 인생은 좀 다를 것이다.

미래, 아직 펴지 않은 시간의 평풍에 남은 인생을 그려보자. 어떻게 단풍 들고 낙엽 질 것인가를. 인생의 산행에서 오르막은 숨차고 가파르며 주위를 돌아볼 겨를이 없다. 그러나 내리막 하산길은 비록 다리는 후들대나 가볍고 여유롭다. 노년기 특유의 여유로 주변을 돌아보고 여생을 즐기는 맘으로 살 수 있다면 행복한 사회의 일원일 것이다.

어느 날, 그 한길을 바라보며 곱게 마무리되고 싶어 내 나름의 미래를 그려본다. 미래 향한 오늘 쌓기에 게으른 내가 정말 자주 부끄럽다. 나만의 미래 화폭을 지금부터라도 차근히 그려 넣어야겠다. 그중에 한 폭은 내가 책임져야 할 부분들이다. 끝까지 보듬고 사랑의 햇빛바라기를 할 일이다. 그리고 나의 존재가 여직도 그 누군가를 따뜻하고 행복하게 하는 미래라면 나는 무척 감사할 것이다. 미래, 아직 펴지 않은 시간의 병풍에 우리 모두가 행복하고 아름다운 세상을 그려 넣어 보자. 미래의 꿈을 간직하고 보살피는 일은 어둔 길에 등불을 켜들고 가는 것과 같을 것이다. 세상의 모든 미래의 페이지가 얼룩지지 않고 맑고 따스하며 아름다운 내용으로 채워지기를 소망한다.

김/정/원

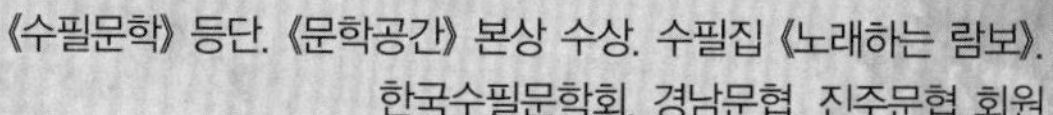

《수필문학》 등단. 《문학공간》 본상 수상. 수필집 《노래하는 람보》.
한국수필문학회, 경남문협, 진주문협 회원

사진 · 1

내가 요즘 보살펴주는 초등학교에 다니는 상희의 책가방에서 사진 한 장이 나왔다. 제 또래 아이들과 대여섯이 찍은 사진이다. 헝클어진 머리칼이나 옷매무새들, 생기 없는 표정들이 가난을 여실히 보여주고 있다. 12살 아이가 7살 때 찍은 사진이라 하니, 집 나간 제 엄마 때문에 애살스럽던 때의 사진이다. 엄마를 그리며 헤매던 길만큼이나 이리저리 헤져서 무수히 구김살이 가 있다. 어린 소녀는 보물인 듯 간직하지만, 세월은 흘러도 사진은 속일 수 없어서 철들어 보면 다시금 상처를 받을 잔인한 증인은 아닐지 염려가 앞선다.

사람은 누구나 한 가닥의 추억을 귀중히 생각한다. 어디를 가게 되면 오래도록 기억에 남기고 싶은 장면들을 사진에 담는다. 언제 그곳엘 갔었고 뭔가를 체험했기에 나름대로 그만한 의미가 있을 것이다. 그러나 오래 지나고 나면 사진에 별 흥미가 없어지고 언젠가는 사진첩을 정리하다가 버려질 사진도 있게 된다.

시골에 가보면 툇마루 위에 가족사진이나 기념사진들을 보관한 액자가 걸려 있는 집이 있다. 알지 못하는 집이기는 해도 그 사진들을 보면 가족 상황이나 내력을 알게 된다. 희미한 눈을 닦으며 사진을 올려다보면 그나마 집 떠난 자식들의 생각만으로도 행복할 수 있어 좋겠다.

사람은 늙어도 사진은 나이를 먹지 않는다. 언제까지나 추억 속 그대로의 상상을 할 수 있어 사람들은 세월에 속고 산다고 하는지 모를 일이다.

부모님의 사진을 걸어두고 그리워하더니 어느 순간 함께 늙어가고 있음을 깨달았을 때 세월의 무상함을 느낀다. 다시 돌아올 수 없는 부모님을 더욱 그리워하는 것도 이 때문이 아닐까. 부모 돌아가실 때보다 더 늙어버린 자신을 바라볼 때도 있다. 젊었을 때는 이룬 것 없이 늙기만 하여 죄스럽다는 말을 들을 때마다 그 의미를 몰랐는데 이제 그 말이 예사로 들리지 않는다.

언젠가 나는 종기가 난 처지에서 사진을 찍어야 할 일이 있었다. 살색 반창고를 붙이고 사진을 찍었는데 기술적으로 지웠는지 전혀 흔적이 없었다. 그러나 남기고 싶지 않는 상처 때문에 행여나 하는 불안이 스치고 간 표정은 숨길 수 없었다. 표정은 마음의 거울이다. 그만큼 표정은 솔직하다. '렌즈의 먼지를 털기에 앞서 눈의 먼지부터 털어라' 는 말이 있다. 마음을 다스렸다면 좀 더 밝은 사진으로 남았을 것이다.

선악을 사진으로 찍을 수 있다면 무법천지의 세상은 되지 않을 것이다. 수사과정에서 사람의 맘속까지 투시해볼 수 있는 사진기가 있다면 원시적인 고문 등으로 허위 자백을 하거나 억울한 피해자는 생기지 않을 것이다. 인간의 지능은 계발에 따라 무한한 능력을 발휘하게 되는 것임으로 2천년 새 시대에는 그러한 염원도 이루어지리라 믿어 본다.

어느 전시장에 걸려 있던 사진을 기억한다. 가을 갈무리가 끝난 풍경을 배경으로 노인의 얼굴이 화면 가득 크게 찍힌 사진이 중앙에 걸려 있었다. 검게 그을린 피부색에 주름투성이의 노인은 고생의 흔적이 역력했다. 그러나 활짝 웃고 있는 노인의 표정은 수확의 기쁨을 말보다 더 진하게 표현해 주고 있었다. 노인의 평화로운 표정은 보는 이의 맘까지 편하게 해 준다. 수작으로 선정된 작품이다.

사진작가들은 순간을 놓치지 않는다. 종군 기자들의 목숨을 건 기록사진은 역사를 눈으로 확인케 한다. 전쟁의 상처를 생생히 실감시킨다.

소쇄원에 있는 돌담 위 청태를 두고 사진작가들은 렌즈를 맞춘다. 청태 위에 고요하게 내려앉은, 햇살 같은 그리움을 가슴에 묻는다. 청태에 한 움큼 뿌려두고 온 내 영혼의 깊은 곳에서 솟아나는 눈물 같은 사랑을 사진작가들은 어떤 색깔로 형상화시켜 줄지.

봄날의 소쇄원 뜰을 한번 거닐고 싶었지만, 세 번째로 간 이번에도 역시 가을이었다. 청태에 내 마음 쏟아 놓고 인생의 황혼 같은 것을 맛본다.

소쇄원을 떠나 송강 정철의 가사문학권歌辭文學圈 내로 가 본다. 영지影池에서 사진작가인 K씨는 왼쪽 발을 물에 잠기도록 땅에 포복을 하고 연못의 수면에 렌즈를 겨눈다. 몇 송이의 수련이 제 명을 다한 듯 가을의 낙조처럼 떠 있어 그걸 찍는다. 유심히 보니 두 개의 정자 그림자가 영지에 잠겨 있고 세 사람의 행인이 서쪽 정자에서 거닐고 있는 모습이 수면 위로 하늘거린다. 잔잔한 수면 위에서 춤을 추듯 아른거리는 그림자는 절묘했다. 나도 그것처럼 한판 신명을 풀어 볼 수 없을까. 영지에 빠져들어 굿거리장단에 맞춰 지금의 나를 연출해 보고 싶었다. 영지에 지나온 세월을 눈물 나도록 헹구고 또 헹구어 내면 핏빛 같은 속살이 터져 나올 것만 같았다. 사진작가들은 이런 매력 때문에 빠져드는가. 무엇이 나로 하여금 이토록 반하게 하는가.

돌아오는 길에 깊은 생각에 잠긴다. 잔잔한 연못에 비해 비친 그림자가 크게 흔들리고 있는 것은 햇살의 움직이는 기폭이 컸다고 생각된다.

기우는 석양에 영지가 더 아름답게 보였듯이 우리의 인생도 황혼에 이와 같이 아름다울 수 있을까?

'옷이 더러워지면 벗어버리듯이 이 모습도 그러하다. 늙으면 허망하다. 그렇다고 젊음을 뽐낼 것도 없다. 젊은이는 곧 늙어지기 때문이다.' 대행 큰스님의 말씀을 깊이 새겨 본다.

이제 내 사진첩도 정리할 때가 온 것 같다. 많은 사진 중에서 언제까지나 아껴 두고자 하는 것이 있다. 그리운 한때를 담은 수줍게 웃고 있는 빛바랜 사진 한 장을.

도/혜/숙

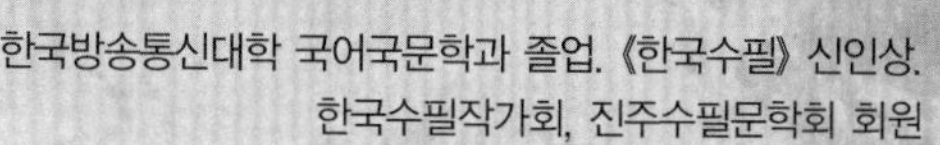

한국방송통신대학 국어국문학과 졸업. 《한국수필》 신인상.
한국수필작가회, 진주수필문학회 회원

숭늉 이야기

두 식구 살림에 몸살이라고 하기에는 염치없어 아픔을 털고 일어나 밀쳤던 일들을 하나씩 다잡았다. 잘 쓰지 않는 그릇은 서랍장 안쪽으로 들여놓고 자주 쓸 것은 앞쪽에 내놓고 도섭을 부렸다. 우리 집에 이런 솥이 있었던가?… 기억에서 까맣게 타버린 솥 하나가 눈에 들어왔다.

이십여 년 전의 어느 토요일 오후, 나는 거실에서 뜨개질을 하고, 아이들은 식탁에서 삶은 감자를 먹고 있었다.

“형님아, 우리 엄마는 빵 만들 줄은 모르는갑다. 맨날맨날 감자만 삶아준다 그자.”

6학년짜리 막내가 제 형들에게 속닥거렸다. 돌이라도 삭여낼 듯 잘 먹어주는 아들 셋 바라지에 바빠 간식이라곤 고구마에 감자나 삶아주는 게 예사였다.

하던 뜨개질을 접고 시장에 갔다. 너무 비싸서 전기 오븐은 살 수가 없었다. 주방 용품 가게로 갔다. 그럴만한 게 있나 둘러보았다. 너비가 한

자 남짓하고 바닥이 판판한 냄비 하나가 눈에 띄었다.

"손잡이가 있어서 냄비 같지만 만능 솥입니다. 바닥이 두꺼워서 김을 여러 장 포개서 구워도 좋고 카스테라를 만들어도 되고요."

더 이상 다른 설명을 들을 필요가 없었다. 카스테라라는 단어 하나에 혹했다. 설명서를 보면서 카스테라를 만들었다. 제법 모양새 있게 굽혔다. 감자 삶을 줄밖에 모르는 엄마라고 생각했던 아이들의 눈이 휘둥그레졌다. 감자 삶을 줄밖에 모르는 엄마라고만 생각했던 아이들의 눈이 휘둥그레졌다.

아이들이 커서 하나씩 떠나면서 나와 가까운 자리에 있던 그 솥은 뒷자리로만 밀리다가 어느새 내 기억에서조차 지워졌다. 우리 집에 갓 왔을 때는 겉이 곱고 참하던 솥이었는데, 마마꽃이 피었다 진자리며 한쪽 손잡이마저 없어진 볼품없는 솥이 되었다.

수세미로 더께먼지를 말끔히 닦아낸 다음 불 위에 솥을 얹었다. 뜨겁게 달구어졌을 때 안팎으로 기름칠을 하고는 솥에서 연기가 나도록 불을 돋우었다가 껐다가 하기를 여러 번 만에 제법 윤이 나면서 제 꼴을 찾았다.

가끔 가다 남편이 귀꿈스런 소리를 한다. 며칠 전에는 입 안이 깔깔하다며

"이런 날은 누룽숭늉이 좋은데, 어무이가 계시면……."

하면서 밥상머리에 앉아 있었다. 어제도 밥을 몇 술 뜨는 듯하더니만 저만치 나가 앉아서 '비 내리는 고모령 고개'를 흥얼거렸다. 또 숭늉 생각을 하는 것 같았다.

누룽지를 만들 만한 솥이 없었다. 누룽지 전용 솥이 있었으면 하면서 궁색하게 생각해 낸 것이 찌개 뚝배기였다. 뚝배기를 불에다 올려놓고

밥을 몇 숟가락 깔았다. 그 밥이 누룽지가 되기를 기다렸지만 제대로 눋기도 전에 벌써 타는 냄새가 났다. 옛날 무쇠 솥의 누룽지가 되어 나오기를 기대하다니, 어이가 없었다. 그중에 좀 나은 부분만 숟가락으로 긁어내어서 다른 냄비에다 물을 붓고 끓였다. 그래도 그걸 누룽숭늉이라고 남편은 좋아했다. 시어머니 솜씨를 떠올리며 애써 또 만들어 보지만 잘되지 않았다.

이것이면 충분히 그 일을 해낼 수 있으리라는 기대감에 레인지 위에다 솥을 올렸다. 바닥에다 찬밥을 대강 깔고 솥 안쪽으로 물을 조금씩 두르고는 뚜껑을 덮었다. 김이 오르며 또닥거리는 소리가 날 때 뚜껑을 열고 밥을 바닥에 골고루 펴고는 다시 덮었다. 밥이 적당하게 눌을 때를 기다렸다. 십오 분쯤 지나자 구수한 냄새가 나면서 노릇노릇한 누룽지가 되었다. 물을 조금씩 부어가며 나무주걱으로 문대어서 누룽지가 다 일어난 듯했을 때 불을 높여서 끓였다. 구수한 숭늉냄새가 온 집안을 감돌았다.

"그래 이 맛이었어."

남편은 엄지손가락을 세우고는 지난날의 어머니 손맛을 음미하며 흡족해 하였다. 그렇게 시작한 숭늉 만들기가 한 달이 지났다. 남편은 같은 반찬이 두 번 이상 상에 오르면 싫증을 내는데도 끼니마다 누룽숭늉을 챙기는 것이 기이하다. 아마도 지난날 어머니의 손맛을 음미하는 정에 젖는 듯하다.

요즘은 주방기구도 인공지능화되면서 다양한 기능들을 수행한다. 그만큼 용법도 복잡해져서 용도에 맞게 쓰려면 왈, 공부를 하지 않으면 안 된다. 그에 비하면 얼마나 단순하고 솔직한가. 용법에 제약도 없고 주의할 필요도 없고 그럼에도 진정 자동만능이다.

나는 오늘도 누룽지를 만든다. 솥 안에서 울리는 또드락거림이 정겹다. 지금은 초록 같은 내 아이들이 머리가 희끗해지는 어느 날엔 엄마가 구워준 노릇노릇한 감자 한 조각이 그리울 때도 있겠다. 어린 손자들을 데리고 아들들이 오면 이번 명절엔 달보드레한 카스테라를 구워 볼거나. 뜨거울 때 솥전을 둘러야 솥이 오래 산다고 했느니, 물행주로 솥뚜껑의 볼을 훔친다.

류/재/식

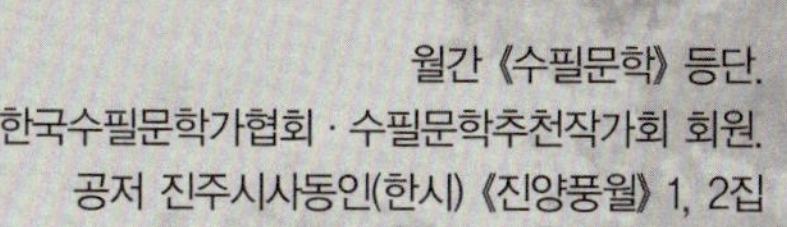
월간 《수필문학》 등단.
한국수필문학가협회 · 수필문학추천작가회 회원.
공저 진주시사동인(한시) 《진양풍월》 1, 2집

사십 리를 걸어서 통학한 이야기

나는 중학생이 된 지 두 달도 못 되어 북한의 불법남침으로 민족의 비극인 6 · 25 사변을 맞이하였다. 학교는 방학 아닌 휴교를 하였으므로 나는 고향집에서 강변 둔치에 소를 몰고 나가서 풀을 뜯기거나, 모래밭에서 벌어지는 조무래기들 씨름판에 어설픈 심판을 봐주기도 하였다. 한번은 방축에서 소에게 풀을 뜯기고 있는데 폭격기 2 대가 기총사격을 하여 탄피가 우두둑 떨어지는지라 나를 조준하는 줄 알고 기겁을 하여 이 언덕, 저 언덕을 기어다니며 피하느라 가히 혼비백산한 적도 있다.

그런데 국군과 유엔군의 승승장구로 9 · 28 수복이 이루어져 10월 초순쯤인가 개학을 하였음은 세상이 다 아는 바와 같다. 개학은 하였으나 진주시가는 사변 중에 피폭되어 가히 잿더미가 되다시피 하였다. 하숙집 구하기는 여간 어렵지 않고 자취방 구하기도 쉬운 일이 아니었다. 그런 탓이었는지 우리가 사는 동네는 진주에서 약 12~14km가량 동떨어진 지역인데 걸어서 통학하는 사람이 늘어나기 시작하였다. 친구 따라 강남 간다는 말이 있듯, 나도 선배들 따라 집에서 걸어서 학교를 다니기 시작하였다. 그런데 내가 다니는 사범학교는 진주의 서쪽 교외지대에 위치하고 있어 16km를 걸어야 하는 실정이었다.

아침녘에는 저마다 시업시간에 맞추느라 이 마을 저 마을에서 나오는 학생들이 반갑게 만나 때로는 2~3명, 4~5명 이상이 걸음을 재촉하며 저마다의 학교로 향하지만, 하학시간에는 개인 사정에 따라 뿔뿔이 흩어져 귀가하기 마련이다. 먼 길을 걸어서 통학을 하노라면 예기치 못한 일이 벌어질 때도 있다.

나는 늦가을 어느 날 오후, 귀가시간에 타교 학생인 친구 Y군을 우연히 만났다. 자기 집에 가서 탁구도 치고 놀다가 가라는 말이 솔깃하여 오후 한나절을 다 놀아버렸다. 그 집 벽시계를 보니 5시가 넘어, 후닥닥 가방을 챙겨 길을 재촉하였다. 어두운 밤길을 고개도 넘고 다리도 건너, 우리 동네로 가는 언덕받이 길을 지날 무렵, 깜짝 놀라는 일이 순식간에 벌어졌다. 머리가 뻣뻣해지는 것 같았다. 내가 다니는 길은 서쪽은 논이고 동쪽은 낭떠러지인데, 아래쪽 늪에 웅크리고 있던 기러기떼가 내 발자국 소리에 놀라 후닥닥 날개를 친 것이고, 나는 갑자기 후닥닥 하는 기러기떼 소리에 반사적으로 놀란 것이다. 나는 얼마나 놀랐던지 겁이 나서 장승처럼 서서 한 걸음도 내디딜 수가 없었다. 할 수 없이 오던 길을 되돌아 방금 지나온 마을로 다시 돌아갔다. 우리 마을에서 이웃으로 살다가 몇 년 전에 이사를 온 장씨네 집을 찾아간 것이다. 인사를 하고 경위를 이야기하니 나를 우리 집까지 데려다주겠으니 걱정 말라며 오히려 위로를 하였다. 그리고 짚단 몇 개를 둘둘 말아서불을 붙여 말하자면 손전등 대신으로 길을 밝혀 우리 집까지 데려다주고 돌아가셨다. 우리 부모님이 진심으로 고맙다는 인사로 전송을 했다.

그 뒤에는 이런 일도 있었다. 아마도 6월 하순 무렵이었을 것으로 짐작된다. 하교 후, 시내에서 간선도로를 따라 걸어나와 교외선 도로에 접어들면 그 도로변에 급우級友 김모 군의 집이 있었다. 마침 내가 지나가는 걸 본 김 군이 나를 불러, 잠시 쉬어가기를 권하였다. 그리하여 마루에 걸터앉아 이런저런 이야기를 주고받는 사이, 김 군의 어머니께서 수제비를 끓여 내놓으시면서 먼길을 가야 할 사람이 시장기를 느껴서는 안된다며 먹고 가라고 권하셨다. 호불호好不好를 떠나, 그 어머니의 배려가 감사하여 그 수제비를 다 들고 길을 나섰다.

'새벼리' (진주 남부 간선도로 고갯길)를 지나 도로를 따라 약 반 시간쯤 걸어 산길로 접어들 직전이었다. 어느 찰나인지도 모를 순간에 눈앞에 불빛이 번쩍하는 게 아닌가? 깜짝 놀라 정신이 하나도 없었다. 정신을 차려보니 개똥벌레가 내 눈앞을 휭! 날아간 거였다. 무서움증도 있던 터에 겁이 나서 한 걸음도 내디딜 수가 없었다. 그래서 그 지점에서 약 1km쯤 되돌아 외사촌 누나 한 분이 살고 있는 집을 찾아갔다. 가족들이 마루에서 저녁식사를 하는 참이었다. 갑자기 찾아간 고종사촌 동생을 보고 놀라는 분위기였으나 경위를 듣고 안도하였다. 그리고 내몫으로 수제비 한 그릇을 내와서 맛있게 먹었다.

이튿날은 그 누나집에서 바로 학교로 갔으니 얼마나 수월한 등교를 하였을지 짐작이 갈 것이다. 그런데 그때 얼마나 무거운 빚을 졌는지 모른다. 당시 이웃동네 아저씨가 횃불을 밝혀 집까지 안전하게 귀가시켜주신 배려, 피붙이라고 하지만 그것도 출가외인인 외종매집을 일방적으로 급습하여 내 등하교 편의만 챙겨간 무례한 사람의 굴레는 벗을 길이 없다. 왜냐하면 나는 이웃, 외척이라는 굴레를 씌워 내 기대만 챙기고 당연한 것처럼 무심하게 지나쳐버렸다. 이제사 옛일이 돌이켜져 그분들을 챙기니 다들 돌아가시거나 후손이 이사가버린 뒤이니, 어떻게 잘못을 양해받고 감사의 마음을 전해야할지 몸둘 바를 모르고 있는 것이다. 그동안 철이 덜 들어 은혜를 소홀히 했던 나의 불찰을 깊이 뉘우치며 다른 분들을 위하여 마음 쓸 것을 속으로 다짐하는 것이다.

박 / 주 / 원

단편집 《마른 대궁》《달 세상으로 간 여자》
한국소설가협회, 한국문인협회, 진주문인협회, 진주여성문학회 회원

전설의 길을 따라

단군과 웅녀가 있었고 신단수가 있다는 그곳, 전설의 길을 간다.

높이 구천칠백 미터의 하늘 길을 칠백 킬로의 속도에 얹혀서 간다.

2008년 베이징올림픽 때 건립되었다는 북경 제3공항에는 국내의 한 지역으로 착각할 만큼 한국에서 온 승객들이 많았다. 민족의 영산이라고 역사에서 배운 대로 남의 나라 땅을 밟고서라도 그곳 영지에 발을 디뎌보고 싶은 관광객들이었다.

백두산을 '창바이 산(長白山)'이라고 주장하는 중국과 북한과의 비밀 협정에 따라 양측 국경선은 천지 한가운데를 가로지르고 있다 한다. 천지를 둘러싼 2,500미터 이상인 16개의 봉우리 중 북한 측에 일곱 개가 속해 있고 중국 측에 아홉 개가 속해 있는데 이 중 일부분이 관광구역으로 허용된 것이다.

우리를 안내할 조선족 청년은 말끝마다 '우리나라, 우리나라' 하면서 잘산다고 소문난 조국의 위상 때문에 절로 어깨에 힘이 들어간다고 명

랑 쾌활하게 자기 소개를 했다. 같은 차에 탄 우리들도 기분이 좋아 보도로만 접했던 용이라거니 커다란 물고기라거니 하는 영물이 물기둥을 이루면서 천지의 수면을 차고 오르는 모습을 직접 확인할 수 있을 듯한 즐거운 기대로 한껏 들떠 올랐다.

용정에서 윤동주의 흔적을 만났다. 그 시절 조국을 위해서 헌신한 다른 위인들도 많은데 유독 윤동주가 대표적인 인물로 부각되는 것은 그가 다른 사람들의 정서를 대변하고 깊은 설득을 준 문학인이어서 더 유리했었지 않나 싶었다. 비록 장르는 다르지만 같은 문학인으로서의 사명감이 면면히 번져 오는 듯했다.

그의 시비며 생가, 그 옆의 교회 담장 밖에서 박해받는 독립군의 고통스러운 비명으로 마디마디 옹이가 박혔을 것 같은 커다란 '비슬나무' 도 보았다. 그러나 우리들의 시선은 백두산으로 향하는 꽉 짜인 여정으로 인해 깊은 애도나 연민도 새겨 볼 겨를 없이 바람처럼 건성건성 스쳐 지나면서 사진 한 장씩을 찍을 뿐이다. 길 왼쪽으로 보이는 먼 산 위의 일송정도 마찬가지다. 용두레 우물이며 말 달리는 선구자들의 용맹스러운 모습도 되새겨 보려 했지만 들은 이야기로서의 이미지는 빛바랜 필름처럼 아슴아슴하게 다가올 뿐이었다.

멀지 않은 곳에 발해 유적지가 있지만 한국 관광객이 쉽게 오가며 사진을 찍는 것도 어렵다고 한다. 동북공정의 일환으로 발해 유적지를 편입시킨 중국이 다섯 곳이나 되는 발해의 수도가 인터넷으로 소개되는 것을 막기 위한 단속을 벌이는 것이다.

이도백하까지의 멀고 먼 길 양쪽은 광활한 구릉 농지였는데 농작물이라고는 옥수수와 콩 외의 다른 종류는 별로 보이지 않았다. 우리나라처럼 비닐하우스 등의 농사로 개인의 생산력을 높인다면 세계 제일의 농산물 수확도 가능할 것 같은데 농부는 정부에서 정해준 주산 작물만을 심어야했다. 농지와 집 임야까지 임대로 개인 소유 없이 살아야 하니 소작농 신세를 벗어나는 길은 죽음으로밖에 허용되지 않는 것이다. 문득 공산주의의 허와 실이 명암으로 교차되는 반면 해석할 수 없는 위정자들의 정치 스타일이 국가와 국민 어느 쪽을 우선으로 펼쳐져야 하는지 고개를 갸웃거리게 했다.

3개월 영업으로 일년을 먹고 산다는 이도백하의 곰팡내 나고 미비한 호텔에서 일박을 한 다음 날 목적지인 장백산으로 길을 나섰다. 오고 가는 길은 양 차선인데 일년 내내 땜질공사를 하는 바람에 도로는 조각보자기를 늘어놓은 것 같고 버스의 승차감 역시 달리는 야생마의 등에 탄 것처럼 아주 덜컹거렸다.

버스에서 내린 뒤 산협의 곳곳에서 연결되는 차를 세 번이나 갈아 탄 뒤 드디어 자욱한 운무 속에 몸을 내렸다. 십 미터 앞이 안 보이게 짙은 안개와 밀려드는 여행객들로 인해 일행끼리도 손을 놓칠 것이 걱정될 정도로 복잡했다. 말로만 듣던 그 멀고 높은 백두산의 정상이 산책을 다니는 앞산처럼 바로 눈앞에 있다는 실감 안 나는 현장에 섰다. 이제 천지로 가는 계단인 이삼백 미터의 언덕길을 올라가면 된다. 많은 인파들이 내지르는 소음도 한통속으로 농무에 묻혀버려 여기가 이승인지 저승인지 분간도 모호해질 지경이었다. 유월 말경인데도 이곳의 냉기와 때 없이 몰아닥친다는 비바람과 우박 때문에 파카를 입거나 우비를 걸쳤다. 느리게 계단을 걸어 올라 안개 속으로 사라지는 행렬은 마치 순교영화의 한 장면을 연상시킨다. 무엇 때문에, 왜, 오직 그곳으로 가야 하는지, 가슴에 품은 저마다의 비의에 함몰된 수동적인 움직임은 처연하고 비장감 넘쳐 보였다.

장막을 헤치듯 구름이 걷히고 용이라거니 커다란 물고기라거니 하는 영물이 나타나주기는커녕 천지조차 끝내 자신의 모습을 신비 속에 감추어 놓고 보여주지 않았다. 바람이 저 구름을 헤쳐주면 혹시 모습을 드러낼지 모른다는 기대로 접근 금지선 앞에서 마냥 머뭇거렸다. 천지를 보러 와서 천지를 못 보고 가는 사람이 '천지삐깔'이며 삼대 적선을 한 사람만 볼 수 있다는 안내인의 농담을 미리 듣기는 했지만 그냥 발길을 돌려야 한다니 너무 허무한 심정은 달랠 길이 없었다. 산 넘고 바다 건너 남의 나라까지 가로질러 가며 그 먼 길을 왔는데 이 막막한 구름밭만 기웃거리다 돌아가야 한다니 말도 안 된다, 내일이든 모레든 기다렸다가 천지를 꼭 보고 가자며 떼를 쓰는 사람도 있었다.

만나준다는 약속도 안 받고 찾아온 객이면서 기만당한 것 같은 아쉬움과 허전함을 씻을 길 없어 천지 주변에서 주운 작은 돌 두 개를 가방 속에다 슬쩍 챙겨 넣었다.

다음 날의 기상은 약 올리듯이 쾌청했다. 금 간 독을 땜질하듯이 땜질된 긴 도로를 따라 북한을 가장 근접한 곳에서 볼 수 있는 도문으로 가는 길이다.

두만강 푸른 물이 아닌 구정물이 우리를 맞이했다. 북한의 어느 산간에서 광산을 개발하는 바람에 흙탕물이 유입된 것이란다. 북한 쪽의 강섶이라도 훑어볼 심산으로 유람선을 탔지만 보이지 않는 금기로 접근은 불가능했다. 우리의 안타까움은 내몰라라 건실한 컨베이어벨트처럼 강물만 무심하게 세월을 실어나른다.

금강산 관광처럼 외길일망정 북한 쪽의 길이 열렸다면 일 년에 수십만 명이나 몰려와서 쓰는 백두산 관광수입이 모두 우리 동포들의 삶에 도움이 될 텐데, 안타까운 눈길로 바라보았지만 강 건너 마을은 인적도 없고 메아리도 없다. 한적하고 평화스러운 여느 소읍과 다름없는 그곳에다 우리는 호기심과 정치적 상식을 덧씌우면서 안쓰러움을 마구 풀어놓았다.

돌아오는 길에 나는 머릿속에 잠재해 있는 국가 간의 경계를 지우기로 했다. 나만의 생각으로 풀이한 호리병 속의 새인 셈이다.

오천 년 역사 간곳없는 현장을 다녀와서 다시 전설을 덧붙인다.

배 / 대 / 균

《한국수필》 등단. 한국수필문학상 수상. 저서 《생각나는 사람들》, 《배가 산으로 간다》, 《필름 '97》, 《한국인의 문신》 등. 한국수필작가회 이사. 배신경 정신과의원장.

잊혀진 전쟁

프롤로그

오늘은 6 · 25전쟁 62주년이 되는 날이다. 3년간의 전쟁으로 남북한 4천만 인구 중 5백만 명이 죽고, 우방 16개국의 파병과 미국 군인만도 5만 명 이상이 희생된 우리 민족의 비극이요 인류 역사의 씻을 수 없는 상처의 날들이었다.

사람들은 흐르는 세월과 함께 전쟁을 잊어간다. 6 · 25전쟁은 북쪽 공산주의자들의 한반도 공산화를 위한 침략전쟁인데도 우리가 북침했다고 우기고 있으며 모두들 그렇게 생각하고 있다. 나라 안의 김일성의 고려연방제 통일노선을 따르는 사람들이 불어난 탓이다.

전쟁의 그날, 기억도 생생하다. 고요한 일요일 새벽, 북쪽 공산당 김일성은 탱크를 앞세운 채 38선을 넘어 단숨에 서울을 탈환하고 40여 일 만에 낙동강에 이르면서 전쟁은 곧 끝난다고 자신하고 있었다. 그해 여름 마산과 외관전투, 포항전투 하면서, 낮이면 비행기가 하늘을 가리고 밤이면 포성으로 안절부절못했다.

그러던 9. 15. UN군사령관 맥아더 장군은 인천상륙작전을 감행, 성공함으로서 한순간에 전세가 뒤바뀌었다. 곧바로 서울을 수복하고 이어 평양을 해방시키면서 북진에 북진을 계속하여 압록강에 이르렀다. 전쟁이 끝나는 듯했다. 그런데 겨울이 오면서 돌연 수십만 중공군의 개입으로 전세가 어렵게 되고, 다시 서울을 빼앗긴다. 이른바 중공군 2차 공세였다.

퇴각을 거듭하던 UN군은 장진호 전투(서구는 Chosin 전투로 통함. Chosin은 長津湖의 일본말. 6 · 25당시 미군은 일본지도를 사용, 군사작전을 짰음)에서 6 · 25전쟁사상 최고의 희생자를 낸다. 그 치열함은 전쟁사상 전무후무한 이야기로 남아 있다. 미 7사단 31연대와 32연대 2,652명은 흥남철수작전 완료 17일 동안 385명만이 살아서 돌아왔고, 장진호 서안을 진군하던 미 해병 1사단도 전사실종 910명 부상 3,500명의 손실을 입었으며, 성한 사람조차도 모두가 동상환자였다.

"사람은 빵과 집이 없고, 사랑과 행복이 없어도 살 수 있지만 '신비' 없이는 살 수 없다"는 레옹 블로아의 말이 떠오른다. 장진호 전투를 읽는다. 자기 가족을, 자기 나라를 지키기 위한 것도 아닌 오직 자유민주주의를 수호하기 위하여 이국 만리에서 숱한 사람들이 생명을 바쳤으며 그 모두는 꽃다운 젊은이들이었다. 미국을 위시한 UN군이 아니었다면 우리는 어떻게 되었을까.

오늘은 6 · 25 62주년의 날, 그분들의 희생을 다시 한 번 떠올린다. UN군 참전은 고귀하다. 사람들일랑 이 전쟁을 기억 속에서 다시 끄집어내고, 전쟁에 대한 이해의 폭과 깊이가 더해지기를 바라고, 더불어 더 철저한 안보의식 고취를 간절히 주문한다. 우리는 잘산다고 자만하지도 교만하지도 말 것이며, 항상 보훈의 마음으로 살아가는 자세야말로 블로아의 신비의 더 진한 삶이리라.

장진호 전투는 미 해병 1사단의 장진호 서부전투와 미 7사단 31연대와 32연대의 동부연안전투로 대별된다. 아래는 7사단의 동부연안전투 이야기다.

장진호 전투

1950. 9. 15. 인천상륙작전 성공에 이어 아군은 북진을 계속한다. 서부전선은 국군 1사단, 7사단과 미8군이, 북동쪽 전선은 미 10군단(미 보병3사단과 7사단, 미 해병 1사단)과 국군 수도 사단과 제3사단이 진격한다. 해병 1시단과 미 육군 7사단의 31, 32연대와 영국해병 41코만도는 장진호를 경유 압록강으로 진격하여 서부전선의 미8군과 합류하게 되어 있다.

미7사단 32연대 1대대는 페이스 중령을 대대장으로 1950. 11. 25. 함흥을 출발 한만국경으로 북진하기 위하여 장진호 남단 분기점 하갈우리로 향한다. 도로변에는 빈 달구지와 허름한 농가에 이어 길가의 감 농장의 시든 홍시와 포도농장, 수km에 이르는 논을 뒤로한 채 이동은 계속된다. 드디어 11. 26. 하갈우리에 도착, 장진호 동부 연안을 따라 15km 북쪽지점에서 야영에 들어간다. 밤은 무척이나 고요했다. 하지만 지독하게 추운 날씨에다 밤바람 소리가 귓전을 떠나질 않았다.

장진호는 개마고원 남단지역으로 두루 1000m가 넘는 고산으로 둘러싸여 있으며 겨울철은 영하 30도(체감기온 40도)로 내려가는 북한에서 가장 추운 곳으로 흥남보다 1개월 앞서서 겨울이 온다. 눈은 수북이 쌓였고 저주받은 땅인 양 풀잎 하나 없는, 겨울 툰드라보다 더 삭막하다.

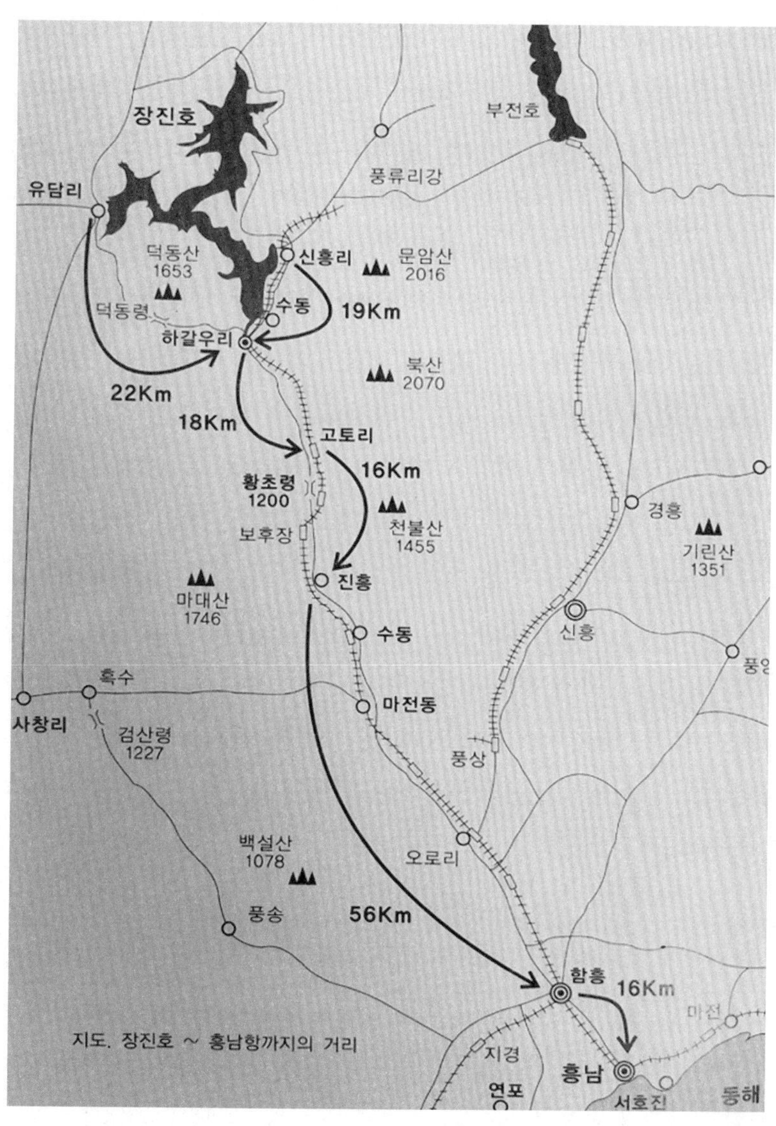

지도. 장진호 ~ 흥남항까지의 거리

전쟁이 곧 끝날 것이라는 기대와 함께 가을군장으로 진군한 대대원들은 의외로 동상환자가 생겨나고 있었다. 앞서 평양을 탈환한 국군 6사단은 10. 26. 압록강 초산까지 진격하여 압록강 물을 이승만 대통령에게 보냈고, 미 7사단 17연대 17전투 대대는 11. 21. 압록강 혜산진까지의 진격으로 맥아더 장군은 전쟁 종결을 예보함으로써 전선은 기가 빠져 있었다.

11. 26. 저녁 포병으로 중무장한 31연대 3대대가 해병대 사단본부가 있는 하갈우리 북쪽에 도착, 맥린 대대장은 페이스 대대를 방문, 우리는 11. 27. 내일 아침에 페이스 대대의 진지를 접수, 방어에 들어가고, 페이스 대대는 장진호 동쪽 연안을 따라 북진, 압록강으로 진격할 것이다, 한편 본부를 하갈우리에 둔 해병1사단의 2개 연대는 이미 장진호 서편의 유담리와 덕동령에 주둔, 압록강으로 진격 준비 중에 있었다. 한데 이날 밤 갑자기 모든 부대는 전진이 아닌 급편방어hasty defense, 急編에 들어가라는 명령이 하달된다. 중국황포 군관학교 출신 농민유격대장 송시륜이 이끄는 중공국군 제9병단, 12개 사단 중 3개 사단 중공군은 며칠째 장진호 주변의 아군을 자루에 넣은 듯 이미 포위하고 있었다. 이른바 중공군의 2차 공세였다.

초조하게 밤을 지새운 페이스 대대는 27일 날이 밝자 방어진지 구축을 시작 급편방어에 들어간다. 2개 중대는 장진호 연변을 따라 북쪽을 방어하고, 1개 중대를 우측 산악지역 쪽으로 배치하였으며, 다른 병사들을 참호 구축과 전방의 관목들을 제거하면서 중 · 소대별로 사격 구역을 명령했다. 어둠은 빨리 찾아왔고 추위는 참을 수 없었다. 이따금씩 박격포의 재원기록 사격의 폭발음이 들려올 뿐 21시경 주위는 조용했다. 바로 이때 중공군은 기습공격을 가해왔다. 알고 보니 아군의 위치 파악을 위한 정찰대였다. 자정이 되자 적군 1개 중대가 동북쪽에서 박격포 지원 아래 공격을 개시했다. 아군은 결사적으로 싸웠지만 아무리 죽여도 파도처럼 다시 밀려오는 제파식 공격wave attack, 중공군 인해전술으로 2, 3중대 사이의 협조점 지역 확보를 실패하고, 북쪽 장진호변 1중대는 진지를 빼앗겼다.

전투 중 한 사람의 소대장과 중대장, 작전장교가 전사하면서 전투는 11. 28. 날이 밝을 때까지 이어졌다. 날이 밝자 대원들은 추위와 사기가 떨어졌다. 기관총도 얼어붙어 버렸다. 밤새 70구의 시신이 쌓이고 구호소 밖에는 백 명에 가까운 중상환자의 비명 소리가 떠나지를 않았다. 페이스 대대와 5km후방의 맥린 대대 사이는 이미 중공군으로 가득 차 있고, 맥린 특임대도 2개 중대가 유린당한 상태였다. 더한 것은 맥린이 공격 12시간 전에 장진호 근방으로 보낸 12명의 수색분대가 12시간이 지난 지금까지 한 명도 돌아오지 않는 것이었다.

날이 밝고 사방은 이상하게 조용했다. 간간이 요란사격과 소규모 공격을 가해올 뿐 또다시 날이 저물었다. 밤이 깊어지자 예상했던 대로 중공군은 도로 동쪽의 아군 산악지대 취약지역 쪽으로부터 공격을 해왔다. 이어지는 박격포 공격으로 화기 소대장 켐벨은 입천장에 파편이 박히면서 기절했다. 밤 10시경이 되자 전투가 다소 소강상태로 접어들었다. 사단본부는 때가 왔다면서 철수를 명령했다. 그렇게 할 수밖에 없었다. 대대장 페이스는 장비와 취사기구들을 남겨 둔 채 기동 가능한 추력과 함께 퇴각을 명령했다. 대원들은 기다렸다는 듯 한순간에 우르르 길가로 몰려나왔다. 대대장은 놀랐으나 대책이었다. 2개 중대는 양 측방을 방호하면서 11.29. 새벽 차량행렬은 가까스로 현장을 벗어나고 병력들은 기도비닉적에게 발각되지 않게 몸을 숨기고 소음을 줄이는 약진으로 후방 맥린 특임대로 향하기 시작했다.

트럭과 대원들이 장진호 중간쯤의 심히 구부러진 지점에 이르렀을 때 중공군이 매복 대규모 사격을 가해옴으로서 차량 행렬이 정지되었으며, 아니더라도 맥린부대 북쪽에는 중공군의 포진으로 퇴각이 이미 불가능한 상태였다. 페이스 대대원 일부는 기도비닉 약진으로 이미 맥린부대에 접근하고 있었는데 바로 이때 맥린 대대는 적군으로 오인, 사격을 가해왔다. 맥린은 사격을 중지시키고자 장진호 위로 달렸는데 잘못이었다. 근거리 총격으로 그는 쓰러지고 이어 집중사격으로 전사한다.

페이스는 50명의 대원들에게 얼어붙은 호수를 건너 특임대로 달려갈 것을 명령한다. 이때 중공군은 특임대 포병을 공격하고 있었으며, 페이스는 공격조를 편성 산허리를 경유 중공군 후미를 공격케 하였으며, 그 사이에 잔여 대원들과 차량행렬은 가까스로 특임대 지역으로 당도할 수가 있었다. 이날 오후에는 특임대와 함께 600×1000m의 방어 진지를 구축했다. 탕약과 유류가 모자라고, 병사들은 추위와 함께 손발을 계속 움직이고, 자동화기는 20~30분 간격으로 발사하면서 작동상태를 확인해야만 했다. 오후에는 공중보급이 시작되었지만 3번째 낙하산들만이 방어기지로 떨어졌을 뿐 그것마저도 모든 것이 부족했고 식품은 얼어 있었다. 다행하게도 해병대 전술공군 지원과 맥린부대가 구축해놓은 퇴각대피통로가 크게 도움을 주었다. 한편 11. 28. 함흥에서 출발한 증원부대는 중공군의 저항과 본부의 실수로 화물도착이 지연되어 하루가 지나서야 겨우 하갈우리 18km 남쪽 고토리에 도착했을 뿐이었다.

11. 30. 밤 10시경 중공군은 또다시 맥린대대 쪽으로 대대적인 공격을 개시해왔다. 밤 12시경 절정을 이루었다. 12.1. 01시에는 중공군이 방어

선을 뚫고 아군 고지를 점령했다. 페이스는 마지막 수단으로 특공소대를 조직, 소화기탄 몇 발과 수류탄 3발, 윌슨 소대장의 톰슨 기관단총이 모두였다. 빈약한 무장으로 근접전을 벌였으며, 소대장과 부소대장이 현장에서 전사하고, 날이 밝자 가까스로 중공군을 방어진지 밖으로 격퇴시킬 수 있었다.

페이스의 남은 대대원들은 8시간 이어진 전투에서 지쳐 있었지만 맥린 대대원들과 함께 날이 밝기 전에 남쪽 적진을 돌파해야 해병 1사단 본부가 있는 하갈우리에 이를 수 있으므로 1시에 돌파를 개시했다. 남하 도중 아군기의 오폭으로 중공군이 제일 무서워하는 40mm포 반궤도차량이 불에 타고 몇몇 병사들이 즉사한다. 운전병 쪽으로 접근한 중공군 각각이 4명의 운전병을 사살했다. 트럭에 탄 중상자들은 나가떨어졌고 몇 사람의 중대장과 부대장이 죽거나 다쳤다. 부대원들은 그야말로 아나키스트Anarchist, 무정부 상태가 된 채 뿔뿔이 흩어지고 각자는 나름대로 남하를 계속하는 길뿐이었다.

남은 차량 몇 대는 오후 늦게 부서진 다리 부근에 이른다. 다리는 이미 파괴되었고, 엄호 사격covering fire하에 도섭fording.渡涉을 시도해 가까스로 개울을 건너는데, 바로 이때 대대장 페이스는 적의 50mm 기관총 사격과 수류탄 공격으로 중상을 입고는 트럭 조수석에 앉히지만 대대원들은 숨 거두는 것조차도 모르는 채 우왕좌왕한다. 이후 대원들은 완전히 무너지고 그야말로 아나키스트가 된 채 10~20명 단위로 개별 행동에 돌입한다.

12. 1. 흩어진 대원들은 산에 숨었고, 심한 부상병으로 가득한 트럭들은 다쳤거나 동상으로 절뚝거리는 병사들과 함께 17시가 되어서야 남쪽으로 향하기 시작했다. 밤이 또다시 다가오고 있었다. 사방에서 백진 수

류탄이 날아오고 요란하게 파상공격을 해왔다. 켐벨 중위는 '이것이 우리의 최후인가', 그는 얼어붙은 장진호 위를 술 취한 사람처럼 무방비로 걷는다. 도중에 수없는 중공군시신과 대대원들의 사상자를 만나면서. 와중에 그는 입 안의 파편 창에도 불구하고 지휘관답게 대열을 정비, 남은 칼빈 소총실탄 3발만으로 특공대를 편성, 복병들과 맞서기도 하였다. 흩어진 대원들은 낮에는 숨고 밤에만 이동하는 철저한 기도비닉으로 2~3일에 걸쳐 8km를 남하하여 하갈우리의 해병대사단본부에 하루하루 착착 도착한다. 드디어 12. 4.을 기하여 32연대 1대대 1,053 중 181명이 살아서 돌아온다.

하갈우리의 해병대는 장진호 서쪽 유담리와 덕동령의 피나는 전투에 이어 7사단 32와 31대대 잔여 병력과 함께 또다시 하갈우리에서 흥남에 이르는 10일간의 끔찍한 전투를 기약한다.

에 필 로 그

훗날 장진호 전투를 일컬어 '지옥 불 계곡Hell fire valley'으로 이름 붙여졌다. 미국의 에릭 부레빅 감독하에 〈혹한의 17일〉이라는 제하의 영화를 제작, 2012년 말에 개봉 예정이며, 장진호 전투에서 살아남은 몇 안 되는 노병들은 '초신 퓨Chosin Few', 살아 있는 몇 사람이라는 제명하의 법안 제정을 요청. 알라스카주의 코르도바 근처의 한 나지막한 산에 장진호 전투를 기리고자 하고 있으며, 해군은 한 척의 전함의 이름을 '초신 퓨'라고 명명하기로 결정하였다. 이용각(가톨릭의대 명예교수, 88)은 미 7사단과 31연대 전투단의 카투사 군의관이었으며, 지금 '장진호 아리랑'을 출간 준비 중이다. 장진호 전투에서 미군과 함께 매장된 카투사 12구의 유해를 2012. 5. 25. 미국으로부터 인수, 대통령이 맞이

하는 가운데 국립묘지에 안장했다. 미국은 지금 미국 땅에 카투사 추모 공원을 만들고 있다. 미군이 싸운 곳에는 카투사가 있었고, 미군이 전사한 곳에도 카투사가 있었다는 뜻을 담고 있다.

*참고문헌 : 〈6 · 25 전쟁 60대 전투〉, 〈소부대 전투기술〉, 〈The last stand of Fox Company〉, 〈생명의 항해〉 등.

백 / 남 / 오

2004년 《서정시학》 등단. 수필집 《지리산 황금능선의 봄》 《지리산 빗점골의 가을》. 수필 〈겨울밤 세석에서〉 전문이 《고등학교 국어》 교과서 수록. 서정시학회 회장

우리들의 그리움

우리들은 저마다의 그리움을 안고 살아간다. 각자의 체험과 삶의 무늬로 그 무엇인가를 그리워하며 고독한 인생길을 걸어가는 것이다. 그 과정에서 정서가 같은 사람끼리 만나면 정을 나누게 되고 의기투합하며 우정을 맹세하기도 한다. 사랑의 화살을 맞으면 사랑에 빠져 이성을 잃기도 하고, 그러다 그 사랑이 다하면 처절한 실망감으로, 쓸쓸한 이별의 노래를 부르며 헤어지게 된다. 때로는 그 아픔의 상처를 치유하는 방법으로 음악, 문학 등의 위대한 예술이 탄생되는 것이 아닐까도 싶다.

그럼에도 본질은 실존에 앞설 수가 없다. 삶에서 중요한 것은 현실이기 때문이다. 현실적인 제도와 인간이 만든 윤리라는 벽 앞에서 중생의 꿈들은 여지없이 무너지고 마는 것이다. 이것이야말로 본질적인 갈등이요 아픔이 아닐까 하는 생각도 하게 된다. 어쩌면 그 제도와 윤리라는 술래를 두고 우리들은 끝없는 숨바꼭질을 하고 있는지도 모를 일이다.

사람의 마음이란 갈대와도 같아서 영원을 약속했던 사랑도 그리 오래

가지 못하는 경우도 다반수가 아니던가. 설령 변함없는 사랑의 약속이라 할지라도 인간이라는 유한성 앞에서는 속절없이 좌절하고 마는 것이 아니던가. 그것은 사람은 누구나 주어진 시간만을 살다가는 안타깝고 서러운 나그네 길에서 비롯되는 원초적인 아픔이 아닐까도 생각된다.

지금 나는 전라북도 남원의 '만복사지터'에 서 있다. 그렇게 허위허위 나 혼자서 달려왔다. 1월 11일의 찬바람이 매섭게 몰아치며 어지러운 가슴을 이리저리 흔들어댄다. 참 혼란스럽다. 황량한 겨울 폐사지에서 내가 느끼는 것은 자유니 고독이니 하는 철학적인 관념이 아니다. 모든 존재는 자기만의 주어진 영역 안에서 온몸을 다해 살다가, 결국은 그렇게 흔적 없이 사라지고 만다는 사실이다.

여기, 고려시대 창건된 이 만복사지가 천년의 세월을 넘어서 그것을 웅변해 주고 있다. 오랜 세월, 이 절을 삶의 터전으로 살다간 중생의 무리들. 그 속에는 수많은 승려와, 민중과, 사랑을 갈구한 선남선녀와, 숱한 민초들의 삶이 얽히고 녹아 거대한 담론과 역사를 만들었을 것이다. 바로 이 절을 배경으로 쓰인 최초의 소설 김시습의 《금오신화》 중 〈만복사저포기〉의 주인공 양생과 처녀의 사연 또한 그중 하나일 것이다.

조실부모한 노총각 양생은 만복사 동쪽 방에서 자기의 운명을 저주하며 외롭게 살고 있었고, 사랑의 대상이 필요했고, 부처님께 배필을 맺어달라고 저포놀이를 제의했고, 그 뜻을 받아들여 부처님은 아름다운 여인을 점지해 주었다. 두 처녀총각은 만복사 방에 들어가 하룻밤을 지냈고, 사랑을 약속했고, 이튿날 처녀의 집에 가서 사흘을 더 지내며 행복에 겨워했던 것이다. 그러나 여인은 2년 전 왜구에 죽은 혼령이었고, 업보는 피할 수 없어 저승으로 떠나야만 했다. 이에 양생은 다시는 장가가지 않고 지리산에 들어가 약초를 캐며 살았고, 그 후 어떻게 되었는지 그 사연을 아는 사람은 아무도 없었다.

그렇게 살다간 것이다. 그리하여 산천은 의구하고 인적은 흔적도 없이 사라지고 만 것이다. 오늘 여기, 나는 천 년 전에 세워진 그 절터에서 무상감만 남은 5층 석탑을 만지고, 당간지주를 바라보고, 주춧돌을 쓰다듬으며 그들의 삶을 생각하고, 사랑을 생각하고, 꿈과 이상을 생각해 본다. 더불어 그들의 아픔과 상처까지도 상상해보려고 모든 감각을 곤두세우고 있다. 불었던 바람의 흔적까지도 그대로 느끼고 싶다.

바람결 사이로 천 년 전의 사람들이 달려온다. 그들의 다양한 목소리가 들려온다. 기쁨의 환희로 가슴 벅찬 감격의 소리, 사랑을 속삭이는 밀어도 감미롭다. 그러다 삶의 고통에 신음하는 소리, 이별의 아픔과 고독으로 흘리는 눈물도 보인다. 그렇게 저마다의 기쁨으로, 아픔으로 살다간 것이다. 이제 그 사연을 기억해줄 사람은 아무도 없다. 그것은 오직 그 세계를 함께한 사람들의 세계일 뿐이다. 그게 전부이고 진실인 것이다.

문득 하늘을 쳐다보니 참 맑기도 하다. 멀리 구름 한 무리 아주 천천히 흘러가고 있다. 양생이 이곳에서 처녀와 백년가약을 맺은 그날도 겨울이었고, 오늘처럼 이렇게 청명한 날이었을까. 그 후 양생은 어찌 되었을까. 선국에서 남자로 태어난 처녀를 따라 다시 환생을 하였을까. 이승에서는 연인의 관계였지만, 저 세상에서는 깊은 우정의 관계로 태어났을지도 모를 일이다. 그렇게 영원히 하나로 합일된 것일까. 양생은 여인이 얼마나 그리웠으면 장가들지도 않고 지리산에 들어가 그렇게 유유히 사라지고 말았을까.

흔히 《금오신화》를 두고 인간적인 욕구가 사회적 모순이나 인생의 유한성 때문에 좌절되기를 거부하는 비극적인 작품이라고 주장하지만 나는 그렇게 보지 않는다. 물론 순간적인 이별이라는 비극적 요소도 있지만 그 이별은 좌절이 아니고 영원한 만남을 위한 하나의 계단이다. 결국은 양생도 환생하여 함께 만나 한을 풀고 영원세계로 진입했음을 믿기 때문이다. 양생의 '부지소종'은 여인의 영원세계의 귀의에 대한 확신감이며, 이 확신감으로 인하여 스스로 여인의 뒤를 자신감 있게 따르는 것으로 볼 수 있음이다. 따라서 《금오신화》는 그 비극적 갈등을 예술로서 승화하려는 화해주의 정신이 창작의 원천임을 알 수 있다.

오늘 여기, 우리들도 아옹다옹, 각자의 추억과 사연으로 그리움을 안고, 또 다른 그리움을 만들어 가고 있다. 지극히 개별적인 인연으로 사랑하며 살지만 또다시 천년 후에는 그 누군가에 의하여 그 애잔한 그리움의 흔적들이 전해질지도 모른다. 그 복잡하고 난해한 우리들의 그리움이야말로 개인적으로는 삶의 궤적이 되고, 세상을 움직이는 원동력이 되는 것이라 믿는다. 그래서 사랑은 시대를 초월하는 아픔일지도 모른다.

누군가를 사무치게 그리워하고 싶은 날이다.

서 / 영 / 수

《한국수필》로 등단. 수필집 《수필로 만나는 음악의 향기》. 한국수필가협회, 한국수필작가회 회원

한여름 밤의 꿈

30년 전의 여름날이다. 새내기 음대생으로 만난 천형과 나는 함안군 법수면에 있는 '악양수로' 로 밤낚시를 떠났다. 작열하는 태양, '깔따구' 라 불리는 극성스러운 곤충에 시달릴 생각을 하니 걱정이 되었지만 우리의 우정 앞에서는 장해물이 될 수 없었다.

뽀얀 먼지를 일으키며 달려온 시외버스가 석무마을을 앞두고 도로 가장자리에 멈추어 선다. 텁텁한 공기, 땀 냄새로부터 해방이 된 나는 맑은 공기를 한 사발 들이마신다. 목이 터져라 일성을 터뜨린다. 그 사이, 버스는 파란 하늘 아래로 진녹색으로 변한 들판과 옹기종기 정다운 시골 집, 밭매는 아낙네가 만드는 기막힌 광경을 남겨놓고 꼬리를 감춘다.

'악양수로' 를 찾은 데는 이유가 있다. 주변의 풍광이 수려한 것도 있지만 무엇보다 낚시에 입문하는 친구에게 낚싯대를 타고 전율하는 붕어의 앙칼진 손맛을 안겨주고 싶기 때문이다. 들판을 지나고, 강둑을 오르자 여기저기 풀을 뜯는 누렁소가 오늘따라 유달리 다정스럽다. 수로의 가장자리를 따라 줄지어 선 버드나무는 어서 오라 손짓한다. 그 옆으로 길게 펼쳐진 논과 밭, 산그림자가 물속에 잠겼고, 초록으로 물든 강이 눈을 시리게 만든다.

우리가 가야 할 포인트는 수로 건너편이다. 예전에 한 처녀가 군대 간 오빠를 기다리며 '처녀 뱃사공'이 되었다는 애환이 서려 있는 강이다. 언덕을 내려서니 양끝이 밧줄로 묶인 배가 나그네를 기다리고 있다. 저걸 타고 건널 수 있을까 의문이 들 정도로 작다. 그래도 어쩌랴. 배에 발을 들여놓자 뱃전이 흔들린다. 바닥에 고인 물이 크게 요동을 친다. 가까스로 중심을 잡고 놀란 가슴을 쓸어내리니 처녀뱃사공의 뒷이야기가 궁금해진다. 배를 타고 함안 장, 대산 장으로 오가던 장꾼들의 떠들썩한 목소리도 그립기만 하다.

중국의 명승지인 악양에서 이름을 따왔다는 악양루가 기암절벽 위에서 고고한 자태를 뽐내고 있다. 그 아래, 민족의 영산인 지리산에서 발원한 물방울은 경호강이 되고, 남강이 되어 유장하게 흐른다. 누른 백사장은 게으른 황소 마냥 엎드려 내 마음을 유혹한다. 법수면의 긴 제방과 넓은 들이 호방한 기상을 만든다. 그래도 두 눈을 질끈 감고 오늘의 목적지인 상류를 향하여 떨어지지 않는 발걸음을 옮긴다. 좁다란 밭둑을 따라 걷는 이마에 송골송골 땀방울이 맺힌다. 미끄럼을 타는지 가슴골을 구르는 물방울이 앙증맞게 느껴진다. 그렇게 한참을 걷자 바위가 아무렇게나 굴러 내린 조그만 절벽지대가 눈앞에 나타난다. 씨알 좋은 붕어와 잉어가 나오는 포인트가 바로 여기다.

유리섬유로 만들어진 2.5칸 대와 짧은 릴 대를 편다. 떡밥을 귓불처럼 말랑말랑하게 반죽하여 '멍텅구리'라고 불리는 5개짜리 바늘에 감싸 던진다. 금방이라도 월척 붕어, 팔뚝만 한 잉어가 물밑을 소란스럽게 만들 것만 같다.

얼마나 오랫동안 수선을 떨었을까. 이글거리던 태양 뒤로 붉은 노을이 서쪽 하늘을 물들이고 있다. 허기 때문인지 꼬르륵거리는 아우성도 멈추지 않는다. 코펠을 들고, 수로 가장자리에 내려선다. 그런데 저만치, 동물의 사체와 한 무더기의 쓰레기더미가 떠내려간다. 그렇지만 상관하지 않는다. 어쩌면 삶과 죽음이 찰나에 있고, 아름다움과 추함 또한 다르지 않은지도 모르기 때문이다. 부처님도 "삼계가 유심이요, 만법이 유식"이라고 했다. 강물을 휘휘 젓고, 티끌마저 후후 불어 라면으로 저녁상을 차려내니 세상만사 부러울 것이 없다. 부귀공명이 뜬구름 같다.

붕어가 소풍을 갔나보다. 구수한 떡밥을 던지며 집어를 해보지만 피라미 입질조차 없다. 이때다. 고독하리만치 적막함을 이기지 못한 탓인지 천형이 이야기를 엮는다.

하늘 아래 첫 동네인 문경새재가 고향이란다. 단군 이래, 처음으로 대학생을 배출한 까닭에 마을 잔치가 열렸다는 구수한 이야기도 빼놓지 않는다. 밴드부에 매료되었던 날, 트롬본을 전공하게 된 사연이 꽃등불 되어 타오른다. 마리아 릴케, 보들레르, 하이네로 이어진 문학 이야기는 또 얼마나 진지하고 재미있던지 부흥강사의 설교보다, 세헤라자데의 《천일야화》보다도 더 흥미롭기만 하다.

까만 하늘에 초롱초롱한 별들이 가득하다. 천형의 맛깔 나는 이야기에 넋이 나갔던지 불을 밝히는 것조차 잊었던 것이다. 칸델라등에 성냥을 긋는다. 기다란 불꽃이 꽃망울을 터뜨리기 직전의 분꽃과 닮았다. 그 귀엽고 순수함에 반한 탓일까. 수없이 날아드는 하루살이가 불꽃에 닿는 순간, '픠' 하는 소리를 내며 무수히 스러진다. 내 삶도 저 하루살이와 어떻게 다르겠는가. 한 치 앞도 내다보지 못하고 찡그리고, 화내고, 괴로워하고, 사랑하는 사람의 가슴을 아프게 한다. 어차피 한바탕 헛된 꿈과 같은 인생인데 말이다. 다시 눈과 귀를 천형에게 모은다. 이번에는 윤동주와 김소월의 시 세계가 은하 흐르듯 찬란하지만 그와 내가 살아가는 세계가 다르고, 인생의 깊이 또한 같지 않기에 그저 고개만 끄덕일 뿐이다.

낚시는 '운칠기삼' 이라는 말이 딱 들어맞는다. 저녁에 없던 입질이 자정이 가까워지자 시작된 것이다. 낚싯대 끝이 부러질 듯 휘어지고 릴 대의 방울도 쉼 없이 울린다. 씨알 좋은 붕어가 물 밖 나들이가 싫다고 반항한다. 두두둑거리며 앙탈을 부리는 느낌이 좋은지 낚시의 오르가슴을 만끽하는 천형의 즐거운 비명이 수로에 메아리친다.

망태기에 담긴 붕어의 몸부림이 심상치 않다. 그물망이 비좁기도 하지만 죽음을 예감한 탓이리라. 자식 잃은 어미, 어미 잃은 새끼 붕어의 울음이 귀에 쟁쟁하게 들리는 듯하다. 안쓰러운 마음에 슬며시 낚싯대를 거두자 아직까지도 할 이야기가 남았던지 천형이 또다시 이야기를 잇는데 이번에는 도무지 재미가 없다. 졸음 탓인지 금방 들었던 이야기도 기억이 나지 않고, 자꾸만 눈이 감긴다. 대답도 건성으로 변한다.

따뜻한 기운에 정신을 차려보니 동녘이 밝았다. 밤늦도록 이야기를 하다 나도 모르게 깜박 잠이 들었던 모양이다. 두 팔을 벌리고, 맑은 공기를 한 아름 안으니 깊은 숲길을 걷는 양 상쾌하다. 뽀얗게 피어오르는 물안개 탓인지 우련하게 비치는 강마을이 신비로움을 자아낸다. 풀잎에 맺혀 있는 영롱한 물방울이 보석처럼 빛난다.

버스정류소로 향하는 발걸음이 가볍다. 이슬이 깨지 않은 둑길에는 앉은뱅이 토끼풀 군락이 피자처럼 넓다. 언덕배기에는 개망초 무리 지어 방긋 웃는다. 그때, 풀섶에서 느닷없이 날아오르는 들꿩 소리에 악하고 비명을 지르고 말았다.

강물 같은 세월이 흘렀다. 아기 염소 풀을 뜯고, 토끼풀, 개망초 흐드러지게 피던 그 둑길에 코스모스가 선녀처럼 고운 자태를 뽐내고 있다. 하양, 자주, 보랏빛 꽃을 꺾어 바람개비 만들어 날려본다. 맴을 돌며 내려오는 꽃술 속에 천형의 환한 얼굴이 어렸다 사라진다. 지금은 어디에서 살고 있는지 그의 소식이 궁금해진다.

서/현/복

경남수필문학회, 가향문학회 회장 역임. 한국문인협회, 경상남도문인협회, 국제펜 회원

등대로 가는 길

등대로 가기 위해 승용차를 「배 닿는 끝」 바닷길에 세워두기로 했다. 차문을 열자 바람결에 실려 오는 비릿한 갯내음. 비탈길을 올라 학교 뒤편으로 꺾어 드니 '녹산등대 가는 길'이라는 표지판이 보인다. 푹신한 잔디 사이로 반반한 자연석을 깔아놓은 오솔길이 깔끔하고 편안하다. 가을색이 짙은 구절초와 억새에 한눈을 파느라고 반대편 긴 목책 사이로 드넓고 푸르른 바다가 펼쳐진 걸 미처 몰랐다. 저 멀리 섬 끝자리엔 하얀 등대가 한 점 그림처럼 보이고 내리막 갈랫길엔 동화 속 인어공주상이 초승달에 걸터앉은 모습이다. 녹산등대 가는 길은 거문도등대길하고는 사뭇 다른 느낌이어서 툭 트인 산책길이 시원스럽다. 햇살이 따갑든 말든 경치구경에 사진촬영에 한참씩 머물러도 마음은 마냥 상쾌하다. 우리 부부와 딸애랑 셋이 멋진 풍광 속에서 모처럼 즐겨보는 나들이라 더욱 그러한가.

어제는 거문도등대를 찾아가는 코스였다. 「목넘에」 너럭바위를 건너

나무계단을 얼마쯤 오르다가 동백숲길로 들어섰다. '1박2일' 방송 팀이 등짐으로 장비를 나를 수밖에 없었을 조붓한 길이었다. 마침 어제 날씨는 가을 속의 폭염이어서 나무그늘이 고맙기 한량없었다. 한 시간 가까이 걷는 내내 해묵은 동백나무가 긴 동굴을 이루어 햇볕을 가려주었으므로. 한창 동백꽃이 흐드러질 삼 월쯤에 이 길을 걸을 수 있다면 얼마나 향기롭고 싱그러울지 아쉬워하며 지루한 줄 모르고 걸었다. 바다 근처를 걷고 있어도 시야에는 보이지 않아서 오붓하게 이야기꽃을 피울 수 있었던 아늑한 산책길이었다. 딸애 역시 아이 둘의 엄마인 것도 잠시 잊은 채 홀가분하고 즐거워보였다. 숲길을 벗어나자 망망대해가 드러났다. 백년이 넘은 유서 깊은 등대와 푸른 바다를 배경삼아 아빠 엄마 모습을 열심히도 찍던 딸애. 하얀 바위섬 백도를 바라보기 위해 지었다는 '관백정觀白亭' 에 올랐으나 짙은 안개로 백도는 오리무중이었다.

오늘 녹산등대 쪽에서 바라본 백도는 구릿빛 인어조각상 너머로 희부옇게 형상을 드러내고 있다. 흰 바위섬이라서 '흰 백白' 자를 쓰기도 하고 섬이 백 개쯤 된다 하여 '일백 백百' 자도 쓴다는 백도. 상백도와 하백도로 나뉘어 신비한 기암절벽을 이루며 바다 가운데에 떠 있다. 유람선으로 일주할 때 가까이 보았던 멋진 정경과 수많은 전설들을 다시 상기해본다.

녹산등대는 무인등대였다. 태양열 집열판만이 야간근무에 대비하려는지 등대 아래 땡볕에서 졸고 있다. 어느 시인의 시 한 수가 무언의 환영사로 팻말에 새겨져 있을 뿐. 이 섬이 좋아 살러왔다는 시인은 거문도 등대 입구에도 이곳 등대 앞에도 시로써 자신의 숨결을 남겨두고 싶은가보다. '……등대는 시인이 마지막 가야 할 종점……, 오늘도 노란 민들레 다섯 송이와 소꿉장난하다 간다.' 라고. 때마침 등대 아래쪽에서 남녀 세 사람이 숨 찬 듯 올라오더니 반갑게 인사말을 건넨다. 모르는 사람끼리도 스스럼없이 아는 체할 수 있음은 주변의 아름다운 경관 때문이지 싶다. 더구나 마산에서 왔다고 하니 이웃사람이라도 만난 듯 친근감이 한결 더하다. 딸애가 만들어 온 약식과 홍차를 나누어 먹고 나서 다 같이 녹산등대를 뜬다. 돌아오는 길은 마을 안길을 택했다. 좁다란 오솔길 사이로 어촌의 나지막한 집들이 옹기종기 모여 있다. 바람막이 지붕들이 움츠러든 형상을 하고 있다. 딸네 집 베란다 통유리가 널따란 테이프로 온통 붙여져 있더니 바닷바람의 위력이 상상되고도 남는다.

이 섬을 알리는 관광안내도에는 대부분 옛 지명이 그대로 실려 있다. 부르기도 듣기도 희한한 이름들이 아주 많다. 주로 바닷가 근처의 명칭이 그러한데 예를 들면 녹산등대 아래쪽이 「보듬고돈데」 「뒤로내린데」 그리고 거문도등대 밑쪽은 「배치바끝」 「오지굴」 등이다. 「산지끼여」 「코바코밑」 같은 생소한 이름들이 현재도 그렇게 불리고 있는 모양이다. 대부분 원래의 터줏대감들이 대대로 고향을 지키며 살고 있어 옛 이름의 흔적이 많은 건 아닐까 나름 생각해본다. 지금도 걸핏 폭풍주의보만 내리면 발이 묶여 오도 가도 못하니 나그네가 발붙이기엔 힘겨운 게 섬 생활인 것 같다. 고어古語 같고 신기한 이름들을 되뇌어볼수록 마음이 한 세기 전쯤으로 거슬러 가는 느낌이 든다.

지명만큼이나 낯선 사람들과 가까워지려고 무던히도 애쓰는 양이 딸과의 통화 속에 묻어나곤 했다. 함께 봉사하며 더불어 친화를 도모하려는 삶이 애잔하게 느껴질 적도 있었다. 부모님 오신 소문 듣고 이웃들이 음식보시로 날라 온 싱싱한 생선회와 해산물들을 받으며 딸애 얼굴엔 감동이 서렸다. 노력한 만큼 헛되지 않았다는 안도와 보람 같은 것이리라.

왕년에 낚시꾼이었던 남편이 외손자가 간절하게 원하는 낚시동반 약속을 지키려고 나선 나들이가 좋은 날씨만큼이나 환해서 즐겁다. 나란히 낚싯대를 메고 조손祖孫이 함께 활짝 웃는 모습이 보기 좋았다. 환상의 동백 숲길과 자연 속의 공기 맑은 산책로, 거문도 섬의 양쪽 끝자리 하얀 등대로 가는 산책길도 가끔씩 떠오를 고운 그림이 될 것 같다.

손/영/희

충북 청주 출생. 한국방송대학교, 창신대, 고려대 인문정보대학원 졸업. 2003년 《매일신문》, 《열린시학》 등단. 2008년 오늘의 젊은 시조시인상 수상. 시집 《불룩한 의자》

"천천히 와" 라는 말

〈천천히 와〉라는 이 시를 마음속에 오래 품고 있을 때가 있었다.

> 천천히 와/ 천천히 와/ 와, 뒤에서 한참이나 귀울림이 가시지 않는/ 천천히 와// 오고 있는 사람을 위하여/ 기다리는 마음이 건네준 말/ 천천히 와// 오는 사람의 시간까지, 그가/ 견디고 와야 할 후미진 고갯길과 가쁜 숨결마저도/ 자신이 감당하리라는 아픈 말/ 천천히 와// 아무에게는 하지 않았을, 너를 향해서만/ 나지막이 들려준 말/ 천천히 와.
>
> —정윤천, 〈천천히 와〉 전문

여기서 '천천히 와' 라는 말은 내가 너에게 내 시간을 나누어주겠다는 무언의 약속이며 당신을 오래도록 사랑하겠다는 의미가 담겨 있다. 부모가 자식에게 사랑한다는 말 대신에, 밥도 잘 챙겨먹으라는 말 대신에 하는 말이 '천천히 와' 인 것이다. 약속 시간에 늦는 친구에게 왜 빨리 안

오느냐고 벌컥 화를 내는 대신에 '천천히 와' 라고 문자를 보내고 보면 친구에 대한 사랑이 뭉클하게 전해져 올 것이다. 사랑하는 사람에게 '천천히 와' 라고 해보라, 그 말 속에는 역설적이게도 어서 보고 싶다는 뜻이 담겨 있고 허둥대다 사고 내지 말고 무사히 안전하게 오라는 뜻이 담겨 있음을 알게 된다. 남의 시간을 내 리듬에 맞추려고 허우적대는 현실에서 내가 가진 시간을 아낌없이 나누어 주겠다는 말, 당신을 사랑한다는 말 '천천히 와' 얼마나 듣기 좋은 말인가.

나는 빨리 걷는 사람이었다. 빨리 걸어야 남보다 많은 것을 보고 빨리 걸어야 해설사의 말을 한마디라도 더 들을 수 있을 것 아닌가, 운전대를 잡으면 시속 100km는 너무 느리기만 했다. 밥도 빨리 먹었다. 얼른 먹고 다른 일에 몰두해야만 모든 일이 잘 굴러가는 것만 같았다. 할 일은 너무 많고 시간을 늘 모자랐다. 남을 배려할 줄 모르고 흘리고 가는 것들이 많아졌다. 그러던 내가 조금 천천히 걷기 시작했다. 주변을 둘러보기 시작했고 누군가를 기다리는 시간이 소중하다는 것을 알게 되었다. 3년 전 장애인복지관 문학동아리분들과 만나고 나서였다.

장애인과 비장애인이 한 달에 두 번 만나 시를 공부하기 시작한 것이 벌써 3년 전이다. 지체장애 3급인 J, 정신지체 장애를 가진 O, 그리고 장애를 가진 자녀를 둔 어머니, 이들을 도와주기 위해 오신 자원봉사자를 포함해 매번 오시는 분이 전부해야 10명 내외다. 이분들과 만나면서 나도 모르게 천천히라는 말을 내 스스로에게 다짐시키게 되었다. 이들과 함께하면서 장애를 가진 사람들은 속의 것을 드러내는 일이 참 힘들다는 것과 그들이 말을 할 수 있을 때까지 인내를 가지고 기다려야 한다는 것을 알게 되었다. 그래서 어떻게 써야 한다고 말하지 않고 재촉하지 않고 등을 토닥여 주었을 뿐이다. 그렇게 해서 작년겨울에 조그만 작품

집도 만들어졌다.

어느 날 이분들과 문학기행을 가게 되었다. 나는 평소 습관대로 차에서 내려 풍경을 감상하며 화장실에 갔다와보니 그때서야 차에서 휠체어가 내려지고 사람들이 움직이기 시작했다. 봉사자들이 그들의 보폭에 맞추어 휠체어를 밀고 가방을 들어주고 그들과 함께 이런저런 이야길 나누며 따라오고 있었다. 점심시간이 되었을 때 배가 고프다는 생각에 아무 생각 없이 식당에 들어가 식탁 앞에 앉았다. 그런데 한참이 지나서야 같이 화장실에 갔던 그들이 서로서로 부축하며 들어오는 것이 아닌가. 얼굴이 붉어졌다. 이들과 보폭을 맞추려면 좀 더 천천히 걸어야 한다는 걸 깨달았다. 몇 발자욱 걷다 되돌아보면 그때서야 땅을 짚고 일어서는 그들이었다. 나는 이들에게서 천천히라는 말의 의미를 배웠다.

신 / 서 / 영

《한국수필》 등단. 한국수필작가회, 경상남도문인협회, 진주문인협회 회원

하 루

객지의 추위는 가슴속까지 떨려온다. 두꺼운 외투를 입고 집을 나섰다. 마음 따라 몸도 움직이는가보다. 낙성대 쪽으로 가려던 것이 관악산으로 향한다. 집에서 자박걸음으로 십오 분쯤 가면 S대 정문이 나오지만 샛길로 빠지면 금방 학교 안으로 들어선다.

미술학과의 MOA관 앞이다. 누렇게 바랜 잔디 사이에 황토빛 조각돌이 모자이크로 깔려 있다. 이 뜰을 처음 밟았을 미술학도들의 설렘은 어디로 갔을까. 황량한 겨울바람 탓인지 썰렁하다. 관악산을 들를 때마다 느끼지만 학생들의 표정이 그리 활기차 보이지는 않는다. 입시 전쟁을 치르고 나면 곧 취업이나 학위준비를 해야 하는 현실 앞에서 풋풋한 젊음들이 기를 펴지 못하는 것 같다. 멀리 산 정상의 바윗돌을 보며 내가 가봐야 할 연구실이 어디쯤인지 가늠해보고는 포기하고 말았다. 아들에게 부담 줄까봐 싫었고 관악산 맨 위의 공학관까지 가기는 너무 춥고 마음이 무거웠다.

저만치 벤치에 앉은 육십 대 정도의 여인이 두꺼운 책을 펴들고 입을 오물거린다. 기도를 하는 걸까. 장독 위의 정화수 앞에서 두 손을 비비던 어머니 모습이 떠오른다. 이리 안절부절못하며 서성대는 것보단 땅바닥에 오체투지하여 관악산 산신령께 절이라도 할까. 그러지도 못하는 자신이 안타깝다.

우리는 일상 속에서 얼마나 많은 시험대를 거쳐야 하는 걸까. 한 고비를 넘기면 또 다른 난관이 놓여 있어 인생은 마치 스무 고갯길을 넘는 나그네의 여정 같다. 그 길을 들어선 자식이 안쓰러워 두어 시간 서성이다가 학위심사가 끝날 때쯤에야 집으로 발걸음을 옮겼다.

도시의 봄은 먼저 여인들의 차림새에서 느낀다. 파스텔 톤의 가벼워진 옷차림을 보면 얼어 있던 마음의 빗장이 슬며시 열리기도 한다.

관악구청 앞이다. 입구 위의 대형 간판에는

> 사월은 잔인한 달/ 죽은 땅에서 라일락을 키워내고
> 추억과 욕정을 뒤섞고/ 잠든 뿌리를 봄비로 일깨운다.
>
> —T. S. 엘리엇 〈황무지〉 중에서

박병철의 글씨는 봄에 취한 듯 비틀거렸다. 하지만 지나는 이 누구도 별 감흥을 느끼지 못하는 것 같다. 화단 옆의 간이의자에 앉은 나는 '왜 화사한 봄날을 잔인한 달이라고 했을까' 하는 의문에 빠졌다. 그토록 아픈 계절이란 말인가. 그래! 그런 때가 있었지. 꽃망울을 열던 부드러운 햇살, 초저녁 살랑거리는 바람이 맨다리에 닿는 느낌. 푸석거리는 흙을 촉촉이 적시던 비의 속삭임에 가슴을 앓던, 소녀 때의 일들이 아득한 기억 저편에서 깃발처럼 나부꼈다.

모두들 바쁘게 오가는 곳. 지나는 버스 안에서나 길을 걷거나 혹 슬픈 일을 당했더라도 모두가 이 시를 읽기를, 잠시나마 해맑던 한때의 시절을 꿈꾸길 바라며 자리에서 일어섰다.

창호지문이 희뿌옇다. 해 뜨기 전에 일을 마무리 지어야 하리라. 작업복을 챙겨 입고 집 뒤의 채마밭으로 올라간다. 언덕의 키 큰 소나무 가지에는 벌써 새들이 아침 산책을 나와 배배거린다. 이슬에 젖은 개미딸기의 빠알간 자태가 화사하다. 이랑을 지우고 거름을 주어 두둑을 돋운 땅에 당근 씨를 흩고 옆 두둑엔 배추씨를 뿌린다. 그 위에 흙을 가볍게 덮고 흰 부직포를 씌워 물을 준다. 온몸이 땀에 흠뻑 젖는다.

아직 서툰 농사꾼이라 씨도 한 움큼씩 흩어버리고 눕혀 심어야 될 고구마 모종을 꼿꼿이 세워 심어 질책을 당하기도 한다. 때론 힘들어 몸살도 앓지만 놀이터치고는 실속이 있는 것 같다. 아무렇게 심어도 어느새 쑤욱 자란 잎들이 정겹다. 관심 있게 돌보는 것만큼 얻을 수 있으니 그 순수함에 마음이 맑아진다. 우선 푸릇한 토마토 모종들이 눈깔사탕만 한 열매를 달고 줄지어 있어 마음이 뿌듯하다.

우리는 영원을 갈구한다. 영원이 있을까. 결국엔 변해버리는 것에 체념하면서 익숙해지지 않는가. 날마다 새로운 아침을 맞는다. 늘 같은 일상 같지만 매번 다르게 맞이하는 하루다. 하루의 진실된 생활은 미래를 결정짓는 디딤돌이 되고 후회하지 않는 과거로 남지 않겠는가.

민들레 홀씨가 비상飛翔하고 있다.

신/일/수

1985년 《한국수필》 등단. 한국수필문학상, 한국예총 예술문화상 외 수상.
수필집 《자연과 더불어 살아온 세월》 외 다수. 한국문협 이사

나의 독백

〔 I 〕

나는 평소 글을 쓰면서 내 자신의 어휘력 부족은 말할 것도 없거니와, 글감에서부터 서술 내용의 순서나, 서두는 어떻게 시작해서 어떻게 마무리 지어 나가느냐의 문제에 상당히 고심을 하고 있다.

신변잡기가 수필의 격을 떨어뜨린다고도 하고, 진실을 바탕으로 생각을 펼쳐 인간이 살아가는 데 필요한 근원적이고 본질적인 것이 담겨 있어야 수필다운 수필이 된다고도 한다. 또한 짧은 글이기 때문에 시처럼 간결해야 하고, 소설처럼 독자를 끌어당기는 재미도 있어야 하고, 현실성이 결여된 허구가 되어서도 안 된다는 말을 얼마나 들어왔는지 모른다.

다독多讀, 다작多作, 다사多思란 말에서 알 수 있듯이 많이 읽고 많이 쓰며 깊이 생각하는 것만이 글 쓰는 작업에 익숙해지는 요령이라 할 수 있

겠다. 그래서 나는 늘 주머니 속에 메모지를 넣고 다닌다. 그것은 길을 걸을 때나 사람들과 얘기를 주고받을 때 갑자기 떠오르는 생각을 붙잡아 두기 위함이다. 그리고 신문이나 잡지 같은 데서 참고할 수 있는 내용이 담겨 있으면 스크랩해 두었다가 그것으로 글감을 삼기도 한다. 주제와 소재의 상관관계에 있어서도 하나의 주제가 설정되고 소재가 정리되면 귀납적이 아니면 연역적으로 구성을 할 것인가를 먼저 염두에 둔다.

대개의 경우 소재 주제의 순서를 취하는 귀납적인 방법으로 문장을 엮어 가지만, 주제를 강하게 내세우고 싶으면 주제, 소재의 순서를 취하는 연역적 구성을 할 때도 있다. 테마 수필이나 청탁의 경우나 미리 제목이 주어졌을 경우는 주제, 제목의 순서가 되겠지만 제목은 주제를 집약 또는 상징하는 구체적인 것이 좋을 성싶다.

나는 가끔은 제목을 작품 내용 가운데서 인용하기도 하고, 때론 암시성을 지닐 수 있는 것을 택하기도 한다. 그러나 이도 저도 아닐 땐 몇 날을 두고 고심할 때도 더러 있다.

시작이 좋으면 끝도 좋다는 말이 있듯이, 서두를 어떻게 끄집어내느냐 하는 것도 작품의 성패를 가름하는 중요한 관건일 수도 있다. 극히 평범하면서도 눈길을 끌어들일 수 있는 것이면 무난하다고 할 수 있겠다. 쉬우면서도 긴 여운을 남기고 담백하고 함축성 있는 어휘나 문장이면 좋을 것이다.

이렇게 하여 한 편의 글이 완성되면 몇 차례의 교정과 퇴고의 과정을 거친 후 비로소 정리 작업에 들어간다.

글을 쓰면서 언제나 머릿속에서 지워지지 않는 것은, 다른 일에 20년이나 30년 정도 정진했더라면 이미 달관의 경지에 도달했음직도 한데,

해를 거듭할수록 붓끝은 자꾸만 무디어져 가고, 진통은 점점 더 커져만 간다는 것이 나의 솔직한 고백이다. 청탁의 경우 원고 마감일이 임박해서도 탈고되지 않은 경지에 다다르면, 글 쓰는 일을 미련 없이 포기해 버리고 싶다가도, 이왕 내디딘 발길 멈출 수 없다는 생각을 거듭하며 끙끙대 보지만 별다른 묘안이 떠오르지 않을 때가 허다하다.

평소 다른 사람들의 글을 읽어보면 하나같이 좋아만 보인다. 이것은 결코 남의 밥에 든 콩이 더 커 보이는 이유만은 아니고, 내 의식을 투영시키는 이 작업이야말로 이렇듯 나 혼자만이 감내해야 할 고통을 언제나 수반하고 있는 것이기 때문이리라.

누구든 자기 자신을 드러내 보인다는 것은 결코 쉬운 일이 아니다. 그리고 자기 자신의 실체에 대해 무지한 것이 바로 자기 자신일 수도 있다. 보다 진솔된 나를 발견하고 고백적 용기로 가식 없이 내 마음을 표출하며 뜻을 같이하는 사람들의 작품에 대해서도 관심과 애정을 갖고 꾸준히 노력하는 자세 또한 필요할 것 같다.

〔 II 〕

지내오는 동안 몸이 쇳덩어리 같다는 말을 들을 때도 가끔 있었다. 그러나 근년에 들어서는 시력이며 기관지, 소화기 계통도 전만 같지 않은 데다, 한 해를 보내는 세모에 이를 즈음이면 어김없이 심한 몸살을 앓는다. 이번에도 예외는 아니었던지 설날을 전후해서 음식을 먹었다 하면 목구멍에 무엇이 걸린 것처럼 속이 더부룩하고 갑갑하여 견딜 수가 없었다. 병원을 찾았더니 역류성 식도염이라며 대수롭잖은 표정으로 이내 처방전을 건네준다. 그런데 약을 시키는 대로 부지런히 복용했는데도 좀처럼 나을 기미는 보이지 않고 이상한 조짐은 시간이 흐를수록 점점 더해 가는 것 같았다.

꼭 1년 전에 위내시경 검사를 했을 때는 별다른 이상이 없었다. 그런데 얼핏 혼자 판단으로 내시경 검사를 다시 해 봐야겠다는 단안을 내리게 됐고 아니나 다를까 위암이라는 청천벽력과 같은 결과가 나왔다. 망설일 겨를도 없이 서둘러 복강경 위 절제수술을 하게 됐는데 위출혈 과다로 인해, 이튿날 배를 18cm나 가르는 복부절개 수술을 다시 하게 되었다. 의사의 말로는 위가 심한 스트레스를 받은 나머지 혈관이 터져 밤새도록 시나브로 피가 새어 나와 복부에 고이게 됐다고 했다. 그 바람에 320cc들이 비닐 팩에 든 피를 무려 18봉지나 수혈하고 나서야 꺼져가는 생명을 겨우 건질 수 있었다.

돌이켜 보면 꼭 1년 전의 일인데 지금 생각하면 절체절명의 위기에서 대견스럽게도 죽지 않고 살아남을 수 있었다는 것이 기적에 가까운 일이라고 주위에 있는 모두가 입을 모아 말들을 건네 오고 있는 지금이다.

고대 로마의 시인 유베날리스가 "건강한 육체에 건전한 정신이 깃든다." 고 했는데 쉬이 회복되지 않은 건강 탓으로 요즘은 한 줄의 글도 시원스레 매듭을 짓지 못한다. 그러고 보니 어쩌면 글 쓰는 작업이 정신과 육체의 됨됨이를 정확히 투시하는 것에서 기인하는 것이라 여기고 보면 이 말이 지극히 당연한 이치인 것 같다는 생각이 든다.

남은 바람이라면, 죽는 날까지 건강한 몸을 바탕으로 건전한 정신을 놓치지 않고 나의 삶을 진솔하게 투영시키고 싶을 뿐이다.

신/태/순

대구 출생. 2002년 《한국문인》 신인상 등단. 한국문인협회, 경남문인협회, 진해문인협회, 가락문학회 회원

퐁네프의 연인들

파리에 오면 꼭 한번 가 보리라 마음먹었던 곳이 퐁네프 다리이다. 오래전에 본 영화 《퐁네프의 연인들》에서 깊은 감동을 받아서이다. 지금은 어떤 모습일까 궁금했다. 당시 그 영화를 제작할 때는 당국에서 촬영허가가 나지 않아 많은 돈을 들여 실제 그 다리와 똑같은 세트장으로 만들었다 하지만 그것은 문제가 되지 않았다.

7월이라 하지만 파리의 기후는 변덕스럽다. 비가 내리다 그쳤으나 서늘한 바람은 제법 한기를 들게 한다. 세계 각국에서 온 수많은 여행객들은 즐겁게 다리 위를 걸어가면서 그들 나름의 멋과 낭만에 젖고 있다.

다리란 사람과 세계를 이어주는 의미가 있다고 했다. 새로운 세계로의 기대와 호기심으로 다리를 오가는 사람들 속에 묻혀 있으니 감회가 새롭다. 그리고 오랜 전통문화를 간직한 이 아름다운 도시에서 그들의 빛나는 예술과 문화에 감탄을 금치 못한다.

문학은 세계와 사람을 하나로 통하게 한다. 세계를 이해하는 방법도 다양하지만 문학에서는 더욱 사람의 마음을 움직이는 감동을 갖는다. 한 시대의 고뇌와 아픔을 느낄 수 있는 것도 작품이 말하는 진실성 때문이다. 소설이 허구라고 하지만 그 밑바탕에는 삶의 줄거리가 있다. 전혀 사실무근한 이야기가 아니라 누구나 겪을 수 있는 사람 사는 이야기가 숨겨져 있기 때문이다. 사람 사는 이야기는 허구의 진실이다.

때문에 소설을 바탕으로 한 영화라 할지라도 영화가 주는 영상은 소설보다 오래 기억에 남는다. 더구나 소설이나 영화의 배경이었던 곳에 섰을 때의 감동이란 특별한 감성에 젖게 한다. 세느강의 불꽃축제로 폭죽이 황홀하게 쏟아지는 다리에서 미셸과 알렉스가 날아가듯 질주하며 춤추는 장면이 있다. 비참한 현실 속의 두 젊은이가 가장 자유로운 모습으로 수많은 불꽃들과 하나가 되는 장면이다. 불꽃들은 마치 별이 쏟아지듯 퐁네프 다리 위에 떨어진다. 영화를 보는 내내 벅찬 가슴을 주체하지 못하였던 것도 다양한 장르의 음악과 춤추는 연인과 난무하는 빛의 축제에 대한 강렬한 인상 때문이었다.

영화 속 미셸과 알렉스가 퐁네프 다리에서 우연히 만나 사랑을 하게 되지만 미셸은 점점 시력을 잃어가는 절망으로 화가의 길이 아무 의미가 없다. 알렉스는 미셸이 떠날까 봐 지하도 벽면에 가득 붙은 미셸을 찾는 포스터를 다 떼어내어 불을 질러버린다. 그러나 어느 날 미셸은 가족이 자기를 애타게 찾는 라디오 방송을 듣고는 알렉스 몰래 그곳을 떠난다. 알렉스 역시 방화죄로 감옥을 가고….

3년 후 그들은 운명처럼 다리 위에서 다시 만나 서로의 사랑을 확인한다. 처절하게 아프고 처절하게 심오한 영화였다. 영화는, 사회 하층민의 어둡고 암울한 삶의 내면을 통해 그들의 아픈 사랑의 치유와 더욱 성숙한 사랑을 이끌어내고 있다. 더구나 알렉스는 거리의 부랑자로, 험악한 인상과 남루한 옷차림 탓에 거부감마저 느끼게 하는 인물이다. 술에 취해 아무렇게나 쓰러져 자다가 자동차에 한쪽 발을 치이기도 한다. 그런 그에게 평생 사랑이 올 것 같지 않았지만 운명처럼 사랑이 다가오고 비로소 완전한 사랑을 이루게 된다. 영화 속에는 거리의 어두운 삶과 불확실한 낭만적 사랑이 있다.

3년 후 시력을 회복한 미셸이 알렉스를 찾아와 했던 말을 옮겨 본다.

"너를 잊었다고 생각했어. 그러나 매일 밤 너의 형상이 떠올라서 너를 찾아온 거야. 나의 꿈이 날 이곳으로 보낸 거지. 네 생각이 자꾸 났고 사랑이 날 깨웠어."

배우 줄리엣 비노쉬의 지적인 용모와 뛰어난 연기력이 미셸의 자학에 빠진 슬픈 눈동자를 통해 관객들을 충분히 사로잡은 영화였다.

다리 위에 서서 유유히 흘러가는 푸른 강물을 내려다본다. 여행객을 가득 태운 유람선 한 척이 환상의 꿈을 싣고 멀어져 가고 있다. 강 저쪽 우뚝 솟은, 파리의 상징인 거대한 에펠탑은 사람들을 끊임없이 오르내리게 한다.

낡은 시멘트 다리 난간을 만져보고 또 영화 속의 주인공이 앉았던 차가운 벤치에도 앉아 본다. 오후의 비 그친 하늘은 어느새 찬란한 햇빛을 물결 위에 뿌리고 바람은 이방인의 가슴을 흔들고 지나간다. 강가의 젊은 연인들은 아무렇게나 편하게 앉은 채 우리 일행들에게 손을 흔들어 준다. 퐁네트 다리는 영화 속 어둡고 쓸쓸한 풍경이 아니라 세련되고 멋진 연인들이 행복하게 오가는 다리였다.

퐁네프의 다리가 이방인들에게는 세상을 열어준 다리라면 연인들에겐 사랑을 이어주는 다리 역할을 톡톡히 하고 있었다.

심 / 옥 / 배

1973년 서울 출생. 《한국수필》 신인상 등단. 한국수필문학회, 거제문인협회 회원. 거제수필문학회 사무차장. (사)한자녀 더 갖기운동연합 거제지부장

9월 꽃무릇을 보다

저만치 노송 그늘 아래 홀로 핀 꽃무릇이 개망초와 어우러져 그 모습이 당당하고 우아하다. 가을꽃이라 코스모스를 보기도 전에 본 꽃이니 반가운 일이다.

잎이 있을 때는 꽃이 없고 꽃이 필 때는 잎이 없다. 잎과 꽃은 늘 그리워한다. 애절한 사연을 담고 있는 꽃무릇, 즉 석산石蒜은 상사화相思花라는 애칭을 갖고 있다. 잎은 파랗게 가을에 돋아나서 겨울을 견디고 봄을 지나 여름이 되면 말라 죽는다. 다른 풀잎이 무성할 때 죽어 없어지니 천지에 꽃무릇은 없어 보인다. 그러나 여름의 풀이 꺾이고 산의 활엽수들이 단풍을 준비할 무렵 연녹색 꽃대를 곧게 밀어 올린다. 붉은 산형꽃차례에 화피는 여섯 조각으로 거꾸로 된, 얇은 붓끝을 뒤로 말아 꽃을 피운다. 화사함이 만다라가 따로 없을 지경인 것이다.

천연방부제 또한 이 꽃무릇의 뿌리다. 독성이 있는 뿌리로 주로 절에서 풀을 쑬 때 갈아 섞는다. 탱화를 그릴 때 천에 바르거나 불경을 제본

하고 고승들의 진영眞影을 붙이는 데 쓰이는데, 좀이 슬거나 벌레가 꾀지 않아 오래 가는 천연 접착제와 방부제의 역할인 것이다.

9월이면 선운사 꽃무릇은 도솔천을 따라 군락지를 이루고 있다. 우연한 여행길 위에 보았던 첫 만남이었다. 지인의 사진전시회를 통해 만나보았던 꽃무릇에 대한 감상은 깊지 못했다. 붉고, 촌스럽기까지 보였던 기억을 지인은 귀하게 때로는 일품으로 보는지를…… 붉은 꽃잎만큼 나의 낯도 붉어졌다.

자만과 오만으로 가득한 나의 모습을 들여다본다. 그저 액자에 담긴 붉은 꽃송이만으로 곁눈질에 훑어보는 것만으로 그 평을 다하고자 하였으니, 참으로 부끄러운 만남이다.

시기에서 온 마음이다. 가까이 만나보니 어린 꽃대가 당당하고 곧은 자태에 뿜어내는 꽃자락은 늙은 반송으로 가려진 하늘마저도 감싸주는 넉넉함이 대견스럽다. 이른 아침 꽃무릇에 열정을 다해 사진을 찍고 있는 중년의 모습도 보였다. 한자리에서 수없이 많은 셔터를 누른다.

가까이 다가가 바라본 꽃무릇은 이슬을 머금은 채 반송 사이로 햇살을 받아들인다. 당당하고 곧은 자태와는 사뭇 다른 모습이다. 나비가 날아든다. 가까이하고도 서로 모양과 색깔이나 향기도 별 차이 없이 우아해 보이기까지 하다. 어디에도 전에 느꼈던 촌스러움은 없었다.

타인의 시선으로 바라본 어리석음은 내게 있었다. 시샘으로 일그러져 아름다운 꽃의 내면을 보려 하지 않았다. 열심히 셔터를 누른 중에 으뜸을 인화하는 것처럼 평범하지 않은 고귀함을 보는 지혜로운 시선이 필요하다. 역작力作을 제대로 보지 못하는 부끄러운 만남은 이제 곤란한 일이다.

도솔천 산책길에 햇빛이 여러 활엽을 지나 그림자로 흔들거리는 숲속에 쑤욱 뽑아 올린 꽃대로 군락의 꽃무릇이 9월을 가득 채운다.

안 / 순 / 자

경남 마산 출생. 2000년 《한국문인》 등단. 경남문협 · 창원문협 · 가향문학회 회원

선생님

요즈음엔 도처에 선생님이 넘쳐난다. 길가다 사장님이라고 부르면 열에 아홉은 뒤를 돌아다본다는, 오래 전 어느 가수의 노래처럼 지금은 선생이 그렇게 흔한 호칭이 되었다.

선생님의 사전적 정의를 보면 학문적으로 덕망이 높은 사람 또는 사회적으로 존경받을 만한 위치의 사람이라고 되어 있다. 지금까지 수없이 많은 스승을 거치며 그 가르침으로 인해 오늘날 내 인격의 밑받침이 형성되었다고 해도 과언이 아니다. 한 인간의 성장과정에 선생님의 위치가 얼마나 중요한 몫을 담당하는지 새삼 강조하여 무엇하랴.

이처럼 실제 학교에서 아이들을 가르치는 사람은 당연히 선생님이라는 호칭으로 불리어지겠지만 그 사람들을 비롯해 주위로부터 선생으로 불리는 사람은 과연 위의 사전적 정의에 합당한지 생각해 볼 일이다.

미용실 안에서도 갓 들어온 수습생에게 선생이라 서로 부르고 있으며, 백화점 매니저가 일을 돕고 있는 종업원을 보고 '선생님' 이라 고객

앞에서 칭하는 것은 어떻게 받아들여야 할까? 그건 고객이 자신들을 존중하는 마음으로 대해주길 바란다는 묵시적인 바람이 그 호칭 속에 내재되어 있는 것같이 여겨졌다. 당연히 한 분야에서 오랫동안 종사하면서 나름대로 일가견을 이루고 있는 사람에게는 선생님이라고 대우를 하는 것이 예의라고 생각한다. 그만큼 긴 세월 동안 노력한 결과를 높이 사는 의미에서 마땅하다 하겠다.

나 역시 글을 쓰면서 선생이라는 호칭을 듣기도 하지만 사람들은 왜 선생님이라고 부르고 듣기를 좋아하는가? 상대방을 부를 때 적절한 호칭을 사용하기에 애매한 경우에 성이나 직함 뒤에 선생을 붙여서 부르면 대체로 무난하게 넘어간다. 그래서 상대가 무엇을 하는 사람인지 모르면서 근래에는 전화로 문의를 할 때도 '선생님 잠시만 기다려주세요' 하는 소리를 가끔 듣는다. 세월이 흐르면서 시대 따라 원래 뜻과 다르게 호칭이 사용되는 것을 자연스러운 언어의 변천으로 봐야만 할까?

초대권이 생겨서 성산아트홀 대극장에 '송해 콘서트'를 보러갔다. 게스트로 방송인 이상벽, 개그맨 김학래 · 이용식 · 엄용수 등이 출연했다.

평소 엄용수를 좋아하던 나는 생각지도 않은 그의 출연으로 지루하게 여기던 쇼에 흥미가 생겼다. 그의 박학다식함과 무궁무진한 암기력이 경이로웠다. 공연이 끝난 후 굿바이 무대를 마치고 무대 뒤로 나오던 그들 중 엄용수를 발견했다. '안녕하세요 엄용수 씨' 하니 그는 바쁜 듯이 손만 내밀어 악수를 하고는 얼굴은 쳐다보지도 않고 급히 분장실로 들어갔다. 딱히 할 말이 있었던 건 아니었지만 무대 위에서와는 달리 딱딱한 모습이었다.

공연장 밖에서도 그와 비슷한 광경이 있었다. 우르르 몰려나오는 관객 중 어느 분이 이상벽 씨를 보고 '이상벽 씨 반갑습니다. 악수 한번 합시다' 해도 대꾸 없이 바쁜 걸음으로 계단을 내려갔다. 팬들에게 악수하고 부드럽게 응해주기를 바랐는데, 이제 공연은 끝났으니 할 일을 다 마쳤다는 것인가?

하지만 곰곰 생각해보니 연륜으로 봐도 그렇고 개그계나 방송계에서도 관록이 붙은 사람들이다. 우리는 연예인들에게 누구누구 또는 '○씨' 하며 예사로 이름을 부르지만 듣는 그들은 썩 유쾌하지만은 않을 것이라는 생각이 들었다. '엄용수 선생님' '이상벽 선생님' 하고 존칭을 썼더라면 그렇게 찬바람 나게 지나가지는 않았을지도 모른다.

옛날 말이 있다. 고깃집에 가서 '이서방 고기 한 근 주시게' 하는 것과 '이가놈아 고기 한 근 다오' 하는 것과는 고기의 양이 다르다고 하지 않던가.

상대를 칭할 때 터무니없이 우대하는 호칭을 쓰는 것도 어색하지만 예의 없이 무심코 대한 적도 은연중 많지 않았나 싶다. 자칭 학식이 있다는 이도 상대의 입장을 생각하지 않고 예사로 하대를 하는 경우도 더러 보았다. 그건 즉 자신의 인격이 드러나 보이는 것인데도 사람은 더러 그런 우를 범하기도 한다.

나 역시 선생이라는 호칭에 부끄럽지 않게 언행을 하고 있는지 새삼 자신을 한 번 돌아보게 된다.

안/황/란

경남 진주 출생. 수필집 《정다운 합창》(공저)외 다수. 국립경상대학교 교수

향기로운 그대

나의 주위에는 꽃 향기를 지닌 아름다운 이들이 많이 있다. 그들과 함께 있으면 마음이 참 편안하고 즐겁다. 그들은 나의 인생에 있어 귀한 선물이다. 나는 무작정 조건 없이 그들이 마냥 좋다.

M언니는 아까시아 꽃 향기가 난다. 대학시절 기숙사 같은 방 언니이다. 내가 좋아하는 큰 키에 검은 테 안경을 쓴 지적인 얼굴이 참 좋았다. 그리고 서울에 처음 온 시골 대학생인 나에게 처음으로 명동구경을 시켜주고 칼국수와 맛있는 불고기도 사주었다. 축제 때는 예쁜 노란색 원피스도 빌려주었다. 곁에만 있어도 쳐다만 보아도 좋았다. 그래서 대학서클도 함께하였다. 지금은 세월이 흘러 1남 1녀의 어머니이지만 여전히 매력적인 언니. 다음 달에 있을 아들의 결혼식에 꼭 참가할 것이다. 언니의 행복한 미소를 보기 위해.

친구 K는 은은한 난향을 지니고 있다. 말이 없는 그는 눈이 아주 커서 아주 착해 보인다. 만나면 마음이 순수해져서 서로 아주 솔직한 대화를 나눈다. 어려울 때 요청하면 언제든지 무엇이라도 도와 준다. 그녀를 생각하면 든든하다. 우린 서로 눈으로 상대방의 마음을 읽을 수 있다.

친구 H는 하이얀 매화꽃 향기가 난다. 피부가 아주 하얗고 키가 크며 순수해서 좋다. 서울에 출장을 가면 자주 그녀의 집에 머물며 실컷 이야기를 나눈다. 그러면 막혔던 마음이 다 시원해진다. 이유 없이 무조건 그녀가 매우 좋다. 할 말은 딱히 없지만 곁에만 있어도 기분이 좋아진다.

대학동창 J는 장미꽃 향기가 난다. 미적 감각이 높고 영어와 기타 연주를 아주 잘한다. 어린 시절에 미국에서 자라 영어 발음이 좋다. 집의 실내 디자인이나 가구 선택시 아주 도움을 많이 준다. 영어 번역 자문도 가끔 의뢰하면 잘 해결해 준다. 무엇보다 다른 사람들을 기쁘게 해주는 능력이 있다. 기타를 치면서 노래도 가르쳐주고 왈츠도 배워 주며 마술도 할 줄 안다. 그녀는 행복 전도사이다. 몇 년전 내가 아팠을 때 매일 병원을 방문하면서 언어 재활도 도와주고 희망을 불어넣어 준 친구다. 함께 있으면 마음이 편안하고 배울 것이 많다. 내가 모르는 많은 것들을 깊이 알고 있다. 어느 날 문득 혼자 있을 때면 그녀와 함께 있고 싶다. 새로운 삶의 지혜를 배우고 다른 사람들을 기쁘게 행복하게 해주는 기술을 배워서 실천하고 싶다. 그녀를 본받고 싶다.

10년 후 내가 정년퇴직한다면 다음과 같이 지내고 싶다. 산청 둔철산 아래 외송마을에 있는 과수원과 계곡을 타샤의 정원처럼 아름답게 가꾸며 과수원과 밭일을 잘하면서 마음을 비우고 싶다. 그런 시원한 계곡과 아름다운 정원으로 향기나는 그대들을 초대하여 그곳에서 직접 재배한 채소로 만든 맛있는 식사를 대접한 후 계곡물에 담가놓은 수박을 함께 나누며, 직접 농사지은 과일들을 싸주면서 기쁘게 행복하게 해주고 싶다.

유/명/숙

2002년 《수필문학》 추천완료. 수필집 《너도바람꽃 나도바람꽃》(경남문협 우수작품집상 수상). 경남문인협회, 진주문인협회 회원

가로등을 품다

밤이 깊어 갈수록 가로등이 안온한 눈빛으로 마을을 품는다. 다소곳한 모습이 영그는 벼가 고개를 막 숙이는 모양 같기도 하고, 오종종한 병아리들을 날갯죽지 안으로 불러 모으는 어미닭 같기도 하다.

두 가로등을 동쪽과 남쪽에 두고 조금 들앉은 위치에 집이 있다. 옆과 앞에서 은은하게 비치는 불빛이 좋아 때때로 지켜본다. 낮에는 존재의 유무조차 드러내지 않던 가로등이 푸르스름한 기운이 골짜기에서 들판을 거쳐 마을로 내려오면 실눈을 뜬다. 시간이 지날수록 품을 넓히는 불빛을 보고 모여든 나방과 하루살이들의 움직임을 보노라면 우리네 다양한 삶의 모습을 보는 듯하다. 더러는 단순하고 불같이 성급하다가 때로는 느긋하고 한 발 물러서서 지혜롭게 처신한다.

초저녁에는 한낮의 더위를 피해 나온 아이들이 자전거 바퀴로 바람을 일으킨다. 무리들이 엄마의 부름을 받고 집으로 가고 나면 바람을 찾아 나온 어른들이 쏟아내는 질펀한 삶의 이야기로 떠들썩하다. 사람 사는

맛이 난다. 설거지를 끝낸 아낙이 삶의 찌꺼기를 버리고 가면 개나 고양이들이 먹이를 찾아 방문한다. 이따금씩 취객의 주정도 굴러다닌다.

시골의 밤은 길지만 저녁은 짧다. 어쩌다 지나가는 차가 있을 뿐 적막하다. 곤한 잠을 청하는 농가의 불이 꺼지면 긴 밤을 가로등은 혼자서 과거와 미래를 잇는 현재를 지킨다. 늦은 밤 기척 없이 포복해온 농무가 마을을 삼키면 홀로 등대가 되어 상처 입은 조각배의 귀항을 돕는다.

가로등불이 꺼지기 전에 작업을 마쳐 첫차에 신선한 장거리를 싣고 가기 위해 가족들이 손을 재게 놀린다. 고구마 줄기와 열무를 묶어 단을 만들고 완두콩을 까고 강낭콩 꼬투리를 딴다. 그것들을 구분하여 싼 보따리가 몇 개나 된다. 농부에게는 한 철에 생산되는 모든 것들이 철철이 모여서 일 년의 소득이 되는 것이다. 농한기에도 하우스 농사를 짓는 그들에게는 휴일이 없다. 그렇게 해서라도 살기가 넉넉해진다면 얼마나 다행인가. 하루도 쉬지 않고 불을 밝히는 가로등의 성실함과 농부의 부지런함이 닮았다.

마을이 소란스럽다. 가로등 아래 몸을 기대고 앉아 고래고래 소리를 지르는 사내가 있다. 낮에 배추 밭을 갈아엎은 은행나무집 아저씨다. 출하할 시기가 되었는데 배추는 값이 헐해서 뽑아도 인건비도 안 나온단다. 이래도 저래도 손해다. 자연재해와 병충해에 맞서 온갖 정성으로 키운 배추는 농부에게 또 하나의 자식이다. 지은 농작물을 다른 사람의 손으로 넘길 때마다 남모를 허전함이 밀려온다는 앞집 아저씨의 말씀이 오늘 저녁에 명치끝을 아리게 한다. 가족이 나와서, 이웃이 나와서 달래보지만 아랑곳 않고 계속 허공에 종주먹을 지른다. 참으로 가슴 아픈 이별통이다. 빙 둘러섰던 사람들도 몸을 움츠리며 집으로 돌아가고 가로등 불빛만이 모포가 되어 어깨에 둘러주고 있다.

언젠가 덕수궁 미술관에서 보았던 미국 화가 비야 셀민스의 '난로' 가 생각난다. 캔버스 한가운데 덩그러니 놓여 있는 회색 전기난로. 처음에는 난로를 제외한 배경이 어디가 바닥이고 벽인지조차 분간할 수 없는 평면적인 그림이라 의아했다. 사진 같은 그림이면서도 비현실적인 썰렁한 작품이었다. 전시장을 한 바퀴 돌고 와서 다시 보았을 때는 오렌지 빛으로 환하게 달아오른 열선의 열기로 그림을 둘러싼 공기가 훈훈함을 느꼈다. 그 오렌지 빛은 보는 사람들로 하여금 따스하고 안온한 기운을 발산하는 사람인가를 되짚어 보게 하는 힘이 있었다.

나에게도 빛에 대한 갈망이 있었다. 그 열망은 나만의 오롯한 빛에 대한 염원이었지 싶다. 살면서 크고 작은 기회가 주어졌지만 뭉근히 지켜내지 못했다. 받은 빛을 사유와 열정으로 증폭시켜 꽃을 피우고 나누어야 했던 것을. 마음속에서 일어나는 두 자아의 내적 투쟁에서 무너진 자신의 지리멸렬함을 현실의 팍팍함으로 돌리고는 은근슬쩍 뭉개버린 것이다. 하지만 빛에 대한 불씨가 사그라진 것은 아니며 나의 가슴 어딘가에 지펴주기를 기다리고 있다.

사방이 캄캄한 어둠에 둘러싸였거나, 마음이 스산한 사람을 마지막까지 지켜주는, 자신이 가진 단 한 장의 모포라도 망설임 없이 나눌 수 있는 사람이기를 희망한다. 마음의 움직임을 이런저런 이유로 행동으로 옮기지 못할 때 비야 셀민스의 난로와 우리 마을의 가로등을 생각하며 불을 지필 것이다.

가로등 불빛은 오늘도 변함없이 높고 낮음을 가리지 않고 크고 작음을 헤아리지 않는다. 가진 자와 가지지 못한 자를 차등 짓지 않는다. 배운 자와 그렇지 못한 자도 구분하지 않는다. 창문에 들 비치는 안온한 불빛은 거친 숨을 내쉬며 괭이잠을 자는 사람이나 이른 잠에서 깨어나 하루를 준비하는 사람 모두에게 희망의 파장을 보내고 있다. 가로등이 초롱초롱한 눈빛으로 마을을 품고 있다.

윤 / 지 / 영

1992년 《문학예술》(舊) 등단. 칼럼집 《붕어빵에는 붕어가 없다》, 論著 《조연현의 수필문학》, 칼럼집 《붕어빵에는 붕어가 없다》, 수필집 《찻잔 속의 반란》, 《함께 생각해 봐 내 말을 이해할 수 있어》(3인 공저) 등. 대학강사. 현 국제펜 한국본부 이사, 경남펜 부회장, 한국문협 · 한국여성문인회 · 경남문협 회원 등

정리 작업

폐물들을 칼로 치듯이 치워나갔다. 수십 년 세월의 분진이 쌓여 원색이 거뭇하게 변해 버린 벚꽃 · 개나리 · 진달래부터 떼어냈다. 몇 번 걷어냈지만 또다시 벽에 걸리곤 했던 조화造化, 이번에는 아예 쓰레기봉투에 쑤셔넣었다. 곰팡이 냄새가 진동하는 돗자리도 치우고 그 아래 사철 깔려 있던 고장난 전기장판도 밖으로 꺼냈다.

어머니의 거처는 비좁아 앉을 자리가 없다. 박바가지 · 박제 장끼 · 등잔대 · 수예품 등, 퇴색된 애장품이 사방에 걸려 있고 얹혀 있고 방치되어 있다. 그 옛것들 위로 날마다 또다른 것이 쌓여 실내가 마치 초추의 해변 썰물 때를 연상시킨다. 인지장애 초기 증세가 있는 노모는 정리 안 된 환경 속에서 '금시 둔 물건' 을 찾는데 하루 온종일을 소비한다. 그 현장으로 급습한 나는 필요한 것만 남기고 쓸어내는 중이다.

노모는 창밖으로 시선을 던진 채 미동이 없다. 잠시 허리를 편 딸의 눈에 그 처연한 황혼이 잡혔다. 무표정이었으나, 아직 감정의 짐들로부터 해방되지 못한 속내가 보였다.

며칠 전, 어머니가 찾아왔다. 누가 "거금을 강탈해갔다"는 것이다. 겁이 나 덜컥 해약부터 해 버렸다는 통장을 보니 낯선 이름으로 2백여만원이 빠져나가 있었다. "도둑놈을 잡아야 한다"는 목소리가 말복의 더위 속에서 떨고 있었다. 보이스 피싱 덫에 걸려 개인 정보를 흘렸을까?

사색이 된 노모를 모시고 인근 법원으로 갔다. 곧 밝혀진 인출내용 즉, 연전에 '홍보관' 이란데서 구입한 물품값이었다. 절반 정도 지불한 금액을 미입금 처리하여 원금에다 하루치 이자까지 빼내간 것이다. 대금변제 절차를 밟은 기록이 있으나 노령의 채무자는 법원등기 받은 기억은 커녕 먹다 남긴 불량식품 이름조차 잊고 있었다.

당장 당신의 이름으로 된 통장 개설이 시급했다. 기존의 지급처로 새 계좌번호를 알려주기 위한 이 과정에서 ○○ 폰숫자도 눌렀다. 발신음이 저쪽과의 접촉을 채근하였으나 수신자는 묵묵부답이었다. 나는 할 수 없이 안부인사에 부침하여 계좌를 문자로 알렸다. 잠시 뒤 그쪽에서 응답이 날아왔다. "빚 다 갚았으니 더 이상 연락하지 마라"는 요지였다.

가정경제가 비교적 넉넉한, 스무 살 연하의 동생은 언젠가부터 고령의 맏성(兄) 통장으로 매달 용돈을 입금해 주었다. 감정이 풍부한 어머니의 언변을 통해 그 애틋한 우애는 난향처럼 주변으로 퍼져나갔다. 알고보니 그것이 고등학교를 입학시켜 졸업까지 책임져 준 데 대한 답례였음을 밝힌 것이다. '우애' 와 '빚' 이라는 간극으로 드러난 '십만 원' 의 가치는 동기간의 정을 순식간에 휘발시키고 거래라는 앙금을 남겨 놓았다. 뜻밖의 경고를 듣게 된 엄마는, 연이어 난타당한 복서처럼 휘청거렸다.

고민 끝에 대안을 찾았다. 시공간에 존재하는 모든 생물은 변화하며 이 현상은 자연의 법칙이다. 동기간이든, 지인이든 베란다의 화초이든 어찌 그 양상이 한결같을 수 있겠는가. 이럴 경우 배은으로 해석하면 해석하는 쪽의 상처만 클 뿐이다. 진정한 사랑은 어떤 것도 원하지 않으며 모든 애착으로부터도 자유로워질 때 가능해 진다고 했다. 무거무래역무주無去無來亦無住라고 치유방법은 단 한 가지, 비워내는 일이다.

풍화되고 침식된 기억력에 의존하여 팔순의 언덕을 기신기신 넘으신, 당신의 무거운 짐을 정리해 드릴 때가 된 것 같았다.

걷어붙인 팔놀림에 가속이 붙었다. 30년 전에 급전을 빌려간 뒤 행방을 감춘 사람, 그 이름이 적힌 치부책도 버리고, 행운의 에너지가 나온다는 말에 속아 산 달마상도 철거했다. 옷가지와 이불들도 몇 벌만 남겨두고 액자 속 사진들도 다 내렸다. 기실 이것들은 한때 주인의 희망이었으나 머지않아 원망과 눈물이 되었고, 대책없는 기다림이기도 했다. 흘러버린 시간 속에서 안팎으로 퇴색된 유효기간들, 그 기막힌 서사들이 당신의 여생에 이제 개입될 가능성은 없어 보였다.

생각보다 어머니의 체념은 빨랐다. 아니 예전의 때를 완전히 벗은 듯한 ○○의 변화처럼 엄마의 변화도 놀라웠다. 소유욕과 과거 집착에서 벗어나기로 작정하신 듯했다. 실물들이 사라진 자리는 존재와 부재 사이의 비무장지대처럼 넓어보였다.

헐거워진 공간으로 남풍이 불어왔다. 표정이 한결 시원해지신 어머니는 현관문을 나서는 나를 불러세웠다. "너거 이모 건강은 괜찮다 카더나?" 빠져나간 예금은 체념한 듯했으나 마음통장에서 아끼고 있던 육친의 정리情理는 해약 가능성이 없어 보였다. 엄마의 건강을 위해, 보청기 끼지 않은 귀에다 대고 나는 언성을 높였다.

"깨끗하게 치워놓고 있으면 한 번 댕기려 온다네요."

폐물 가득 담긴 봉투를 양손에 들고 계단을 내려왔다. 발걸음이 한결 가벼웠다.

이 / 광 / 수

경남대학교 대학원 행정학과 박사과정 수료. 《수필문학》 추천완료, 《경남신문》 신춘문예 소설 당선. 창원문협 회장, 경남문학관 관장 역임. 소설집 《일그러진 초상화》, 수필집 《사색의 오솔길》. 한국문협, 경남문협, 창원문협 회원

추석 명절을 맞으며

추석명절이라고 객지에 사는 형제들과 세 아들 그리고 조카들이 다 모였다. 항상 덩그러니 썰렁하던 집안이 손주들 재롱과 울음소리가 뒤섞여 사람 사는 집 같다. 서울에서 2년 전 결혼한 영화쟁이 막내 부부가 한가위 음식 장만한다고 전날 저녁에 집에 도착했다. 밤 10시 도착이라 저녁준비를 해놓고 마중을 나갔다. 막내가 좋아하는 마른 아귀찜을 하나 사와 채소랑 곁들여 내 놓으니 맛있게 먹는다. 집안청소랑 쓰레기정리는 전날 하루 종일 해놓은 터라 이제 제수씨가 와서 제수음식 장만만 하면 추석 차례상 준비는 끝난다.

고성에 사는 둘째 제수씨와 창원에 사는 막내 제수씨가 분담하여 제수준비를 해 왔다. 두 며느리는 제숙모가 시키는 대로 음식 장만을 거든다. 사내애들은 제기 닦기며 부침개 만드는 일을 곁에서 함께 거드니 분위기가 좋다. 제 애미가 살았을 때부터 아들 셋은 항상 부엌일을 거드는 걸 당연시해 와서 우리 집엔 명절증후군 따위는 없다. 추석차례를 지내

고 나면 청소, 설거지, 제기 닦기는 다함께 한다. 해마다 그렇게 하는 걸 당연하게 생각하고 불평은 없다.

그리고 동서간에 제수준비 문제로 다투는 일도 없다. 제 애미가 살았을 땐 자기 혼자서 다 했다. 동서들과 동생들은 와서 만들어 놓은 차례음식 진설하고 뒷설거지 정도만 하면 되었다. 워낙 음식솜씨가 좋았던 아내는 동서들이 늦게 도착해도 군소리 한마디 안 했다. 다들 맞벌이하는 부부라 당연히 큰며느리인 자기 몫이라 생각했고 제수씨들은 제수비용만 조금 보태면 되었다.

나랑 아내가 마산어시장에 가서 봐온 장거리를 아내가 장만하는 동안 나는 곁에서 시키는 대로 잔심부름을 해주는 것으로 만족했다.

여느 집안처럼 제수준비로 동서간에 다투는 일도 없었고 차례를 끝내고 놀다가 귀성할 때 장만한 음식을 골고루 싸 주었다. 어디 명절뿐이랴. 3개나 되는 기제사 차림도 아내가 도맡아 다했다. 그래서 동서지간이나 시누이 올케 간에도 아무런 문제없이 서로 도와가며 잘 지냈다.

이제 아내의 빈자리를 둘째 제수씨가 맡아 잘 해내고 있다. 천사같이 착하고 통이 큰 제수씨다. 지난해 장가든 내 아들 둘과 며느리에게 시키라고 해도 아직 멀었다며 훈련을 더 시킨 다음 내년 설 · 추석명절부터 며느리들에게 시키겠다고 한다. 그래서 상차림음식장만 요령들을 꼼꼼히 가르친다. 아마 내년부터는 두 며느리가 제숙모가 시키는 대로 차례상 준비를 잘 할 것 같다.

그런데 요즘 신문지상이나 방송을 보면 명절 차례상 준비나 시가 방문 문제로 이혼까지 한다는 걸 보니 도무지 이해가 가지 않는다. 명절 차례상 하나 차리기도 싫다면 도대체 어쩌자는 건지 모르겠다. 그깐 일로 이혼까지 한다니 참 개탄스러운 일이 아닐 수 없다. 뭔가 잘못되어도 한참 잘못된 것 같다. 심지어 집안에서 음식 장만하기가 귀찮아서 시장에서 주문식 맞춤 차례상을 세트로 구입하여 차례를 모신다니 한심하기 짝이 없다.

도대체 세상이 어찌 돌아가려는지 모르겠다. 조상께 차례상 올리는 일이 그렇게도 힘들고 귀찮은 일인가. 자손된 도리로서 1년에 두 번 하는 일인데 정성이 깃들지 않은 차례상은 무슨 의미가 있겠는가. 차례용으로 만든 음식은 제 식구들이 먹을 음식이 아닌가. 남자인 내게 맡겨도 다 할 수 있을 것 같다.

차례상 하나 제대로 준비 못하는 사람이 뭔 다른 일도 제대로 하겠나.

요즘 부부가 맞벌이하는 사람이 한 둘인가. 파트타임으로 일하는 사람까지 치면 50%는 넘을 것이다. 그렇잖아도 핵가족화되어 가는 세상에 이런 명절날 가족들의 만남이 없으면 언제 만나겠나. 계속 안 만나면 가족도 남이나 마찬가지다. 편한 것도 좋지만 우리고유의 미풍양속을 지키는 것은 우리의 정체성을 살리는 길이다.

사회생활에 바쁜 캐리어우먼도 그 근본은 한국인 그 이상도 이하도 아니다.

가족이라는 울타리가 무너지고 나면 결국 인간관계는 이익관계로만 존재하여 살벌해질 것이며 인간성의 상실은 불을 보듯 뻔하다.

손녀, 손주의 귀염에 온 식구가 한바탕 웃음 바다가 된다. 내 가계를 이어갈 새 생명이 태어난 것은 조상이 내려준 귀한 축복이다. 우리 팔형제가 뿌려놓은 자식의 씨앗들이 튼실하게 뿌리를 내려 우리 가문의 대를 이어 간다는 것은 조상에 대한 의무이기도 하다. 단순히 고리타분한 조상타령이라고 폄하할 일이 아닌 것 같다. 뿌리 없는 나무는 작은 바람에도 흔들려 쓰러지고 만다. 인간으로 이 세상에 태어난 이상 언젠가 죽기 마련이다. 자손을 이어 나가는 것은 우리 인류가 이 땅에 영원히 존재할 바탕을 만드는 일이다.

시끌벅적하던 집안에 동생들과 아들 셋, 조카, 손녀, 손주들이 떠나고 나니 적막강산 그대로다. 손녀의 방긋 웃는 모습이 할애비 된 나의 시야에서 지워지지 않는다. 이게 세상 사는 이치요 사람 사는 근본이 아니겠는가.

이/동/이

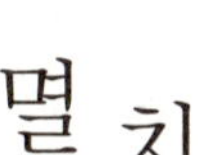

《경남문학》, 《수필과비평》 등단. 수필집 《바람개비의 갈망》(경남문협 우수작품집상 수상). 창원문협 이사 · 가향문학회 회장 역임. 수필과비평 경남지부장, 경남문협 수필분과 이사, 경남수필문학회 부회장, 목향문학회 회원

멸치

상자를 열자 은빛이 쏟아진다. 가지런하기가 잔잔한 바다의 물결 같다. 손끝이 닿기만 해도 '톡' 튀어 오를 듯 신선하다. 눈알도 또록또록하고 손상된 것 하나 없이 때깔이 곱다. 한 마리를 통째 먹어본다. 씹을 수록 고소하고 담백하다. 겉포장을 찬찬히 살펴보니 그 이름만 들어도 알 만한 죽방멸치이다. 품새가 어찌나 반듯한지 참으로 이름값 한번 제대로 한다 싶다.

언젠가 남해에 갔을 때 대나무로 만든 말뚝이 부채꼴 모양으로 바다에 박혀 있는 것을 보았다. 그 주위로 어민들 몇이서 대나무 그물망에 갇힌 멸치를 그물로 잡아, 뜰채로 건져내는 작업을 하고 있었다. 죽방멸치는 세찬 조류를 따라다니다 자연스럽게 죽방렴으로 들어온 멸치를 일컫는다.

지금의 그물질이나 다양한 어로산업이 발달되지 못했던 시대에 들물 날물의 편차가 큰 지역에서 품질 좋은 생선을 잡던 어로 행위이니, 죽방렴으로 잡은 멸치의 육질이 얼마나 좋으면 멸치 중의 귀족이라 명할까.

어민들의 집 주변 곳곳에 갓 삶아 낸 멸치가 산대미마다 가득 담겨 있었다. 널브러진 그것들은 태양열과 해풍에 가슬가슬 몸피를 줄이며 바깥의 둘레를 넓히고 있었다. 그동안 체온에 맞는 물을 따라 해류를 이동해 가던 생존의 의지와 약육강식의 사슬에서 비껴나기 위한 치열함도 뼛속 깊이 쟁여 넣고 있었다. 전생을 걸어 제격을 높이고 있으니 그 맛 또한 짐작이 가고도 남았다.

그래서일까 굳이 죽방멸치가 아니더라도 멸치를 대함에 있어서 한 점이라도 허투루 한 적은 없었다. 오히려 음식 중 최고의 반열에 올려두어 항시 우대하였다. 칼슘 성분을 많이 함유하고 있어서 성장기에는 물론이고 학창시절 도시락 반찬으로는 단연 으뜸으로 쳤다.

햇빛과 선선한 바람으로 고들고들하게 말려진 그것은 심심풀이 주전부리에도 안성맞춤이었다. 특히 고추장과는 환상적인 짝으로 자주 등장했다. 게다가 어르신들 술잔 기울이는 곁에 다소곳이 앉아 시름을 달래주기도 했으니 멸치를 대하는 애정 또한 각별했다. 하물며 여행을 떠날 때에도 한 움큼 챙겨가야만 마음이 흡족해 진다.

다방면으로 두루 쓰이며 맛 또한 좋으니 일품 죽방멸치는 오죽하랴. 그리고 보면 유달리 멸치를 좋아하게 된 동기가 있었다.

유년 시절 선창가를 들렀다 오시던 아버지의 손에는 항상 비닐봉지가 들려있었다. 비릿한 냄새는 연신 그것에서 풍겼다. 그 냄새가 싫어 멀찌감치 서서 힐긋거리기만 했다. 생멸치를 한 손으로 꽁지를 잡고 다른 한 손으로 쭉 훑으면, 내장과 대가리가 말끔히 빠져나갔다. 아버지의 민첩하고도 기발한 솜씨가 신기했다. 호기심 어린 마음에 천천히 아버지 곁으로 다가서면 불쑥 초고추장 찍은 멸치 한 점을 입으로 밀어 넣어주는 바람에 엉겁결에 먹어버렸다. 그 비린 것이 내 혀를 녹일 줄 어찌 상상이나 했을까.

그 후 아버지 손에 비닐봉지가 들려진 것을 보기만하면 냅다 부엌으로 뛰어가 솔가지를 마개로 한 유리댓병부터 가지고 나왔다. 멸치의 깊은 맛을 더한층 돋우어 주는 것은 몇 달간 숙성된 막걸리식초 만한 게 없었다. 커다란 양푼에 무채와 생멸치를 넣고 초고추장으로 얼버무리면 맛이 정말 기가 막혔다. 혀끝에 남는 고소함은 그 어떤 맛과도 비견될 수 없었다.

넉넉한 양일 때는 솥에 삶아 소쿠리에 널어 뒀다가 국이나 찌개의 깊은 맛을 내는 다시물로 쓰기 위한 것이었다. 적당히 말린 멸치는 배를 가른 후 뼈와 내장을 발라내었다. 그럴 때마다 미세한 가시가 성가시게 손을 찔렀다. 육안으로 도무지 보이지 않던 가시는 햇빛바라기를 하면 겨우 찾아낼 수 있었다. 보이지 않고서도 따끔한 침을 놓는 것은 멸치의 자존이었을까.

상자 속 자존의 한 덩이를 자근자근 씹는다. 으스러지면서 내뿜는 그 맛에 청정한 바다의 향이 배어 있다. 가없는 자유를 누리며 제 꿈을 한껏 키웠음이 참으로 가상하다. 꽃씨가 바람을 기다리듯 제 가치가 격상되기를 기다렸겠다.

평범하고 보잘것없는 나는 얼마만한 수련과 인품을 쌓아야만 할까. 그래서 누구에게나 기억되고, 기쁨이 되고, 가치 있는 존재가 될 수 있을까.

오늘따라 멸치의 명성이 부럽다.

이 / 방 / 수

1999년 《수필문학》 천료. 경남수필문학회 회장 역임. 수필집 《생활 속의 여정》. 수향수필문학회, 한국문인협회 회원

즉석축사即席祝辭

우중에 서실에서 조용한 시간을 갖고 있는데 전화벨 소리가 울렸다. 내가 평소 존경하는 L선생이었다. 이번에 《지구촌 대자연 서사시》라는 시집을 출판하여 경남 도민의 집에서 출판 기념회를 갖게 되었는데 꼭 참석해 달라는 것이었다.

경남 도민의 집은 지난날 경상남도지사 공관이었는데 전 도지사께서 공관을 도민에게 돌려준다는 뜻에서 용도를 변경하여 도정의 역사와 흐름을 볼 수 있는 기록관으로 도민이 널리 활용하고 있는 곳이다. 나는 공직에 근무하고 있을 때 업무 관계로 드나들고 하던 곳이고 해서 그곳에 가면 지금도 감회가 깊고 추억이 서린 곳이다. 그날 나는 정해진 시간보다 앞당겨 지난날을 추억하고 회상하면서 아무런 부담 없이 가벼운 마음으로 참석을 하였다.

출판기념회를 실내에서 할 줄 알았는데 야외 정원에 행사장을 만들어 놓았다. 종일 내리던 비도 멎고 더위도 한풀 꺾이고 비 온 뒤 정원의 깨끗한 모습이 그렇게 좋을 수가 없었다. 그런데 L선생이 갑자기 놀란 모습을 하면서 축사할 분이 도착을 못하시니 큰일이라고 걱정을 하시면서 축사를 좀 해달라고 하셨다. 축사를 하실 분이 도착을 못하시면 회순을 바꾸어서 도착하시면 그때에 하면 되지 않겠느냐고 하니까, 나중에 도착하면 그렇게 하기로 하고 먼저 와 계시니까 부탁한다고 사정을 하는 것이었다. 내가 못하겠다고 하면 행사의 흐름에 흠결이 생길 것 같아 거절하기도 어려운 처지였다.

L선생에 대한 깊은 지식도 없고 상세한 책의 내용도 잘 모르면서 즉석축사(卽席祝辭)를 한다는 것은 무리였다. 보통때 축사 부탁을 받으면 며칠 여유를 두고 생각하면서 자료도 준비하고 정리해서 하는데 갑자기 부탁을 하니 당황스러울 뿐이었다. 이런 때에는 논리 정연한 전문성 있는 축사보다는 평범한 생각을 정리하여 이야기하는 것이 좋겠다 싶었다.

먼저 날씨부터 화두를 꺼내었다. 오전부터 내리던 비 때문에 마음 졸이던 날씨가 오후부터 개이고 저녁나절에 맑아지는 것은 L선생의 마음씨가 후덕한 덕분이라고 운을 떼었다.

그리고 회의실이나 회관이 아니고 경남도민의 집 야외 잔디밭에서 가든파티 형식으로 자연스럽게 진행하니 참 좋은 것 같다고 장소 선택에 대한 이야기를 했다. 저녁 하늘의 별과 달을 보면서 음악과 함께 지구촌 대자연 서사시의 낭송을 들으면서 밤이 깊어가는 것도 잊고 고요한 밤의 정감에 젖어드는 것이었다. 특히 공직 생활을 할 때 드나들고 하던 곳이고 보니 감회가 깊고 추억이 새로웠다.

또한 책의 내용에 대해 이야기를 했다. 작가는 관광회사를 운영해 온 직업여성으로서 세계를 여행하고 안내하면서 직접 보고 듣고 느낀 것을 작가의 시작정신으로 차원 높게 시로 표현하였다.

찰나와 순간이지만은 감정을 정리하고 찬미하는 것은 감동의 근원이요, 창조주의 거룩한 섭리라고 예찬하였다. 때를 놓치지 않고 그때그때 기록을 남기시고 인생을 즐기면서 멋있게 사신 것이라고 생각합니다. 그렇게 축사를 했다.

지구촌의 서사시 이 한 권이면 세계의 명승유적을 여행하는 길잡이가 될 것 같았다. L선생은 시인이고 수필가이면서 저서를 4권이나 남기신 분이다. 사람은 누구나 자기 삶의 흔적을 남기고 싶어 한다. 그래서 자기의 직업과 취미와 생활이 조화를 이루는 글을 쓴다는 것은 생활 철학의 바른길이라고 생각했다.

그런데 축사를 마치고 보니 그 작가에 대해서도 그 책의 내용에 대해서도 깊이 있게 잘 모르는 상태에서 축사를 한 것 같았다. 축사의 방향도 잘못 잡은 것 같고 출판기념회의 분위기도 흐리게 된 것 같아서 마음이 무거웠다.

우리가 사람을 만날 때나 일을 할 때 항상 진정성을 갖고 임해야 한다. 축사도 마찬가지다. 축사가 작가의 살아온 바나 책의 집필과정에 들어있는 작가의 노력과 고민을 함께할 수 있어야 좋은 축사가 되는 것 같다. 흔히 축사는 형식적이고 대충하면 되는 것으로 생각하기 쉽다. 하지만 이번 축사 경험을 통해 그렇지 않다는 것을 느꼈다.

모든 일에는 그것이 아무리 작은 것이라도 정성이 깃들어야 하고 사전에 준비하여야 한다. 이것이 이번 축사 경험을 통해 얻은 좋은 교훈이었다.

이 / 승 / 철

《수필문학》 등단. 저서 《역사의 한시집》 《내 고장 전통 거제편》 《전통혼례집》 《환상의 섬 거제도》 외 수필집, 《변진독로국 고찰》 논문집, 《거제도 민요집》 《거제도 설화집》 《거제시지》,《신현읍지》 《연초면지》 《사등면지》 《동부면지》 《장목면지》 등

갈매기 섬 홍도

홍도는 갈매기 섬이다.

행정구역으로는 통영군 한산면 매정리에 속해 있지만, 거제도 남쪽 해상에 위치하고 있어서, 거제 해금강에서 더 가깝다. 해금강에서 보면 조개를 세워 놓은 듯한, 섬이 수평선 위에 가물거린다. 원래는 이 섬이 거제도에 속해 있었는데, 1910년 한일합방 후 한산도가 통영 땅이 되고부터 이 섬도 통영에 속했다.

해금강에서 20해리 정도 떨어져 있는 홍도는 통통배로 한 시간 정도 걸린다. 대소병대도大小竝臺島를 거쳐서 왕관섬, 낚시섬을 지나면 마치 보물섬 같은 섬이 나타난다. 이 섬이 갈매기 섬 홍도다.

이 섬은 갈매기 서식지로 유명하지만 1906년도에 설치된 등대가 있다. 이 등대는 남해안의 뱃길을 안내하는 역할을 한다. 섬 전체가 갈매기로 뒤덮여 있어서 갈매기 섬이라 부르기도 한다. 깎아지른 듯한 벼랑 위에 우뚝 솟은 등대가, 밤이면 별빛처럼 빛난다.

옥색처럼 푸른 바다에 검은색 돌산이 바다를 박차고 솟아 있다. 돌산 위에 흙이 얕게 덮여 있고, 그 위에 풀이 자라서 갈매기의 보금자리로 적당하다. 섬을 오르는 길은 동쪽과 서쪽 절벽을 타고 오르는 길이 있다. 벼랑을 깎아 만든 층층계단이다. 계단 옆에 설치해둔 쇠줄을 잡고 아슬아슬한 곡예를 하면서 조심스럽게 기어오르면, 이마엔 땀이 방울방울 솟아나고 등에서는 식은땀이 난다.

발아래 까마득한 절벽과 푸른 바다의 파도가 일렁일 때마다 아찔하고 무섭다. 발을 잘못 디디면 천길 절벽 용궁으로 직행한다. 아무리 추운 겨울에도 이 길을 오르면 땀이 난다.

억겁億劫의 세월 동안 풍랑에 깎이고 씻긴 바위산이 만물상같이 괴기 절묘하다. 이 섬은 어디를 가도 천길 절벽이다. 서쪽 바닷가에는 동굴이 뚫려 있고, 그 사이로 작은 배가 겨우 다닐 정도다. 동쪽 끝에는 병풍처럼 생긴 바위산이 둘러져 있어서 배가 정박하기에 용이하다.

낯선 방문객이 신기한 듯 쳐다보는 갈매기의 영롱한 눈, '끼룩끼룩' 하며 반기는 소리는 파도 소리와 더불어 더욱 정감이 간다. 이 섬에는 옛날에는 기러기가 날아와서 월동한 섬이라고 해서 홍도鴻島란 이름이 붙어졌다고 한다. 언제부터인가 기러기는 자취를 감추고 갈매기의 소굴이 됐다.

갈매기는 괭이갈매기, 잿빛 갈매기, 붉은부리갈매기 등 여러 종류가 살고 있는데 이곳에는 붉은부리갈매기가 주종을 이룬다. 갈매기는 6월 중순경에 두세 개의 알을 낳는다. 새끼 갈매기는 생후 20일이 되면 나는 연습을 한다. 어미 갈매기는 새끼를 높은 벼랑에서 떨어뜨려 살아남는 것만 기른다. 험한 바다에서 자연과 싸우며 살아가는 인내와 자립심을 길러주는 것이라 한다.

갈매기는 서정적인 시와 노래의 대상이 되기도 하고, 뱃길을 인도하는 길잡이 역할도 한다. 또 부부금실이 좋은 애정의 새로 알려진 길조吉鳥다. 사랑하는 애인과 이별을 하면 외로워도 혼자 살아간다. 이런 갈매기들의 지조를 보면서, 변치 않는 사랑이야 말로 얼마나 숭고한가를 새삼 느끼게 한다. 바위틈에 둥지를 틀고 세찬 바람이 불어와도 알을 품고 있는 자애스러운 모습, 그 빛나는 눈동자는 바다를 지배하는 군자답게 기상이 넘친다.

홍도는 외딴섬으로 갈매기가 서식하기 좋은 자연적인 조건을 갖추고 있다. 섬 주위 바다는 많은 종류의 물고기가 서식하고 있어서 식량 구하기가 쉽다. 그러나 요즘 와서는 갈매기 알이 정력제라며, 몰래 수습收拾해가고, 갈매기의 생태계를 연구한답시고 찾아오는 학자, 그리고 사진작가들이 산실의 문을 두드리며 고요한 그들의 보금자리를 짓밟아버린다. 유식한 인간들, 정력을 과시하려는 무례無禮한 행동들을 갈매기는 얼마나 원망할까?

자연을 지킨다는 것은 곧 우리 인간들의 삶과 터전을 더욱 복되게 한다.

사람을 두려워하지 않고 미워하지 않는 갈매기가 남해안 바다 곳곳의 섬마다 보금자리를 갖고, 바다의 연가를 들려주는 평화로운 날이 오길 바란다.

'끼이룩 끼이룩 호이호 끼이룩'

은하의 물결 위에 갈매기의 노랫소리가 평화롭게 들린다.

이 / 원 / 기

경남 사천 출생. 1997년 《문학춘추》 신인상 등단. 수필집 《듣기 좋은 꽃노래도》 외 다수, 화집 《이원기 화집 그리고 자전에세이》, 《이원기의 동양란 기르기》. 문학춘추회, 마산수필동인회, 한국문협, 경남문협, 마산문협 회원. 마산 한일정형외과 원장

용서는 할지언정 결코 잊지는 않아야 하는 것들

우린 어디서 왔을까? 우리 조상들은 어디에서 출발해 한반도까지 오게 되었을까? 왜 우린 마을 어귀 신성한 곳에 솟대를 세우고 그 위에 새〔鳥〕들을 조각해 일정 방향(북위 55도)으로 세워두는 걸까? 밤하늘을 바라보며 우리 어른들은 유독 북두칠성만을 애들에게 가르치며 그곳을 향해 두 손 모아 머리 숙여 절들을 했을까? 불가佛家와 무관한데도 사찰에 칠성각七星閣은 왜 있으며 자식 없는 분들이 그곳에 치성致誠을 드리는 이유는 뭘까?

한민족韓民族은 사람이 숨을 거두면 영혼은 솟대로 타고 올라가 철새에 실려 우리의 기원인 북위 55도 바이칼 호수의 백양나무 우거진 숲으로 가게 된다고 믿어 왔었다. 북두칠성은 우리가 보기로는 북위 55도, 우리의 기원인, 바이칼 호수 쪽에 있다고 보았으며 우리의 죽음과 태어남, 사후 영혼의 안식에 불가분의 관계가 있는 별로 믿었기 때문이다.

바이칼 호에서(바이 : 즉 살아 있는, 칼 : 강, 가와, 가람) 동東으로 이동하였는데 그 일부는 베링 해를 넘어 알래스카(에스키모)를 거쳐 북미北美에 정착(아메리카 인디언)했고 일부는 더 아래로 내려가 중남미의 고대민족(잉카, 마야, 아즈텍)이 되었다. 남동쪽을 택한 일부는 몽고(몽고족), 만주(만주족)나 한반도(한민족)에 정착하였고 나머지는 대한해협을 건너 일본열도(일본인)로 들어갔다.

그래서 마지막으로 분리되었기에 일본인은 HAL유전자 소견이나 인종학상으로 이 지구상에서 우리와 가장 가까운 종족이다. 그런데 이들과 우린 마치 불구대천의 원수인 양 이 세상에서 가장 이질적인 인종처럼 살고 있다.

카스피 해 주변 옛 소련의 구성국이었던 아르메니아와 아제르바이잔은 아르메니아 장교를 아제르바이잔 군인이 도끼로 죽였다 하여 전쟁도 불사하겠다며 두 나라가 요즘 악화일로惡化一路다. 비단 이 두 나라뿐이겠는가? 스웨덴과 덴마크, 핀란드와 러시아, 프랑스와 영국과 독일, 인도와 파키스탄은 국가 간 증오심들이 대단하다. 인접국가 간 증오심의 대부분은 영토합병을 위한 침략과 약탈 등 씻을 수 없는 민족감정 때문이다.

요즘 들어 세계화의 바람이 거세긴 하지만 용서는 하되 결코 잊지 못하는, 잊을 수 없는, 잊어서는 안 되는 인접국간의 감정들은 분명히 존재하며 유전遺傳된다.

자원 수탈을 위한 국토 침탈에다 피해민족의 정서에 씻을 수 없는 상흔을 남기면 결코 잊지 않게 된다.

예를 들면, 강제병합을 위해 또는 종교적 탄압의 수단으로서 인접국가의 국민들을 대량학살 내지 인종청소人種淸掃를 한 경우가 그 첫 번째다.

피해민족의 구심점 또는 상징적 인물을 처참하게 도륙살해하여 그 시신까지 모욕함으로서 민족의 자존심을 극도로 상하게 한 경우가 그 두 번째다.

자신들 전쟁에 식민지 남성들을 강제동원한 것도 부당한데 식민지 여성을 자기들 성노예로 동원해 민족전체를 모욕하는 행위가 그 세 번째다.

가쓰라 태프트 비밀 회담으로 미국이 필리핀을 점령하는데 눈감는 대신 일본은 한미수호조약을 무력화하는 조건을 받아낸다.

일본은 사이고 다까모리(西鄕隆盛) 같은 자가 주장한 정한론征韓論을 미국의 묵인하에 실행에 옮겨 처음엔 자원수탈을 철저하게 실시하더니 나중엔 내선일체內鮮一體라 하여 한민족의 성씨姓氏 말살을 위해 이른바 창씨개명을 강제로 실행했다.

이것은 대량학살이나 인종청소와는 다른 보다 인간적인 식민화처럼 보이지만 더 지능적인 민족말살정책일 뿐이다.

다민족 나라 중국이나 미국의 경우는 처음엔 시행착오를 겪었지만 결국은 소수민족이나 합병된 민족들을 보호하고 지금도 인정한다.

그러나 일본은 독립투사나 가족, 비협조적인 한인들을 대량학살하였고 처음부터 한민족이란 아예 없었던 민족으로 만들기 위해 온갖 술수를 자행했으며 결국은 우리의 성씨姓氏까지 바꾸었다.

이건 영원히 한민족을 일본화하려는 고도의 민족말살정책이었다.

1895년 10월 8일, 이놈들은 대한제국의 황후인 명성황후明成皇后를 그야말로 처참하게 능욕하고 도륙하여 시신훼손까지 자행해 한민족이 아니더라도 피가 거꾸로 뒤집히고 자손만대로 이를 갈고 땅을 구를, 천인공노天人共怒할 짓을 저질렀다.

이 살육에 참가한 낭인浪人들 가운데 한 놈인 에조(英臟)라는 자가 자신의 직속상관에게 낸 보고서를 보면 이놈들은 인간이 아니다.

궁녀들과 황후의 젖을 도려내고 빈사 상태인 황후의 아랫도리를 벗겨 생식기를 조사(?)한 후 윤간을 시작했으며 숨을 거둔 후에도 윤간을 계속, 시간屍姦까지 했다고 적혀 있다.

처참하게 도륙된 시신은 끌어내 옥호루 잔디밭에 그대로 불태웠다.

절대로 잊어서 안 되는 놈들로 이노우에 가오루, 미우라 고로가 주범이지만 위로 이토 히로부미(伊藤博文)에서 일왕까지 연결된다.

고종황제가 "이놈들이 황후를 죽였다"고 직접 언급한 오까모도 류노스케, 스스끼(의사), 와타나베도 결코 잊어서는 안 될 놈들이다.

낭인들을 모집한 아다치 겐조 한성신보사 사장, 구니토모 시게아끼 주필, 고바야가와 히데오 편집장, 히라야마 이와이코, 사사끼 마사유끼, 기쿠치 겐조 기자. 하버드대학 출신으로 알려진 낭인두목 시바 시로우, 황실수비대 구스노세 유끼히오, 스기무라 후카시도 잊어서는 안 된다.

행동대원인 23명의 낭인이란 놈들은 주로 규슈와 구마모도 출신이었으며 조선에 나와 있던 낭인 조직인 천우협天佑俠과 현양사玄洋社 소속이었다고 했다.

이들 가운데는 한인이 3명이 있었는데 그 가운데 한 명이 궁궐수비대 2대장 우범선으로 이 나라 육종학의 선구자 우장춘 박사의 아버지다.

후쿠오카(福岡)에 있는 쿠시다 신사에는 그 당시 황후를 난자亂刺한 비전도肥前刀가 보관되어 있다는데 그 칼집에는 "늙은 여우를 단칼에 찔렀다."라는 글귀가 아직도 선명하다고 전한다.

"일본 왕이 방한하려면 먼저 우리 독립투사들에게 진심으로 사과부터 해야 한다" 이명박 대통령이 말씀했다 해서 일본의 정치인이라는 자들이 제네들 "천황을 감히 능멸했다"느니 하면서 흥분들을 하고 있는데 기가 찰 놈들이다.

놀랍게도 이자들은 자기들 왕이 이 세상에서 제일인 줄 착각하고 있다는 사실을 아직도 깨닫지 못하는 좀생이 신민臣民들이다.

그들에겐 신神인지는 모르나 우리에겐 발가락 새 때만큼도 못한 왜놈 종가의 제주祭主에 불과한 자로 과거 우리 민족을 말살하고 한반도를 한 입에 집어삼켰던 일왕 명치, 소화의 직계 자손일 뿐이다.

만약 우리가 일본 왕후의 젖을 산 채로 도려내며 아랫도리를 벗겨 생식기를 조사하고 차마 입에 담기도 민망한 윤간에 시간屍姦까지 자행한 후 온몸을 도륙해 노천露天에서 불태웠다면…….

이자들은 아마 분을 못 이겨 그들 특기인 할복자살을 할 게다.

우린 고작 했다는 게 일본으로 도망가 시골서 일본 여자와 결혼한 우범선을 단검으로 목줄을 따고 철퇴로 머리를 부수어 살해한 정도다.

이놈들을 잡아다 산 채로 성기를 자르고 간을 도려내어 그 쓸개를 씹어도 그 분이 풀리지 않을 그런 짐승 같은 놈들이 아닌가?

해방 후 왕정복구王政復舊는 포기했다 하더라도 황후를 시해한 놈들이 만행을 자랑하고 다다미에 편히 누워 생을 마치게 한다는 건 한민족으로서 심히 부끄러운 일이 아닐 수 없다.

살아 있는 놈들은 찾아내 목을 쳐 효수梟首하고 죽은 자는 부관참시剖棺斬屍해서 그 목들을 소금에 절여 8도에 돌리도록 해야 마땅하다.

이놈들 이름들은 잊지 않게 후손들에게 반드시 전해야 한다. 이스라엘 모사드는 아직 계속 유태인 학살의 주모자들을 찾고 있다.

아르헨티나에서 15년간 숨어 살았던 친위대장 아돌프 아이히만을 모사드 요원인 피터 말킨이 체포해 재판 후 사형시킨 것은 유명하다.

그 밖에, 이른바 그들 은어隱語로 사냥에 직접 가담했던 요시다 세이지〔吉田淸治〕라는 일본인이 쓴 《조선위안부朝鮮慰安婦와 일본인日本人》이라는 책을 보면 이들이 어떻게 한국의 젊은 여성들을 꼬드겨 조직적으로 사냥해 전선戰線에 보내어 졌는지 잘 알 수 있다.

자국自國의 사냥꾼과 그 사냥감들이 살아서 책과 육성으로 증언하고 있는데도 동양의 선진국이라 자칭하는 이웃 원숭이들은 진실을 듣지도, 보지도, 말하지도 않는다.

마치 그들이 근세 천년 동안 일본의 두 번째 영웅이라 부르는 도꾸가와 이에야스〔德川家康〕의 사당祠堂 안 마구간 신규샤에 새겨 논 눈, 코, 귀를 틀어막고 있는 세 마리 원숭이 조각과 똑같이 말이다.

다하우 수용소 벽에는 "용서는 하되 잊지는 말자"란 글이 아직도 선명하다.

이 / 정 / 옥

《창작수필》 등단. 경남문협, 진주문협 회원. 경남수필문학회 부회장.
진주 경해여자중학교 교사

나이와 성취

완전히 무용하고 흥밋거리조차 되지 않는 낯선 인간이 나의 생활 대부분을 지배하고 명령한다. 비할 데 없이 우울하다. —2001년 6월

우리 인류의 유구한 삶이란 조직생활 그 자체라 해도 과언이 아닐 것이다. 개인의 가족사, 개인의 뉘앙스, 개인적 수준은 그 개인적 선에서는 충분히 인정해야 하지만 공적생활에서 가장 경계해야 하는 것도 바로 그 개인적인 성향이다. 열등한 사고를 갖고 그 수준만큼의 경박하고 단순한 생각들을 펼쳐 가면서 열심히 대중 앞에서 연설을 한들 그의 말에 무슨 울림이 있는가. 자신의 내적 조건을 모른다는 것이 진정으로 열악한 사람인 것이다. 무지와 우매야말로 사회적 효율성을 창출하는 강한 적이다. 그런 이들일수록 앞다투어 조직의 수장이 되려고 기를 쓴다. 주변 사람들의 마음을 사기 위해 볼품없이 웃고, 사적 취향들로 시간을 엮어가기 바쁘다.

—2001년 11월

추리하고 비교하고 비판하면서 판단하기보다는 감정에 호소하고, 동정을 구걸하는 방식이 훨씬 쉽다. 그럼에도 대조하고 적용하고 분석하고 통찰하면서 정확한 사례를 바탕으로 일을 수행하는 리더자의 모습은 얼마나 든든한가. 그런 모습에서 나는 수학적 질서의 명료성을 발견한다. 그러나 그런 사람은 너무나 드물다.

—2002년 3월

행동은 욕망의 소산. 유행하는 각종 편견이나 의견에 색깔 없이 편승하고 시류에 휩쓸리는 대중들. 문제의식은 없어진 지 오래고 단말마적이고 일회성적인 감각들이 판을 친다. 시대가 출렁인다. 보고 싶은 것만 보고 믿고 싶은 데로 믿어버리는 책임 없는 군중 속에서 참다움을 찾기란 쉽지 않다.

—2002년 4월

바람과 낙엽의 계절이다. 본질적인 빈곤감에 휩싸인다. 거짓과 모순으로 형용된 삶에서 그것이 참 세계인 줄 착각하고 그 속에서 위안을 받고 심지어 앞날을 계획하는 사람들을 본다. 그들을 잘 몰랐을 때 더 깊이 다가가고 허심탄회하려 했던 나 자신이 초라하다. 좁혀 질 수 없는 사람과의 거리는 결코 좁혀지지 않는다. 그럼에도 안간힘을 썼던 날들. 그래도 찾아보면 영원한 생명력을 지닌 것, 믿음을 저버리지 않는 사람들이 어딘가에는 있을 것이다.

—2002년 11월

날카롭고 황폐한 글들. 산다는 것이 불가능하게 여겨지면서 막다른 골목에서 발버둥 쳤던 때의 기록들이다. 어두운 서랍 속 묵은 일기장의 생각들은 마음을 나누는 것보다 글을 쓰는 것을 유일한 출구로 여겼던 지나간 한때를 떠올리게 한다. 지성과 인식만이 최고의 가치라고 여기면서 감정적인 것, 시류에 편승하는 사람들을 한사코 거부했던. 혼자 멀찍이 떨어져 세상과 벽을 쌓던 시간이 꽤 길었다. 생광스럽다.

세월의 가르침인지, 타협인지, 나이가 주는 여유로움인지… 어쨌든 그때와는 사뭇 달라졌다. 그렇다고 자기 취향, 자기 관점만을 주장하면서 조직을 자기 고집대로 이끌려는 사람을 인정하는 아니다. 무심해 진 것도 아니다. 대립성의 화해와 양립을 현실화시키는 데에 더 필수적인 것이 바로 자신의 선행임을 깨달은 데서 오는 나이의 유연함인 것이다.

한 개인의 인식이나 성과는 어린 시절에 이미 계획된 것이다. 근본적으로 영원히 변하지 않는 본질적 존재로 형성되는 것이 바로 어린 시절에 있다. 성급함, 조급함, 앙갚음을 포함한 정욕, 복수욕을 극복하지 못한 채 타인을 재단하고 배척했던 지난날의 내 인식이야말로 어린 시절에 이미 형성된 근본적인 성향이 아니었나 돌아본다.

인간은 어쩔 수 없는 욕망의 산물. 범람하는 강물처럼 정신을 덮치는 욕망들을 충분히 제어할 수 있을 때 프로다운 삶을 살아가는 것이다. 그런 후에 비로소 조직이나 일에 매진해야 할 것이다. 무엇보다 사물을 보는 관점을 자유롭게 하여 내 능력과 개성을 최대한 발휘하는 것이 더 중요한 것이다.

진정으로 자유로운 사람이 활기차고 말쑥한 인상으로 비치는 것은 실제로 그의 정신과 마음이 현명해져 있기 때문일 것이다. 무의식적으로도 자신의 결점을 확대시키지 않을 뿐더러 타인을 힘들게 하는 일을 저

지르지 않는다. 또 다른 누군가를 모욕하는 일도 없고 혐오하거나 멸시하는 일 역시 없다.

나이와 풍상은 날카로운 문제의식을 무디게 하면서도 이런 내적 성취감을 안겨주는 데 그 가치가 있는 것 같다.

이 / 정 / 하

2000년 개천문학상 수상. 2003년 《계간수필》 등단. 계수회, 진주문협, 경남문협 회원

습지원에는 유년의 강이 흐른다

남강은 저녁 산책으로 늘 찾는 곳이다. 도심 가운데를 가로지르는 강은 어디에서 봐도 아름답고 조용하다.

오늘은 정월 초하루. 그래서인지 강은 더없이 조용하고 담담하다. 작은 물결이 석양에 반사되어 은파를 그린다. 강을 거슬러 호수 쪽으로 걷다보면 '습지원 가는 길' 이란 팻말이 보인다. 그 길을 내려서면 가슴이 설렌다. 그곳에 가면 어릴 적 동네 옆을 흐르던 강이 생각나기 때문이다.

날씨가 추운 탓인지, 아니면 설날이라 그런지 사람의 그림자라곤 없다. 맑고 청아한 새소리가 대숲에서 들리고, 건너 산자락에서도 들려온다. 그 소리가 살아 있는 생명의 웅성거림으로 들리기도 했다가, 그리운 이를 찾는 달콤한 리듬처럼 느껴지기도 한다. 물속에 침잠했다가 올라오는 백조가 어느 결에 눈앞에서 노닌다. 한 쌍의 하얀 자태가 우아하다. 오리떼도 보인다. 백조와는 사뭇 다른 느낌이다. 고고한 멋과 우아한 자태는 없으나, 무리지어 움직이는 것이 참 정연하고 정겹다. 갈대 사이를 헤집고 다니는 것이 저녁거리를 찾는 모양이다. 선두에 나서는 덩치 큰 것은 분명 아비일 것이고, 그 뒤를 따르는 것이 어미인 듯 새끼를 챙기는 것이 지극하다.

이 추운 날, 물속에 몸을 담근 저이들이 춥지 않을까? 습지원의 수양버들이 설핏거리는 햇살을 받아 오리에게 건네는 듯 물결 위에 잔잔한 미소를 그린다.

아주 어릴 적 일이지만 오리가 얼어 죽은 것을 본적이 있다. 지금 생각하면 꼭 얼어서 죽지만은 아닌 것 같다는 생각을 하게 되지만 그때는 그렇게 믿었다.

어느 한겨울, 아버지는 나무를 하러 산에 다니셨다. 그 겨울, 통틀어 얼마인지 모르겠지만 그리 긴 기간은 아니었던 것으로 기억된다. 나무를 하러 가는 아버지의 복장은 일본 순사 같은 복장이었다. 종아리가 딱 달라붙고 그 옆에는 작은 단추가 대여섯 개 졸졸 달려 있었다. 위로 올라갈수록 불룩하게 만든 바지에, 군화를 신으셨고, 모자는 에스키모 인들이 쓰는 털이 숭숭한, 귀밑에까지 내려오는 것이었다. 모자와 장갑으로 무장을 하고 나서시는 아버지는 키가 커서인지 참 멋있으셨다. 먼 곳으로 겨울 여행을 가는 사람처럼 보였다.

이웃집 아저씨는 새벽밥을 먹고 지게를 지고 어둑한 논길을 지나고 둑길을 넘어서 먼 산까지 걸어서 가셨는데, 아버지는 그들보다 늦게 자전거를 타고 나섰다가 그들보다 일찍 돌아오곤 하셨다. 아버지의 나뭇짐 속에는 빨간 망개가 주렁주렁 액자 속의 수채화처럼 걸려 오는 날도 있었고, 버들개지에 진달래가 따라오는 날도 있었다.

붉은 해가 뉘엿해지는 신작로에 나뭇짐하나가 춤을 추며 읍내로 들어서면 아이들이 나뭇짐을 붙잡고 진달래를 얻으려고 우리 집까지 뛰어서 오곤 했다.

우리 집에는 나무가 쌓이는 날이 별로 없었다. 늘 땔감으로 달랑달랑한 한두 동이 마당가에 있었고, 그것도 바닥이 날 때쯤이라야 아버지는 새벽밥을 드시곤 했다. 겨울 내내 하루도 거르지 않고 나무를 해 나른 영구오빠네와 삼진아저씨네는 나무가 집채보다 높이 올라갔다. 어머니는 그것이 부러우신 것 같았다.

어쩌다 아버지는 나무하러 갔던 길을 되돌아오는 날이 있었다. 그럴 때는 우리 집 닭장의 암탉보다도 더 큰 오리를 들고 오셨다. 늪을 지다 다 주웠다고 하셨다. 간밤에 너무 추워서 얼어 죽은 것이라 했다. 그날, 우리 식구들은 따뜻한 아랫목에서 오리고기를 먹었다.

아버지는 욕심 없는 사람이었다. 어찌 보면 무능한 가장이었는지도 모르겠다. 늘 어머니만 바쁘게 일인 몇 역을 하셨던 것 같다.

아버지는 현실과 조우하지 못한 삶을 사셨다. 부잣집 도련님에서 가난한 촌로의 삶에 이르기까지 몸에 맞지 않는 옷을 입으시고, 맞추려 애쓰셨던 모습이 물결 위에 어른거린다.

덩치 큰 물오리가 물살을 가르며 식구들을 불러 모은다. 도란도란 저녁을 챙겨도 되련만. 이방인을 내치는 몸짓인가 보다. 나는 얼른 물가에서 멀리 떨어져 보지만 저들은 총총 산그늘 엷은 어둠 속으로 여울을 만들며 가버린다.

징검다리를 건너고 대숲을 지난다. 정초의 맑은 정기를 받으려는가 물가에 촛불이 가물거리고 낮은 징소리가 조용한 늪을 덮는다. 초자연적인 힘을 빌리려는 저들의 염원은 무엇일까? 운명 앞에, 인간의 무력감을 극복하려는 염원과 절규를 저들은 용왕님께 빌어 올리는가 보다. 가끔 강가에 나오면 보는 광경이다. 그럴 때마다 나는 못 볼 것을 본 것처럼 마음이 불편하곤 했었는데 오늘은 마음이 달라진다.

나는 내 안의 무엇을 염원을 했던가. 애틋하게 절규한 것이 있었던가. 그리운 것, 사랑하는 것, 다 하지 못한 것들의 아픔을 이 저녁 강물에게 되뇌어 본다.

정 / 동 / 호

《한국수필》 신인상. 한국수필작가회 이사, 진주문협 · 한국수필가협회 회원

천왕봉

천왕봉이 부른다. 텔레파시가 통하는 걸까, 지리산 가는 날은 아침부터 설렘이 앞서고 마음이 먼저 정상에 서 있다. 매달 두세 차례 가는 산이지만 어쩌다 한 번이라도 거르면 좀이 쑤신다. 3월 마지막 주 월요일 천왕봉의 부름을 받았다.

뭐 하러 무리하여 높은 산을 자주 가느냐? 주위에도 산이 많은데 왜 꼭 지리산이냐? 주위 분들이 물어오면 한 마디로 답하기가 쉽지 않다. 설명한다 해도 쉽게 이해하지 못할 것 같아 씽긋 웃거나 그저 좋아서 간다고만 말한다.

수년간 함께 다니던 산꾼들도 이런저런 핑계로 산행을 피하는 눈치라 홀로산행을 많이 한다. 어차피 인생은 홀로 가야 하는 것이니까.

홀로산행이기에 물과 간식 점심과 상비약까지, 그리고 마음도 단단히 챙겨서 오전 8시 40분 중산리에서 산행을 시작한다. 부산에서 왔다는 50대 초반의 부부가 다가와 천왕봉 산행이 처음이라며 시간이 얼마나

걸리느냐고 묻는다.

산행 중에 많이 받는 질문이지만 그때마다 망설인다. 2시간 30분에 주파하는 이도 있고, 5시간 넘게 걸리는 사람도 있으니 누구를 기준하여 답하겠는가. 나의 경우 3시간쯤 걸린다 했더니 함께 갈 수 있느냐고 묻는다. 말동무가 생겨서 좋다.

등산 초입에서 "저어기 보이는 돌무더기가 천왕봉이요"라고 가르쳤더니 코앞에 가까이 보여서인지 생각보다 어렵지 않을 것 같다는 기색이다. 처음 오는 사람들은 너나없이 대개 그랬기에 속으로 웃는다. "코앞인 듯 보이는 거기 한번 가보시오."

하늘은 구름 한 점 없이 쾌청한 날씨다. 이런 날은 마음이 한결 가볍고 더 큰 행복에 젖는다. 지리산 등산 중에 흔치 않은 좋은 날씨라 했더니 자기들의 축복이라며 좋아한다.

망 바위에 앉아 물 한 모금 마시며 잠시 땀을 닦는데 작은 새 한 마리 포르르 날아와 지팡이 끝에서 카메라 모델이 되어준다. 그러면서도 경계하는 모양새가 아직은 사람을 믿지 못 하겠다는 눈치다. 다람쥐며 청설모며 두더지도 오늘따라 많이 뵌다. 눈 녹은 산에 햇볕을 쪼이며 도토리를 줍는가 보다. 지난해 가을 도토리를 주워 배낭에 담아온 것이 마음에 걸린다. 그들의 밥인 것을. 법계사 주위에 다다르자 이름 모를 새들이 반갑다고 지저귄다. 까마귀도 까악거린다. 모두가 새봄을 부르는 생명의 몸짓이다.

한려해상 남해바다가 오늘따라 눈부시다. 테양을 머금은 바다가 황금빛을 쏘아댄다. 현란한 조명무대에 넋을 잃는다. 지금까지 느껴보지 못한 아름다운 광경이다.

지리산은 갈 때마다 맛이 다르다. 계절에 따라 색깔이 다르고 날씨에 따라 변화가 무쌍하여 언제나 흥분되고 긴장되는 산이다. 온 산이 붉게 타는 가을 산행도 좋지만 겨울날의 눈 산행도 일품이다. 구름이 많고 안개가 많으면 운해가 멋있고, 날씨가 맑으면 푸른 하늘이 아름답고 확연히 들어오는 자연이 수많은 상상을 불러온다. 가까운 야산에서야 어찌 이런 맛을 느낄 수 있으리.

1700고지에 오르면 나도 모르게 코가 벌름거려 진다. 구상나무지대에 들어선 것이다. 한라산과 지리산에만 자생한다는 구상나무의 고소하고 향긋한 냄새가 코를 유혹하기 때문이다. 걸음을 멈추고 심호흡으로 피톤치드를 마음껏 들이마신다. 식물이 자신을 보호하기 위해 내뿜는 항균물질이라지만 사람에겐 스트레스를 풀어주고 폐 기능을 강화시키며 각종 질병의 치료에도 탁월한 효과가 있다 하지 않던가. 피톤치드는 편백나무 숲이 으뜸이고 다음으로 구상나무가 많이 뿜어낸다고 한다. 어찌 구상나무뿐이겠는가. 원시림이 많은 광활한 지리산은 피톤치드의 공장이요, 산소공장인 것을.

노동 중에 등산만 한 노동이 또 있을까만, 그럼에도 몸이 찌뿌드드하고 스트레스가 많이 쌓였을 때 지리산을 다녀오면 모든 것을 말끔히 씻어낸다. 목을 간질이며 코를 찡찡하게 하는 겨울의 불청객도 지리산만 다녀오면 꽁무니를 내리고 도망쳐버린다. 그리고 상쾌한 기분이 일주일 내내 이어진다. 보약 한 제보다 낫다는 말이 결코 허튼소리가 아님을 몸으로 체험하는 산이다.

정상을 지키는 천왕봉 표지석은 언제 봐도 반갑다. 정상에 올랐다는 성취감에 만족하며 아직도 건강이 허락됨에 감사할 뿐이다. 숨고르기가 끝나면 잠시 기도를 드린다. "창조주 하나님! 우리에게 아름다운 자연을 주시어 즐기게 하시니 감사합니다. 여든 살이 되기까지 삼백 회 이상 이

산을 꼭 오르고 싶습니다. 목표를 이루게 해 주옵소서."

능선과 능선들이 이어져 푸른 하늘과 맞닿아 만든, 작은 우주. 그 중심에 서서 가슴을 활짝 열고 지리산의 정기를 받아들인다. 삼남을 한눈에 바라보며 상념에 젖어들면 마음은 한없이 넓어지고 관용과 용서와 평화가 인다.

영혼에서 우러나는 상상의 나래를 펴본다. 보일 듯 말듯 저 멀리 능선 위에 걸어가는 수많은 인간의 행렬을 바라본다. 어디로 가는 걸까.

그 가운데 나도 가고 있다.

정 / 목 / 일

경남 진주 출생. 1975년 《월간문학》 당선, 1976년 《현대문학》 수필 천료. 경남도문화상, 현대수필문학상, GS수필문학상 수상. 경남문인협회장, 경남문학관장 역임. 수필집 《마음 고요》 《모래밭에 쓴 수필》 외 다수. 한국문협 부이사장, 한국수필가협회 이사장

골동품 감상

나는 골동품 감상을 좋아한다.

골동에 취미를 가지려면 수집가가 돼야 하지만, 나는 평생 가난한 문사였던 까닭에 사서 모을 처지가 되지 못한다. 그런데도 굳이 고급 취향일 수 있는 골동품에 애착을 가지고 감상하기를 즐기냐고 의아할 독자가 있을 듯하다.

나는 골동품 수집가였던 아버지의 영향으로 태어날 적부터 많은 골동품을 보며 성장하였다. 사랑방을 겸한 아버지의 방은 가족이라도 함부로 드나들 수 없는 성역 같은 곳인데도, 2대 독신인 아버지가 50세에 낳은 첫아들이었으니 아버지 방에 마음대로 드나들 수 있게 허용된 것도 이런 연유 때문이라 생각된다.

아버지 방엔 골동품의 진열장이었다. 고미술품을 보면서 자란 나는 성장환경의 영향으로 골동품에 대한 애착과 관심이 깊었지만, 수집가가 될 수 없는 처지였다. 박물관, 미술관, 골동품가게를 순례하며 골동품 감상을 즐긴다. 골동품 수집가의 집을 방문하고 싶어도 그들은 부자이고 공개를 꺼려하며 홀로 감상하길 좋아하는 습관이 있기에 근접하기 어렵다.

나는 전국에서 유명한 마산의 골동품 수집가의 집에 가보길 원하여 간청을 했지만 단번에 거절당한 경험이 있다. 골동품 수집가도 아닌 사람에게 애써 모은 수집품을 쉽게 공개할 사람이 있을 턱이 없다.

나의 경우는 골동품을 보는 것이 예술품 감상에 그치는 게 아니라, 선친에 대한 그리움과 성장기에 보았던 골동품에서 얻었던 미의식과 인상이 가슴에 흐르고 있어서 향수처럼 나를 부르고 있다. 그리운 추억의 감성이랄까, 아버지의 체취와 골동품이 갖는 신비와 아름다움 때문이다.

서울에서 야간대학에 다닐 무렵에도 시간이 나면 발걸음은 인사동 갤러리와 골동품 순례로 보내곤 했다. 어릴 적에 눈에 익혔던 자기류, 공예류, 서화류의 골동품과 미술품을 보면서 민족의 미의식과 숨결, 미의 맥박을 느끼며 지내 왔다. 일제시대에 겨레의 문화유산인 많은 골동품들이 마구잡이로 일본에 유출돼버린 것은 참으로 안타까운 일이 아닐 수 없다. 골동품을 보면 장인들의 미의식, 한국미의 원형과 진수, 미를 보는 눈썰미, 골동품마다 갖는 존재감과 분위기며 미의 특성에 빠져서 눈으로 보고 상상의 세계로 이끌어 준다. 누군가 골동품 취미는 마지막 취미라고 했던가. 부자의 취미를 보통 사람이 가진다는 어불성설語不成說일지 모른다.

돈이 없어 수집할 형편은 되지 못할 지라도 나는 골동품 감상을 좋아한다. 골동품 감상으로 얻은 소득도 만만치 않다. 내가 신문기자일 적에 신문에 연재한 '한국의 영혼'은 어릴 적부터 골동품과 가까이 한 덕분에 얻은 것으로 민족의 미의식을 추구하고자 했다. 테마수필집 《한국의 영혼》(부름사)은 뒤에 《한국의 아름다움 77가지》(세계문예)로 보완하여 출간되기도 했다. 또한 미술평론가로 데뷔하여 미술평을 쓰게 한 것도 성장기에 골동품을 보며 자란 환경의 영향이 깊다고 보고 있다. 골동품을 보고 있으면 민족의 미의식에 빠진다. 우리 민족만이 가진 미의 독창성을 보게 되고 문학에의 모티브와 소재도 안겨 준다.

마산의 원로 수필가이신 서인숙 여사는 골동품 수집가여서 조르고 졸라 댁을 방문하여 수집품을 감상한 적이 있었다. 백자白磁를 좋아하셔서 백자를 위주로 화장구, 목공예, 토기 등을 감상했다. 서인숙 여사가 백자, 토기, 공예품을 서재로 한 시와 수필작품이 나온 것은 골동수집에서 얻은 체험의 감성이라고 생각된다.

골동품과 상관하여 두고두고 애통한 것은 내가 17세 때 아버지가 오랜 병고로 돌아가시자, 가산이 탕진되어 골동품을 전부 매각한 일이다. 한 골동품 상인이 이를 사들여 진주에서 처음으로 '고보당古寶堂' 이란 골동품점을 옛 진주시청 앞에서 개점했다. 나는 진주시청 앞을 지날 때마다 고보당에 들러 주인인 강씨와 골동품 애기를 나누곤 했다.

골동품을 보면 민족의 역사가 보인다. 한국인의 마음을 느낀다. 순결하고 아름다운 민족의 정신과 미의식을 체감한다. 나의 골동품 감상취미는 순수한 아마추어적인 것에 불과하다.

정/영/선

진주 출생. 1991년 《교단문학》, 1992년 《문학세계》 수필 등단. 수필집 《시간여행》(2010년). 진주문인협회 · 경남문인협회 · 한국문인협회 회원. 현재 삼현여자고등학교 교사

죽란竹欄

조선시대 선비 정약용 선생의 글 '죽란시사첩'을 읽다 문득 '죽란竹欄'이라고 나의 호를 지어주신 청암 선생님 생각이 났다.

청암 선생은 내가 고등학교 학생일 때 윤리를 가르치셨고 내가 모교에 와서 근무하게 되었을 때 같이 근무했던 은사이시다. 선생께서는 평생을 교직에 계시면서 밤늦은 시간까지 학교에 남아 학생들을 지도하셨고, 인품이 훌륭하시고 성품이 부드럽고 따뜻해서 학생은 물론이고 동료 선생님들에게도 존경을 받던 분이셨다.

선생께서는 다른 동료교사들에게도 이름을 부르지 않으시고 호를 많이 불러주셨는데, 어느 날 나에게 호가 뭐냐고 물어보셨다. 나는 일전에 차홍호 선생 부친의 한시 유고집을 번역할 때 썼던 '서죽西竹'이라는 호를 알려드렸다. 해질 무렵 강가에서 석양을 받으며 서 있는 대나무 숲을 생각하고 내 딴에는 멋을 내어 지은 호였다. 며칠 후 선생께서는, "서죽,

서죽 하니까 '소죽(소여물)' 같은 느낌이 들어서 듣기 좋지 않은데, 내가 자네 호를 하나 지어줄까?" 하셨다. 그렇게 해서 얻은 호가 '죽란竹欄' 이다. 나는 고맙게 그 호를 받았다. '죽란' 은 조선시대 학자 정약용 선생의 시문학모임 '죽란시사' 에서 따온 것인 줄 아는 까닭이었다. 내가 감히 정약용 선생이 만든 모임에서 따온 호를 사용하는 것이 황송하기는 했지만, 평소 그분을 존경하고 그분의 글을 좋아하던 터라 기쁘게 받았던 것이다.

죽란시사竹欄詩社는 정약용 선생이 만든 시문학회다. 모이기 쉽게 서로 가까운 거리에 살며 나이와 취미가 비슷하고 격의 없이 어울릴 수 있는 친구 15명으로 구성하였다. 죽란시사 회원들은 정기적인 모임을 갖고 모일 때마다 시문도 짓고 담소도 나누며 그 시대를 더욱 아름답게 가꾸었을 것이다. 조선시대의 모임이 비단 '죽란시사' 뿐일까 마는 이 모임에서 만든 규약이 특히 멋지다.

> '살구꽃이 피면 한 번 모이고, 복숭아꽃이 피면 한 번 모이고, 한여름 참외가 익으면 한 번 모이고, 서늘한 초가을 서지에 연꽃이 구경할 만하면 한 번 모이고, 겨울이 되어 큰 눈 내리는 날 한 번 모이고, 세밑에 화분의 매화가 꽃을 피우면 한 번 모이기로 한다. 모일 때마다 붓과 벼루를 준비해서 시가를 읊조릴 수 있도록 하고, 나이 어린 사람부터 먼저 모임을 주선하여 차례대로 나이 많은 사람까지 한 바퀴 돌고 나면 다시 반복한다. 정기모임 외에 아들을 낳은 사람이 있으면 한턱내고, 고을살이를 나가는 사람이 있으면 한턱내고, 자제가 과거에 합격한 사람이 있어도 한턱내도록 한다.'

아마도 죽란시사 회원들은 늘 자연과 가까이 하면서 살구꽃이 피었는지, 복숭아꽃이 피었는지, 연꽃이 피었는지, 매화꽃이 피었는지 등 자연에 관심을 가졌을 것 같다. 그들은 꽃이 피면 기쁘게 모여서 시를 짓고 합평회도 하고, 다과도 나누면서 꽃이 피는 이야기들로 이야기꽃을 피웠을 것이다.

청암 선생님은 내가 글 쓰는 취미를 가졌고, 문학회 활동도 하는 것을 아시고 이렇게 이름지어 주셨다. 그 뒤 선생님은 나를 만나면 언제나 다정하게 '죽란-' 하고 불러 주셨다. 선생님께서 이렇게 불러주실 때마다 '죽란시사' 가 떠올라 기분이 좋았다. 이렇게 들을 때마다 기분 좋은 이름을 불러주시던 청암 선생님은 몇 년 전 퇴직을 하셨고, 이제 학교에서 나를 '죽란' 이라고 불러줄 사람이 없게 되었다. 참으로 아쉬운 일이다.

정약용 선생이 사시던 조선시대에 이런 아름다운 규약을 가진 죽란시사 정기모임이 얼마 동안 계속 이어졌는지는 모르겠다. 나도 일과 시간에 쫓겨 살다보니 문학회 정기모임에 빠질 때가 많다. 그러나 내 마음속에는 '죽란' 이라는 이름이 늘 간직되어 있다. 죽란시사 회원들처럼 마음이 통하는 문우들과 만나서 격의 없이 작품에 대한 합평회도 하고, 살구꽃 피거나 함박눈 내린 좋은 날에 편안한 장소에서 정기적인 모임도 갖고 함께 어울려 책도 엮어내는 우아하고 고상한 취미를 내내 이어가고 싶다.

진/재/수

《수필문학》 추천완료 등단. 전 울산 학성여고 교장. 황조근정훈장 수훈. 산문집 《돌다리》. 한국문인협회 · 《수필문학》 추천작가회 · 남강문우회 회원

비원悲願

학교가 여름방학이 끝나고 개학을 했음에도 한 학생이 등교를 하지 않았다. 알아보니 방학 중에 병으로 갑자기 숨졌다는 것.

축구를 좋아해서 운동장에서 펄펄 날던 모습을 자주 봤던 나는 그 아이 얼굴이 눈앞에 생생하게 어른거린다. 늦었으나 그 반 담임과 학생 몇과 함께 세상을 달리한 그의 집을 방문하여 애도의 조문을 한다.

한창 크는 나이의 고등학생, 한생 꽃피어 보지도 못하고 마치 붉은 동백꽃 한 송이 땅바닥에 떨어져 눕듯이 팔팔하던 생명을 병마가 홀연 앗아가 버렸으니 주변엔 슬픔만이 남았다.

자식을 먼저 보낸 부모 앞에서 할 말이 있어도 적절한 위로의 말을 찾을 수 없어 다들 말을 잃고 눈물만 안으로 삼키다가 뒤돌아 나온다. 지금 그 아이 영혼이 우리 주변에 와 있는 듯도 하다.

돌아서 한참 나오다가 보니 길가 쪽으로 큰 마을이 있고, 좀 떨어진 거리의 산허리쯤에 아담한 절집 기와지붕이 숲 속으로 건너다보인다.

"우리 저기 가서 ㅂ을 위해 비록 짧은 한생을 살고 갔으나 저세상에서는 아픔도 없는 좋은 곳에서 살게 명복을 빌고 갈까?"

'깨달은 자(覺者=붓다)여! 저희 중생들의 비원을 가납하여 주소서.'

마음을 담아 서원을 하고 물러나오니 주지스님인 듯 우리를 반긴다. 학교에서 온 줄 알고, 앞서가며 사찰의 경내를 안내한다. 마치 오늘 우리 슬픈 마음을 알기라도 해서 위로라도 하는 듯이 한 전각殿閣 마당 구석진 곳에서 특별한 사연이 있는 '부처님' 이라며 소개한다.

언뜻 봐서 그저 돌 뭉치 같고, 그렇게 보면 보살상이나 불상인 듯도 하다. 내가 눈여겨봐서는 부처님 상호는 아니다. 형용만 부처님 모습이지, 다소곳이 앉은 보살님쯤으로 보인다. 문드러진 이목구비이나 목과 어깨는 그런대로 반듯하다. 전체적으로 봐서 불쌍한 사람들의 질병을 없애주고, 고통에서 구제해준다는 약사여래나, 지장보살을 닮은 모습 같다. 얼굴과 목 부분이 비손 흔적인 듯 반질반질 닳아 있어 볼수록 고뇌에 차 있는 것 같으면서도 자비인 듯 후덕한 느낌이 든다.

이야긴즉 저 아랫마을에 늙은 어미와 아들 단 둘이 살았는데 살림이 너무 가난하여 어미가 이저 마을을 돌며 밥을 동냥하기도 하고, 아들은 남의 집 일을 한 품삯으로 그날 그날을 먹고 살았다. 그러던 중에 설상가상으로 아들이 앞을 못 보는 병에 걸려 시력을 잃어가고 있었다.

어미는 마음속으로 애만 태우다가 어느 날 마당가의 커다란 돌덩이에 눈이 미치자 돌에 불상을 새기기로 한다. 돌을 깨고 쪼고 다듬으면서, 부처님 자비로 아들의 눈을 고쳐달라고 염원한다.

어느덧 부처상이 다 되었을 때 동구 밖 길 옆 당집 곁에 모셔놓고, 가

며오며 빌고 빌었다. 비가 오나 눈이 오나 오직 일 정심으로,

"부처님! 원력 가피로 불쌍한 우리 아들, 제발 밝은 눈으로 대명천지 보게 해주십시오."

그러다가 겨울 엄동설한 어느 날 먼 길, 밥을 얻어서 밤늦게 돌아오는데, 그날따라 눈바람이 심하게 불었다. 늙은 몸이 쇠잔하고 너무 추워서 더 움직일 수가 없었다, 겨우 당집에 이르러서 쪼그리고 앉아서는 돌부처를 안고 소원을 빌다가 그대로 몸이 언 채 그냥 숨을 거두었다는 것이다.

마을 사람들이 모두 슬퍼하며 장사지내고, 돌부처를 절에 모셔야 한다며 이 자리에 옮겨왔다는 것이다.

옛날 말에 나무 돌에도 "어마 아바" 부르면, 그 정성이 통해 신통한 영험이 있었다고, 어미는 그 믿음 하나로 부처상을 공양하고 눈 밝게 해달라 소원하다가 끝내는 돌 뭉치 같은 것을 안고 숨지다니….

어미의 절체절명의 순간 간절한 원망願望은 하늘과 땅 어디에 닿았을까.

가슴이 저리어, 나는 머리 숙여 그 지고지순의 모정에 경외감을 표하고 그 앞을 미적대며 돌아서지 못한다.

물러나와 절집의 뒷산 구진산九鎭山 높은 데에 올랐을 때 멀리 남북으로 낙동강이 유장히 흐름을 바라본다.

지는 햇귀에 윤슬이 빛나며 눈이 부신다. 흐르는 강물 한적한 강변과 들판 시골 마을 자연풍경은 꾸밈없는 자연 그대로 아름답고 평화스럽다.

그러나 1950년 6 · 25전쟁, 그 해 8 · 9월에 '낙동강 전선 박진泊津전

투' 는 서로 죽이고 죽는 참혹함이 있었다. 의령에서 창녕으로 건너가는 나루에서 저 강을 사이에 두고 인민군이 밤을 틈타 건넜다가 날이 밝자 미군기가 이쪽 야산에 숨어 있는 무리들에 폭격을 하였고, 연합군은 낮의 전투에서 피아간에 살육으로 수많은 주검이 저 강물을 붉게 물들이고, 널브러져 있던 곳이다.

그때의 주검들은 모두 누구 집의 귀한 아들이오, 전장에서 살아서 돌아오라는 간절한 염원이 있었을 것. 돌부처를 안고 숨져 간 어미 마음과 같은 비원이 있었을 것이다.

사람이 죽으면 영혼靈魂이 강으로 인도 되어 그 물을 마시면 전생의 모든 것이 잊어진다는 그리스 신화에 나오는 '레떼Lethe의 강'.

'그 망각의 강이 저 강물이면 그래서 이 땅의 구천을 떠도는 수많은 혼령들, 저 물 마시고 과거지사는 모두 잊고 편안한 잠을' 하고 되어 본다.

*이 글은 1996년 여름 창녕에서 교직생활을 하던 중 유난히 기억에 남았던 하루를 반추해 쓴 글입니다.

최 / 문 / 석

1987년 《월간문학》 신인상 등단. 경남수필문학회 · 대표에세이문학회 회장 역임. (사)남명학연구원 이사장

촉석루 예찬

촉석루에는 바람이 있다. 지금쯤 오르면 시원한 초여름 바람이다.

그러나 한가한 날 촉석루에 올라보면 그 바람결에 실려 온 온갖 소리들은 내 귀를 아프게 때린다. 임진년 왜군을 물리친 승리의 함성, 계사년 성이 무너지고 짓밟히는 처절한 절규, 육이오 동족상잔에 폭탄을 던지고 날아가는 비행기 소리, 그리고 수없이 부셔졌다 다시 짓는 건설의 망치 소리. 그 소리와 함께한 지난날의 바람들은 불길을 일으키고 물길을 바꾸어 새로운 역사를 만들고 사람들의 생활을 변화시켜 왔다. 촉석루의 바람은 예사 바람이 아니다. 그것은 역사의 바람이요 문화의 바람이다.

촉석루의 경치는 참으로 아름답다. 청남 오제봉의 글씨로 써 붙인 "영남 제일 형승"의 현판처럼 자연의 경관과 건물의 조화가 많은 이의 감탄을 자아낸다.

은초 정명수 선생의 글씨로 "남장대"라고 써 붙인 현판 밑에서 앞을 바라보면 남강의 푸른 물이 잠긴 듯 조용히 흐르고 있다. 양 다리 사이로 둔치와 대밭이 보이고 그 넘어 망경동의 시가지가 숨은 듯이 드러나는 서쪽에는 우뚝한 망진산을 감돌아 강물은 동쪽으로 향하고 그 동쪽 끝에서 뒤벼리를 치고 휘어져 내려간다. 그러나 촉석루에서 바라보는 주변의 경관보다 더욱 아름다운 것은 주변에서 바라보는 촉석루의 경관이다. 포정사 쪽에서 바라본 촉석루는 내성의 동쪽 벼랑 가에 허공으로 추녀 끝을 밀어내고 있는 것이 아리따운 여인의 자태를 연상하고, 동쪽의 정문에서 바라보면 팔작지붕의 날렵함과 기둥의 안정감이 조화를 빚어내는 누각미학의 절정을 느끼게 한다. 강 건너 망경동 쪽에서 바라보면 진주성은 거대한 함선이 되고 촉석루는 중앙에 자리 잡은 화려한 구조물이 된다.

금년 오월 나는 논개제 제전위원장으로 남강의 수중무대에서 개제식을 했다. 그때 바라본 조명을 받고 있는 야경의 촉석루는 너무나 황홀했다. 돌벼랑 층은 그대로 무대가 되어 논개 순국 재현극을 할 수 있었고 수목 층과 성벽 층이 그대로 이어져 이층의 누각은 자연과 인공이 이루는 오층탑이 되기도 했다. 그러기에 촉석루는 진주팔경의 으뜸이다. 중앙에 걸려 있는 하륜 선생이 쓴 "촉석루기"에도 촉석루를 둘러싼 풍광의 아름다움과 진주 사람의 기상, 그리고 명승에 어울리는 자연경관을 연관 지어 얘기하고 있다.

촉석루에서는 많은 인물들의 자취를 만날 수 있다.

주련이나 현판을 쓰고 기문을 쓴 사람들은 하나같이 당대의 인물이나 예술계를 대표하는 사람들이다. 현재 걸려 있는 시는 아홉 편에 불과하지만 연구에 따르면 270여 명의 시인과 500여 편의 촉석루를 읊은 시가 조사되고 있다. 모두가 이름 있는 시인들이다. 조선 초 정승을 지낸 경재 하연의 시는 서쪽 편에 걸려 있다. 감사가 되어 경상도에 가는 남지에게 주는 시로써 "만약 여기에 올라 좋은 자취 남기려면, 아름다운 글을 지어 우리 고을 적어두게"라고 하는 내용처럼 진주와 함께한 촉석루의 글이 바로 명성을 남기는 일임을 알 수 있다.

그 옆의 바로 남쪽에는 탁영 김일손의 "진양수계서"가 걸려 있는데 이는 조선 초기 진주에서 영남 사림을 중심으로 조직된 친목단체 금란계의 서문이다. 진주목사를 비롯하여 각지의 전 현직수령들을 비롯한 유명 인사들의 이름이 무려 31명이나 적혀 있다. 이처럼 촉석루는 수많은 시인 묵객과 당대 최고의 인물들이 교류하는 핵심 장소임을 알 수가 있다.

그러나 촉석루는 유명인들만의 공간은 아니다. 내 어린 날 촉석루 아래에서 기둥을 붙잡고 술래잡기하던 기억, 그 후 육이오 전란에 불탄 자리에서 거적을 깔고 공부하던 기억들은 새로 지은 촉석루에 오를 때마다 되살아나는 아련한 기억이다. 여름날 시원한 바람이 그리워 올라보면 할 일 없는 노인들, 지나는 관광객들이 더위를 식히며 앉아 있다.

작년에는 차의 날을 기념하여 이곳에서 작고 차인들에 차를 올리는 헌다례에서 헌관을 했다. 30년도 전에 진주 차인들이 중심이 되어 전국 차인들을 촉석루에 모셔서 차의 날을 제정 선포했기 때문이다. 금년 논개제 때에는 민속보존회에서 교방문화 체험행사도 했다. 들어설 자리가 모자랄 만큼 사람들이 촉석루를 꽉 메웠다.

이처럼 촉석루는 단순한 아름다운 경관 이 아니라 그 속에서 사람들의 웃음과 교류가 있고 문화를 만들어가는 삶의 공간이다. 육이오 남침전쟁으로 불타버린 것을 진주 고적보존회가 주관하여 다시 지은 것이 지금의 촉석루다. 이때 쓴 성환혁의 중건기에는 대들보는 강원도 설악산에서 가져오고 주춧돌은 창원의 명곡산에서 내어왔다고 적고 있으며 누각이 파괴되어 없어졌다가 새로 지어짐은 그때그때 나라를 돌보는 데 있어 잘 다스려지던 세상과 어지러운 세상을 미루어 알 수가 있다고 했다. 오늘날 정권을 잡은 자는 마땅히 정치를 한번 새롭게 함을 이 누각과 같이 생각하라고 강조하고 있다. 전국적인 화제를 불러온 재건 사업임을 알 수가 있다.

촉석루는 자연의 아름다운 경관과 진주 사람들의 아름다운 마음이 합쳐진 건축예술의 꽃이다. 창건 후 아홉 번의 중수가 말해주듯 역사의 수난 속에서도 꾸준히 지켜온 끈질긴 진주인의 자존심이다. 오늘도 나는 촉석루에 올라 그 자존심을 가슴에 담고 사는 진주 사람들 의 꿈을 본다.

韓/石/根

《월간문학》《시대문학》 등단. 경남수필문학회, 대표에세이 회장 역임. 저서 《슬픔은 강물 위에 노을이 지고》, 《마음의 선물》 외. 국제펜클럽 울산광역시 위원회 부회장, 한국문협 회원, 국사편찬위원(자료조사위원)

다리 밑에서 주워온 아이

선교사이면서 의사이던 미국인 알렌N.H.Allen은 《조선견문기》에 조선의 나루와 다리를 1900년 초기에 다음과 같이 기록했다.

'조선의 다리는 놓았다 떼었다 할 수 있기 때문에 장마철이 되면 철거를 했다가 비가 개이면 다시 놓는다.' 고 했다. 다리가 없을 때는 나룻배가 다니고 비가 개이면 다시 다리로 강을 건넜다.' 고 박창희는 그의 저서에서 말하고 있다.

이 다리와 우리 민족은 깊은 인연을 가지고 있는 것 같다. 어릴 때 한 번씩은 들었음직한 말, "나는 네 어머니가 아니다. 너는 다리 밑에서 주워온 아이다."라면 울면서 아니라고 떼를 쓰며 엄마에게 매달렸던 일. 분명 어머니의 치마 속에서 낳은 아인데 알지도 못하는 다리 밑에서 주워왔다면 그렇게 서러울 수가 없었다.

다리는 단지 편리함을 위한 길을 연결하는 용도로만 사용하는 것은 아니다. 정약용의 '목민심서' 에 그 해답이 있다. '다리라는 것은 사람을 건너가게 하는 시설이다. 날씨가 추워지면 응당 가설해야 하고, 상강날엔 마땅히 명을 내려 걸어서 건너다니는 다리를 놓게 하고, 입동날에도 즉시 명을 내려 차마車馬가 다닐 교량을 수리하게 해야 한다.' 고 예부터 백성에게 편리하게 했다.

경북 영주시 순흥에 가면 '청다리' 가 '다리밑의 자식' 이야기의 발원지라고 한다. 청다리의 원조는 죽계제월교竹溪濟月橋라고 한다. 금성대군이 순흥부사 이보흠 등과 힘을 합쳐 단종 복위 거사를 준비하다 탄로 나게 되어 사형을 당할 때 동조했던 수백명의 이 지역 선비들과 가족들이 처형되었다. 1457년의 정축지변으로 비운의 역사에 기록되어 전해오고 있다. 이때 겨우 살아남은 어린아이들이 청다리 밑으로 피신해 숨어 살았다. 난이 평정되고 후일 다리 밑 아이들을 데려다 키운데서 '다리 밑에서 주워온 아이' 이야기가 생겨난 계기가 되었다. 이후로 순흥 죽계천의 제월교는 개성송도의 선죽교와 함께 한동안 충절의 상징으로 세인들의 입에 오르내렸다. 단 다른 이유로 과거 조선시대 때 성원에서 공부하던 유생이 마을 처녀와 사랑을 맺어 낳은 아이를 몰래 다리 밑에 버린 것을 주워다 키운 데서 유래되었다는 잘못된 소문도 퍼져갔다.

청다리의 청靑자는 '우거지다' 란 의미로 여성의 다리를 뜻해 역경에서 생명을 이어온 아이들을 다리 밑에서 주워왔다는 것은 은유로 해석해 이 또한 한국인들의 삶의 해학이기도 하다. 사실 어머니의 다리 밑은 인류문명의 발상지이듯, 생명의 시원지始原地, '인간 태고의 안식처' 이기도 하며 또 다른 속어로 '쾌락의 수정궁' , '욕망의 해방구' 라고 비약하기도 한다.

몇 해 전 청다리의 원조를 찾아 죽계제월교를 찾아갔더니 개울물이 마른 다리 밑에는 노인들이 장기와 화투놀이를 하며 세월을 엮고 있었다.

'놓세 놓세 배틀 놓세 옥란강에 베틀 놓세
베틀다리 양네다리 연애다리 양두다리 –'

'안동시 서후면 삼베마을에서 할머니들이 삼베를 짜며 불렀던 베틀소린데 다리와 삶과 인간 본연의 성性이 물씬하게 느껴진다.' 고 안창희는 그가 쓴 수필에서 말하고 있다. 어쩌면 한곳의 숨은 역사를 같은 맥락에서 이리도 전해오는 이야기를 밝힐 수 있을까? 다리 밑에서 주워온 아이는 결코 우연한 말이 아닌 것 같다.

이화여대 교육학과 졸업. 《경남문학》 제1회 신인상 수상 등단. 《수필문학》 천료. 남명문학상신인상, 경남문협 우수작품집상 수상. 한국문화예술위원회 창작지원금 수혜. 수필집 《시간의 켜》. 월간 《곰절》 편집위원. 경상남도 정기간행물 심의위원, 창원대 평생교육원 수필창작 출강

한/후/남

이글거리는 욕망의 덩어리

올해(2012년)의 노벨 문학상은 중국 소설가 모옌(莫言)에게로 갔다. 스웨덴 한림원은 "판타지와 리얼리티, 역사와 사회에 대한 인식을 결합해 윌리엄 포크너와 가브리엘 가르시아 마르케스 작품의 복합성을 연상케 하는 작품 세계를 창조했고 중국 전통 문학과 구비 문학의 전통에서 그 출발점을 찾아냈다"고 평가했다. '글로 표현할 뿐 말하지 않는다' 는 필명처럼 모옌은 과묵한 사람으로 알려져 있다. 그가 1987년 발표한 소설 〈홍까오량 가족〉은 이듬해 장이머우 감독에 의해 영화(〈붉은 수수밭〉, 공리 주연)로 만들어 졌다.

문득, 시야 가득 붉은 수수밭이 펼쳐지고 있다.

영화는 한 소년의 내레이션으로 담담하게 시작한다.

"그해 7월 9일, 조모는 오십 넘은 문둥이에게 시집을 갔다."

'면사포를 벗지 마라, 액운을 당한다. 가마에서 울지 마라, 불행해진

다'

검붉은 황토가루를 휘날리며 가마꾼들이 소리를 한다. 가마가 신랑 집에 당도할 때까지 신부를 골려먹는 풍습이 중국에서는 대대로 전해져 내려온다.

잔치도 끝나기 전에 새신랑이 안 보이네/ 어디 갔을까 새색시가 보고 싶은 신랑은 각시방에 숨어들었지/ 얼굴에는 검버섯 코는 납작코에 깜빡이는 두꺼비눈/ 추한 얼굴에 목은 닭살 머리에는 들끓는 이/ 그래도 내 사랑 귀여운 내 각시!/ 무서운 새색시가 맙소사! 나를 타고 앉네/ 사타구니를 헤치네 나를 구해줘!/ 아야야 귀여운 것 귀여운 내 각시!

주인공 추알(공리)은 오십 넘은 문둥이 신랑에게 당나귀 한 마리에 팔려서 시집가느라 심기가 편치 않다. 설상가상 가마꾼들이 노래를 부르며 미친 듯이 가마를 흔들어대는 통에 어질머리를 앓는다.

하늘과 땅이 합쳐져서 눈앞이 뱅뱅 도는 가운데도 츄알은 휘장을 들치고 몰래 가마꾼들의 행동을 엿본다. 웃옷을 벗어 제친 가마꾼들의 우람한 몸집이 츄알의 호기심을 자아낸다. 발을 내디딜 때마다 불끈거리는 떡 벌어진 어깨와 알통으로 꽉 찬 다부진 팔뚝이 젊디젊은 츄알의 성감대를 자극하고 있다. 희롱하는 가마꾼의 끈적이는 소리와 황토바람에 미친 듯 서걱거리는 붉은 수숫대는 인간의 원색적 본능이 춤을 추는 것만 같다. 그때, 츄알은 미처 상상도 하지 못했으리라. 신행길이 자신의 앞날을 집어삼킬 전초였다는 것을….

문둥이 신랑이 운영하는 십팔리 고개의 양조장은 술을 사러 오는 사람 말고는 인적이 드문 곳이다. 황토언덕에 거대한 굴렁쇠처럼 세워진 양조장의 관문이 장관이다. 해와 달조차도 그곳을 거쳐야만 뜨고 지고 할 수 있는 것처럼 보인다. 츄알의 운명도 그 관문을 거치면서 비장한 말로를 맞게 된다.

〈붉은 수수밭〉으로 88년 국제 영화제에서 그랑프리를 거머쥔 것은 장이모 감독이 신기에 가까운 예술성으로 완벽한 화면을 추구한 공일 터이다. 검붉은 수숫대를 이글거리는 태양을 바탕으로 끊임없이 나부끼게 하여 인간의 추악한 욕망으로 환치시켰다. 인간들은 너 나 할 것 없이 욕망의 늪에 한 발을 깊숙이 빠뜨린 채, 수렁인줄도 모르고 질척이는 삶을 살아간다. 이런 인간의 원초적 욕망을 섬뜩할 정도로 유출해낸 것은 장이모 감독이 아니면 불가능한 일로 보인다. 그의 예술성은 북경올림픽 개막제에서도 유감없이 발휘되었다.

수숫대는 주변에서 불어대는 모진 바람에도 끄떡하지 않고 끊임없이 눕고 또다시 일어난다. 그래서 김수영 시인은 풀을 '바람보다 먼저 눕고, 바람보다 먼저 일어난다.' 고 했던가.

문둥이 신랑이 의문의 죽음을 당하고 츄알은 떠나려는 일꾼들을 불러모아 양조장이 잘 되면 이윤분배를 하자고 제의한다. 문둥이 신랑의 흔적을 지우고자 츄알과 루오한은 집안 구석구석에 붉은 고량주를 뿌려 소독을 한다. 츄알의 얼굴에 뿜기는 고량주 방울이 자유를 만끽하려는 환희로 바뀌어 눈부시게 반짝거린다.

9월 9일 중앙절, 츄알의 생일날, 고량주가 붉게 잘 익어 주신酒神께 감사제를 드릴 때, 느닷없이 한 사나이가 나타난다. 결혼하고 3일 만에 나귀 타고 친정으로 신행 갈 때, 츄알을 수수밭에 납치해서 몰래 범한 바로 그 가마꾼이었다. 공들여 빚어놓은 술독마다 오줌을 찔끔거리며 행패를 부린다. 뜯어말리는 일꾼들에게 자신이 사실상, 남편임을 주장하며 츄알을 안고 침실로 들어간다.

이튿날 새벽, 루오한은 고량주 맛을 보고 깜짝 놀란다. 주정뱅이가 심통으로 오줌을 갈긴 술독의 술맛이 의외로 다디단 것이 아닌가! 그길로 루오한은 새 주인에게 츄알과 양조장을 맡기고 사라진다.

십팔리에도 일본군이 쳐들어와 마을 주민을 강제 동원해 군용도로를 닦는데 혈안이 되었다. 음식과 노동력을 강탈하면서도 고분고분 복종하지 않는 사람들을 잔인하게 처형했다. 마을에 피바람이 불고 간 후, 츄알은 일꾼들을 종용한다. 진정한 사나이라면 동료의 원수를 갚으라고. 치밀한 계획을 짜 일본군 트럭이 다니는 길목에 폭발물을 설치한다. 츄알은 일본군 총알을 맞고 비참하게 쓰러지고 엄마를 부르는 아이의 절규가 붉은 해를 삼키고도 황량한 수수밭을 끝없이 울려 퍼져나가고 있다.

엄마 엄마 극락으로 가/ 순풍에 돛 달고 큰 배 타고/ 이 세상 근심일랑 모두 떨쳐버리고/ 엄마 엄마 극락으로 가

느닷없이 마른하늘에 개기일식이 벌어지며 아들아이의 간절한 기도가 멀리멀리 퍼져나가고 있다. 세상의 어미들은 가슴이 천 갈래 만 갈래로 찢어지며 귓가에 아들의 진혼곡이 쟁쟁 울려 퍼질 것이다.

허/익/구

《한국수필》로 등단. 한국수필작가회 회원. 한국경영교육학회 회장, 경남과학기술대학교 교수, 불교신문 논설위원, 시사코리아뉴스 논설주간

교수들의 방

담쟁이가 건물 벽을 뒤덮고 열대성 종려와 푸른 잎사귀들이 한눈에 들어오는 곳, 소나기 내리는 날이면 개잎갈나무 사이로 빗질하듯 물방울이 떨어지고, 겨울이면 하얀 눈이 흩날리는 것을 보며 차를 마시고, 음악을 듣고, 책을 읽는 곳, 땀과 열정이 있는 나의 연구실 풍경이다.

교수들에게는 더없이 편한 안식처 같은 연구실도 학생들에게는 드나들기 어려워하는 곳 중의 하나이다. 그것은 내가 대학을 다니던 시절이나 수십 년이 지난 지금이나 마찬가지인 것 같다. 연구실 또한 사무실을 겸한 공적인 공간이긴 하나, 혼자 근무하는 곳이라 특별한 일이 없으면 찾아가기가 쉽지 않은 곳이다. 딱히 근무 시간이 정해져 있지 않아 밤늦게까지 책을 읽거나 연구를 하는 곳이기도 하며, 경우에 따라서는 편한 차림으로 있을 때가 많다. 그럴 때는 학생들뿐만 아니라 동료 교수라 할지라도 드나들기가 그리 쉽지 않은 곳이다.

연구실에는 책이 가득 쌓여 있고, 가끔씩 방문객이 들고 온 음료수 박

스에 낡은 소파와 여럿이 토론할 수 있는 긴 탁자가 놓여 있게 마련이다. 취향에 따라 커피 내리는 기구를 두는 사람도 있고, 나처럼 차를 즐기는 사람은 티 테이블에 다기 세트를 따로 마련해두기도 한다.

학문의 성격에 따라 꾸며놓은 모습에서 차이를 보이기도 하는데 인문 · 사회과학분야의 교수 연구실은 주로 서적이나 논문을 비롯한 각종 인쇄물들이 이곳저곳에 산재해 있는가 하면, 이 · 공학 전공자들의 방에는 실험도구나 각종 장비 또는 연구물의 잔해인 쇳조각이나 전선들이 마치 고물상을 방불케 하는 곳도 있다.

사람의 겉모습에서도 그 사람의 성향을 짐작해 볼 수 있듯이 연구실의 분위기 속에서도, 사용하는 사람의 취미와 인간미를 가늠해 보기도 한다. 문을 노크를 하면, 누군가를 꼭 확인하고 열어주는 주는 분도 있고, 바닥을 가정집 거실처럼 장판이나 나무를 깔고 문 앞에 실내화를 갖다 놓은 사람도 있다. 자루걸레를 문 앞에 펼쳐두고 신발의 먼지를 닦고 들어오도록 해둔 까다로운 공간에는 들어가기가 망설여지기도하고 대화의 문을 열기까지는 무척 조심이 되기도 한다. 그런 반면에 온갖 자료와 책들이 여기저기 흩어져 있거나 정리가 안 되어 있는 공간에 들어가면 격이 없어 편하기도 하고 자유분방하다는 느낌이 들기도 한다.

공자 가어에 보면 이런 말이 있다. 수지청 즉무어, 인지찰 즉무도水至淸 卽無魚, 人至察 卽無徒라 즉 '물이 맑으면 고기가 살지 못하고, 사람이 약으면 친구가 없다.'

인생살이가 다 그렇듯이 지나치게 완벽을 추구하면 피곤해지고 스트레스를 많이 받게 마련이다. 개성을 버리라는 뜻은 아니지만 적당히 때도 묻고 누구든 들어갈 수 있는 여백이 있어야 상대방이 부담을 갖지 않는다는 사실을 새삼 깨닫는다.

개인에게 연구실이 배정되었다고 해서 그 공간이 한 사람만을 위한 공간은 아니다. 학생들이 드나들고 교직원들뿐 아니라 누구라도 필요로 하는 사람이라면 자유롭게 드나들 수 있는 공간이어야 하는데 교수들의 연구실은 개인의 방처럼 인식되어버린 지 오래이다. 언젠가 연구실 바닥에 멍석을 깔고 좌식으로 사용한 적이 있었다. 학생들이 면담을 오게 되면 멍석에 앉아 차를 마시고 대화를 하다 보니 가부좌에 익숙하지 않은 학생들은 진땀을 빼기도 했다. 학교 보직을 맡고 있을 때라서 결재를 받으러 오는 직원들도 바닥에 앉아 결재를 받았으니 얼마나 불편했을까 하는 미안한 생각이 지금에 와서야 든다.

요즈음은 최대한 방문자를 위한 배려를 하려고 노력한다. 가끔은 제자들이 들어와서 어느 쪽에 앉아야 할지 망설이는 것을 본다. 그도 그럴 것이 내가 앉는 곳은 기댈 곳도 없는 원목 탁자이고 건너편에는 푹신한 안락의자가 놓여 있으니 나보다 편안하게 앉기가 민망했던 것이다.

그런 경험으로 어떤 것이 남을 위한 배려인가를 생각해 보기도 한다. 일반적이고 보편적인 것이 사람들에게는 익숙해져 있다. 지나친 배려는 오히려 상대방을 불편하게까지 한다.

교수들의 방은 사물의 이치를 규명하고 진리를 밝히는 지식의 산실이다. 연구실이라 하면 학문을 갈구하는 자들은 누구든 찾아와서 묻고 토론하는 장소가 되어야 한다. 그런 곳이 불편하지 않도록 적절한 분위기를 조성해 주는 것도 방주인의 배려일 것이다.

연구실의 분위기는 나의 성향을 반영하고 있기에 어쩌면 자화상 같은 것이다. 방문자 누구라도 편하고 친근함을 주는 자화상을 그리는 마음으로 내 연구실의 문을 활짝 열어둔다. 내 마음과 함께…….

허 / 표 / 영

월간 《수필문학》 등단. 수필집 《그대를 위한 시간》. 한국문협 · 경남문협 · 진주문협 회원, 한국수필문학가협회 · 수필문학추천작가회 이사. 전 진주진서중 · 고등학교 교장

금잔옥대 金盞玉臺

길고 추웠던 겨울을 이겨내고 화단에 수선화 몇 포기가 피어났다. 연약한 줄기에 단아한 꽃이 달렸다. 하얀 꽃부리에 노란 부화관이 맑고 순결하다. 꽃을 보니 공곶이 할아버지의 얼굴이 떠오른다. 할아버지는 관람을 온 우리들에게 꽃 인경을 몇 뿌리씩 쥐어주며 소박하면서 편안한 웃음을 보였었다.

몇 해 전 지인들과 함께 공곶이 농장엘 들른 일이 있다. 섬이 숨겨놓은 마지막 비경인 농장은 예구마을에 차를 세우고 비포장 언덕길을 약간 숨이 차게 올라야 했다. 종려나무 숲이 먼저 반기는 언덕 꼭대기에 농원을 안내하는 입간판이 섰다. 40년이 넘는 세월을 평범한 농부 부부가 정성을 쏟아 부은 곳이다. 꽃이 피면 노란 수선화가 푸른 바다와 하얀 돌밭과 어울려 수채화 같은 화폭을 만든다. 계절을 잘못 찾아들어 꽃은 만날 수 없고, 대신 안행덕의 시 수선화 한 편이 떠오른다.

‘고단한 세월, 깊은 한숨은/ 잔잔한 수면 위로/ 노랗게 풀어서 조용히 흘려 보내시고/ 수줍은 미소로 그렇게 피어나셨다.’

언덕에서 나무 사이의 좁은 돌계단을 밟고 한참을 내려갔다. 길 양쪽에 동백나무가 초록 잎에 빨갛거나 흰 꽃을 달고 반가운 인사를 하고 있다. 사이사이에 종려나무와 설유화, 조팝나무 등도 얼굴을 내밀며 아는 체를 한다.

거의 바다까지 내려가서야 농원의 전경을 만날 수 있었다. 해변은 온통 몽돌 밭이다. 크고 작은, 둥근 돌들이 전 해안을 덮고 있다. 세상엔 각이 진 모양은 없는 것이라고 속삭이는 것 같다. 감청색 바다를 넓게 깔아놓고 정겨운 경관의 내도도 앉아 있고, 멀리 해금강의 절경도 아련했다.

돌담장 안쪽, 비닐하우스 안에서 구부중한 노인 한 분이 나왔다. 손에 계란형 꽃 구근을 들고 있다. 수선화 뿌리다. 80이 된 나이지만 아직도 일을 놓지 않고 있는 농원 주인 할아버지다. 4만 5천 평이 넘는 해안 절벽의 척박한 토지를 이 섬의 8경으로 만들어 놓았다. 이곳 공곶이의 신화 같은 인물이다.

다듬어 놓은 밭에 실뿌리가 돋은 수선화 인경을 심고 있다. 옆에 있는 서너 개의 부대에 구근들이 가득 담겼다. 지금 심어두면 새봄에 꽃줄기가 나와 20~30cm 쯤 자라고, 끝에 꽃이 핀다. 여린 꽃받침에 귀여운 입술을 오므려 내미는 것 같은 모양이다. 노란 꽃 세상을 연다. 희거나 등홍색의 꽃들이 우리들도 있다며 눈길을 끌어갈 것이다.

수선화는 활짝 핀 자기의 모습에도 반할 정도로 단아하고 청초하다. 일찍이 나르키소스라는 미소년은 자신을 사랑할 만큼 자의식 과잉에 빠졌다. 숲속의 요정 에코의 사랑을 받아들이지 않은 죄로 네메시스의 벌을 받는다. 그는 에코의 메아리를 귀로 흘리며 호수에 비친 제 모습에 반한다. 하염없이 황홀하게 바라보다가 물속으로 빨려들게 된다. 자기 모습에 반해 죽음까지 다다른 지독한 자기애다. 아름다운 소년 나르키소스가 수선화로 태어났다.

할아버지는 결혼하고 이 해안에 반했다. 자신의 전부를 바치며 이곳에 머물렀다. 경사진 박토를 사들이고 농원으로 가꾸어나갔다. 주변 사람들은 손가락질하며 비웃었지만 그는 자신의 하는 일에만 빠져들었다. 푸른 나뭇잎을 보면서, 꽃대에 올라오는 꽃을 바라보면서 즐거움에 빠져 살았다. 자아도취의 생활이었다. 곡식을 재배하는 토양은 많이 필요하지 않았다. 토질과 해풍에 적응하는 나무와 꽃을 심어갔다. 반세기 가까운 세월이 흘렀다. 전국에서도 이름난 수선화와 종려의 명산지로 태어났다. 할아버지는 일종의 자아사랑 중독자다. 자기의 모습에 빠져 살아가면서, 다시 수선화로 태어날 것으로 믿고 있는지 모를 일이다.

손에 쥐어준 수선화 구근을 쳐다보며 꽃을 내가 반할 수 있을 만큼 매혹적으로 피워낼 수 있을까 염려되었다. 할아버지처럼 자신의 전체를 한 가지에 몰입하며 산다는 것은 행복한 일이다. 스스로의 모습이나 일에 반해서 자신을 던지는 사람은 축복받은 사람이다. 모든 것을 바치는 것은 누구나 할 수 있는 쉬운 일이 아니다. 내 모습이든, 어떤 다른 대상을 향하든 스스로를 잃어버릴 정도로 빨려들어 볼 일이다. 몰입은 희생이 따르지만 새로운 탄생을 불러오기도 한다. 할아버지 농장에서 순수하고 그윽한 희생은 꽃으로 피어났다.

차가운 계절에 찾아온 탓으로 활짝 핀 꽃을 보지 못해 아쉽다. 그렇지만 인생의 구근을 땅에 깊숙이 박고 그 결실의 꽃을 피워 올린 농원의 주인을 만난 기쁨이 피었다. 돌담장을 끼고 돌아 나오는데 동백꽃이 다시 보자며 인사를 한다. 언덕에서 바라보는 해안경관은 그림 잔치를 끝낸 낙조가 잔상을 거둬들이고 있었다.

꽃을 본 며칠 후, 나는 궁금증을 견디지 못하고 할아버지의 수선화농장을 찾아 나섰다. 농장은 몰라보게 변한 모습이었다. 해안의 산기슭을 덮은 노란 색의 꽃 천지는 장관을 이루었다. 비어 있는 들에 구근을 꽂던 황량한 모습과는 딴판이었다. 꽃은 오염 안 된 바다와 새 생명이 돋은 신록과 어우러지며 환상적인 동화의 세계를 꾸며놓았다. 수선화는 꽃잎이 6장으로 흰색이고 그 안쪽에 술잔 모양의 노란 부화관副花冠이 아름답다. 그 모양이 옥잔대에 담긴 금빛 술잔 같아서 금잔옥대라고도 부른다. 계절을 맞추어 잘 찾아와 깨끗하고 고운 선물을 받고 있다.

그러나 농장을 살피고 다녀도 할아버지의 모습은 발견할 수 없었다. 하얀 꽃잎 옥잔대로 받친 노란 금잔에 그동안의 노고를 위안 드리는 마음을 담아드리고 싶었는데 서운하고 아쉬웠다. 요즘 같은 세상에 이런 귀한 잔을 받을 만한 분이 그리 쉬운가. 수많은 꽃들이 눈앞에서 자태를 흐리며 어른거렸다.

허 / 학 / 수

경남 산청 출생. 중등교장 퇴임. 수필문학추천작가회 전국회장, 경남수필문학회장 지냄. 수필집 《짧은만남 긴이별》《사랑과 미움의 세월》《아름다운 용서》《산청민요집》 등. 현재 한국수필문학회 부회장, 산청문화원 부원장, 향토문화연구소장. 소게농원掃憩農園 가꾸기

등신等神 바보는 아닌데

벌써 몇 년 전인가 보다. 그날도 오늘처럼 낙엽이 포도 위에 뒹굴고 있었다. 수없이 많은 행인 중에서도 하필이면 내 앞에 자가용이 멈췄다. 회사가 망하여 대량처분한다면서 티셔츠 한 개에 이천 원이란다. 하도 싸서 다섯 개를 샀다. 며칠 후 시장에 들르니 그와 같은 것을 싸구려판에서 다섯 개에 오천원하였다.

그것뿐이랴. 북풍이 몰아치는 겨울밤이었다. 퇴근길에 만난 멸치 장수였다. 떨리는 마이크 소리가 몹시 처량하고 안쓰러워 그만 동정심이 생겼다. 거기에다 한 포에 겨우 천원이라고 외쳐대니 그냥 지나칠 수 있으랴.

일찍이 멸치는 내 식탁의 동반자이다. 멸치만큼은 아무리 크고 통통하여도 버리는 것 하나 없이 죄다 삼키는 식성이다. 오랫동안 먹고 나서 시장에 갔더니, 그런 멸치는 잘 먹지도 않을 뿐더러 가축 사료용으로 쓰인다는 것이다.

나는 시장 가기를 좋아한다. 굳이 볼 일이 있어서가 아니라 무료하고 갑갑하여 짜증이 날 때면 으레 시장길에 나선다. 장터 구석구석에는 눈동자가 쉴새없이 볼거리가 많고, 이곳저곳 속삭이며 손익을 언질하는 서민들의 애환을 엿볼 수 있다.

세상을 살면서 남을 속이는 것보다 몇 번쯤 속는 것도 경험이고 인생이다. 아니, 맞은 사람이 발 뻗듯이 매몰차게 때리는 것보다 상처받는 아픔도 성숙의 과정이다.

지난날 교직에 있을 때였다. 교무실에는 날마다 두어 사람씩 보따리 행상이 드나들었다. 나는 그들이 올 때마다 하나라도 사는 것이 습관처럼 되었다. 그날도 등산용 버너를 많이 에누리하여 구입한 것이다. 그때 마침 경찰서 순경과 군청 직원이 한집에 세들어 살았었다. 그런데 요행이 마음이 통했는지 돌고도는 상인한테서 똑 같은 물건인데 세 사람은 가격 차이가 있었다.

떠도는 상인들끼리 하는 말이 있다. 장사가 안되는 날이면 학교에 가보라고 충고를 한다는 것이다. 다른 데서는 못 팔아도 거기 가면 팔 수 있다는 그들끼리의 장담이고 신호이다. 정저지와井底之蛙란 말일까. 아마도 정직하고 순진하기보다 어리석고 모자란다는 정보이고 조롱일 것이다.

사노라면 거짓은 굴곡된 삶의 긴요한 무기이다. 장님의 마을에서는 애꾸눈이 이장을 하고도 남는다. 어리석고 못난 사람이 바보 등신이라면 영리하고 잘난 사람은 위장전입 기만투기에 명수일까.

시들고 부패된 것은 속에다 숨겨놓는 과일 장수를 그 누가 원망하랴. 생선에다 색소를 풍겨 싱싱하다고 외치는가 하면, 심심유곡 산사 앞에 진열한 탐스런 산채도 바다를 건너고 국경을 넘어온다.

나는 오늘도 시장길을 걷고 있다. 우선 차를 타면 시간이 절약되어 좋지만, 걸어가면 교통비도 아끼면서 건강에 더욱 좋다. 골목 어귀의 재래시장에서 초라한 할머니가 떨이라고 애걸하는 바람에 싹쓸이하였더니, 이내 그 자리에 그 물건 다시 놓고 또 앉아 있는 것 아닌가.

그날도 시장 가는 버스였다. 무거운 책가방을 안고도 일어서는 학생에게 아예 거절하였다. 그런데 새파란 젊은이가 곁에 서 있는 나는 본체만체하더니, 뒷사람에게는 자리를 얼른 양보하였다. 내심 호적부엔 내가 먼저일 것 같았지만, 나를 젊다고 착각하는 데야 무조건 오기를 부릴 수도 없었다.

엊그제는 저잣거리에서 만난 제자가 '선생님은 옛날 그대로입니다. 저희들과 같이 늙습니다' 라고 한마디 던지지 않는가. 사람이 어찌 젊어질까마는 '선생님, 어디 아프십니까' 하는 쓴소리보다는 긍정과 희망을 심어주는 그 한마디가 내 여정의 활력소가 되었다.

나는 이것저것 비교하면 바보도 아니고 등신은 더욱 아니다. 역지사지易地思之라고 했듯이 회사가 망한 젊은이에게 길에서 옷 사주고, 엄동설한 야밤중에 멸치포대 덜어주고, 직장 찾은 행상인에게 짐 풀어 가볍게 해 준 것이 무슨 치매 천치란 말인가.

시장은 교역의 마당임은 말할 것도 없다. 그 시절, 삼십 리 길 장터 구경이 간절하여, 겉보리 짊어지고 고갯마루 헤매던 그해 여름이 지금도 잊혀지지 않는다. 썩은 갈치 두어 마리, 참외 몇 개와 맞바꾸어 돌아오는 해거름 두 어깨는 배고프고 지루하여 눈물까지 보였었다.

고래로 시장은 여론의 광장이요 대중의 문화 공간이다. 어제는 시장바닥을 헤매다가 청바지를 사고 지게도 샀다. 일곱살 때 아버지께서 맞춰주신 그 소나무 지게는 찾을 길 없고, 녹슨 쇠목발이 눈길을 주었다.

이제는 내 고장 시골 장터는 문을 닫은 지 오래이다. 젊어지고 걷고, 걷다가 다시 쉬어가던 닷새만의 시장도 사라져버렸다. 선술집 목로에서 향수어린 대폿잔도 나누지 못하고, 한을 담은 파장의 권주가도 들을 길이 없다.

나는 지금 중앙거리 상설시장으로 발길을 옮긴다. 오늘은 엄동설한 눈비가 와도 장바닥을 기어다니는 그 불구 행상인을 꼭 만나야겠다. 몹쓸 놈의 손모가지, 지난날 왜 쇠돈만 잡고 벌벌 떨었을까. 당장에 내 입을 한 구멍 막더라도 종이돈을 푹 집어서 넓빤지에 살짝 놓아야겠다.

작업복과 일꾼신은 질긴 것보다 바람 일고 편안해야 제격이라고 한다. 모르면 묻고 돈 많이 주면 물건 좋다는 명언을 알면서도 혼자 꿍꿍대는 내 모습이 참으로 처량하다.

시장에 가면 이런저런 세상 사는 이야기가 있다.

황 / 광 / 지

1995년 《한국수필》로 등단. 경남문협 우수작품집상 수상. 수필집 《로마의 단감나무》 《덤》. 가향 동인, 창원 · 경남 · 한국문인협회 회원. 마산지역자활센터 관장

배우들의 힘을 빌어서라도

모 방송국에서 방영된 〈더킹 투하츠〉라는 드라마에 빠져들었다. 정말 이런 일들이 이루어지면 좋겠다는 염원으로, 잘 보지 않는 수목드라마에 줄곧 매달렸다. 드라마의 세계가 가상적인 것임을 모르는 것은 아니지만 남과 북을 드나들며 이루어지는 훈련프로젝트나 남한 왕과 북한 처녀가 혼인하기 위해 만나고 일어나는 일들을 보면서 판타지로만 치부할 수는 없었다. 같은 민족이며 같은 뿌리임을 부인할 수 없는 남과 북.

중국에 체류하는 탈북자들이 체포되었다는 소식이 암암리에 전해지고 있는 실정이다. 다행스럽게 중국에 체류하는 탈북자들을 북으로 강제송환하지 마라는 목소리가 사회 곳곳에서 울려나고, 지구촌 곳곳에서도 이 일에 주목하고 있다. 인권과 난민협약의 원칙에 따른 인도적 처리를 하라는 국제사회의 대응에 완강하던 중국도 탈북자를 막무가내로 처리하지 못하는 상황에 놓여 있다는 소식도 들린다. 인권개선과 통일을 준비하는 일부 단체나 몇몇 사람들의 뜻만 아니라, 국가적으로 국제적으로 탈북자나 새터민들의 삶을 옹호하는 기회가 마련되기를 바라고 있다.

나는 얼마 전 한 새터민을 만나게 되었는데 매우 놀랐다. 뇌졸중 후유증으로 말도 매우 어눌하게 하고 인지능력도 떨어지는 사람인데, 어떻게 탈북하여 여기까지 무사히 왔을까 하는 의문이 매우 컸다. 게다가 여동생이 있는 경남으로 왔다는 것이 참 다행스럽기까지 했다.

오래전에 먼저 탈북해서 정착하여 간호사 자격을 갖추고 큰 병원에서 근무하고 있는 여동생 집을 방문하면서 궁금증이 풀렸다. 여동생은 서울에서 만난 사람과 결혼하여 예쁜 딸아이와 행복하게 살고 있었다. 이쪽 생활이 완전히 몸에 뱄고, 전문직 여성으로서의 자긍심이 충만한 커리어우먼이었다. 북한에서 부모님은 세상을 떠났고, 큰오빠가 병을 앓고 난 뒤 작은오빠 부부와 함께 살고 있었단다. 큰오빠가 눈칫밥을 먹고 있다는 짐작을 하면서 그 여동생은 브로커를 사서 오빠를 한국에 데려오는 작전을 세웠다고 했다. 오빠는 북한땅에서 밥상 앞에 앉아 있다가 졸지에 어디로 가는 줄도 모르고 브로커를 따라 나섰다. 한국의 여동생과 브로커가 휴대전화로 연락을 취하면서 007첩보작전 같은 과정을 거쳤다. 정신이 온전하지도 않은 사람이 감쪽같이 한국으로 오게 되다니 그야말로 기가 막힌 일이었다.

더 놀라운 것은 그 여동생이 오빠에 대한 정이 얼마나 큰지 속으로 감탄하지 않을 수 없었다. 어린아이처럼 손님을 앞에 두고도 스마트폰을 가지고 노느라 여념이 없는 오빠인데도 불구하고, 함께 사는 희망을 불어넣어 주면서 알뜰살뜰하게 챙기는 우애가 참으로 끈끈했다. 같이 살던 사람이라도 온전치 못한 오빠라면 성가시게 여겨져서 팽개칠 수 있는 세상인데. 피붙이라고 울며불며 데려와 곁에 두려고 한 인정이 참 대단했다. 오빠도 다른 곳에 아파트를 배정받았지만 혼자 사는 것이 힘들다는 점을 내세워 함께 살려고 남편을 조곤조곤 설득시키는 정성도 눈물겨웠다. 우리민족은 본래 그런 민족이었다. 그런데, 물질문명에 쫓아 살다보니 우리는 이기적이 되어 피붙이조차도 외면하는 풍토가 만연해진 현실이 되었다.

나는 이 남매의 행적과 만남을 지켜보면서 우리민족이 가진 혈육의 정을 다시 느끼고 북한에 있는 우리민족에 대한 정서를 공감하게 되었다. 또 하나는 마음먹기에 따라서는 철통같이 생각되는 북한의 경계선을 얼마든지 넘나들 수 있구나 하는 생각이었다. 밥상 앞에 앉아 있던 정신이 온전치 못한 사람을 데려올 수 있는 북한땅이 된 것이라니! 드라마같이 생각될지 모르나 현실이었다.

드라마 〈더킹 투하츠〉를 가상적인 이야기만으로 돌릴 수 있을까? 우리의 소원이 담긴 이야기가 아닐까? 그 드라마 속에서도 남과 북의 딜레마가 곳곳에서 돌출하지만, 외세의 압력을 받거나 결정적인 때는 '우리민족' 이란 정체성으로 뭉쳐지는 것을 볼 수 있었다. 이런 드라마를 통해서 탈북하여 우리 가까이에서 살고 있는 새터민들을 많은 국민들이 이해하고 화해하는 기회가 되기를 나는 희망한다. 이미 새터민들과 손을 잡고 형제애를 나누며 울고 웃는 사람들이 많이 있지만, 대다수의 국민들은 여전히 색안경을 끼고 바라보며 마음의 벽을 허물지 않는다. 인기 있는 배우들의 힘을 빌어서라도 '우리민족' 에 대한 좋은 감정이 많이 생겨나기를 바란다.

〈더킹 투하츠〉에서 잘생긴 남한 국왕 이승기와 매력만점 북한장교 하지원이 극한의 갈등을 딛고 일치와 사랑을 이루어 나가듯, 경직된 남북관계가 풀리기를 기원한다. 언제 내가 새터민의 손을 잡고 북한에 있는 친지의 밥상 앞에 앉게 될지 누가 알겠는가. 드라마처럼 감쪽같이 이루어질 날이 올 수 있겠지.

지난 수십 년간 10만 명이 넘는 탈북자가 생겼고, 이 중 많은 사람은 중국에서 체포되고 북송되어 수용소에서 곤욕을 치르거나 다시 탈출하는 시도가 끊임없이 이루어지고 있다고 한다. 그런 중에 한국으로 무사히 들어온 2만 4천 명 가량의 새터민들이 우리 곁에서 살아가고 있다. 어떠한 핑계를 내세워도 그들을 "나 몰라"하는 것은 민족, 아니 인간의 도리가 아닌 것이다.

황 / 소 / 부

문학박사. 경남수필문학회장 역임. 한국수필가협회 회원. 《경남일보》·《경남신문》 논설위원, 경상대학교 인문대학장, 경상대학교 명예교수

멀고도 가까운 친구

나의 중학교 동기생인 P사장은 자주 e-mail로 소식을 전해온다. 나의 새해 인사에 다음과 같은 글을 보내왔다.

> 황교수
> 반가워서 얼굴을 떠올리니 가물거린다.
> 잘 있제.
> KTX로 서울-부산 두세 시간이면 오가고
> 돈 있으면 달나라에도 가는 세상인데
> 진주와 서울
> 지척이 천리란 말이 생각난다.
> 얼굴 한번 맞대 볼 수 있기를
> 빌어 보세나.

이 짤막한 글 속에서 물리적 시간적 거리는 멀지만 서로를 향한 마음의 거리는 가깝다는 사실이 함축되어 있다.

P사장은 중학교 동창생이다. 내가 울산으로 전학을 갔을 때 알게 된 친구이다. 기껏해야 일년 정도 같은 학교를 다녔지만 같은 반도 아니었기에 친교의 기회는 별로 없었다. 고교, 대학 진학이 서로 달랐기 때문에 만날 기회는 더더욱 없었지만 다른 친구로부터 간간이 소식을 전해 들었을 뿐이다. 친구로서의 친소관계를 따진다면 마음의 거리가 가까웠던 게 아니다. 이웃사촌도 아니고 탁구, 글쓰기, 웅변 같은 취미를 공유했던 사이도 아니었기에 친구로서 서로 고운 정 미운 정을 쌓을 기회가 없었기 때문이다.

중학교 졸업 이후로 P사장과 나는 인생의 진로가 달라 서로 만날 기회가 없었지만 가끔씩 이 친구가 성공의 길을 힘차게 달려간다는 소식을 전해 들었을 뿐이다. 그 이후 동창회 때와 졸업 40주년 기념 동기생 모임에서 실로 오랜만에 만난 적이 있다. 학창시절의 모습이 그대로인 친구가 있는가 하면 얼굴을 알아보기가 힘든 친구도 있었지만 P사장은 크게 변한 것 같지 않았다. 서울, 울산, 부산 등지에 살고 있는 몇몇 친구들과는 전화도 하고 애경사때 소식도 주고받았지만 P사장과는 그럴 기회마저 없었다. 그런데 꼬박 밤을 새우기로 한 동기 모임에서 다음 날 불가피한 일정 때문에 내가 먼저 자리를 뜰 때 P사장이 유독 오랜만에 만났으니 술 한잔하고 놀다 가라고 나를 적극 만류했던 걸 기억하고 있다. 어쩌면 기업체의 고위 직책에 있던 이 친구와 영문학 교수가 된 나 사이엔 서로에 대한 어떤 호기심이랄까, 마음의 이끌림 같은 것이 있었을지도 모른다. 앞으로 자주 연락하자며 명함을 교환하면서 P사장과 헤어진 게 고작이었다.

그 이후 언젠가 나는 안부도 궁금했던 터에 학생 취업도 알아볼 겸 P사장에게 전화를 한 적이 있다. 정말 반가워했다. 전화상으로나마 이 친구의 따뜻한 마음을 느낄 수 있었다. 그때 이 친구는 우리나라 굴지의 계열사 사장을 맡고 있었다. 한번은 권위 있는 경제 전문지를 보내왔다. 이 친구가 경제 전문지의 표지 인물로 나와 있었다. 정말 자랑스러운 모습이었다. CEO로서의 이 친구의 인생 스토리가 고스란히 실려 있었다. 중학교 때의 희미한 기억 속의 모습이 아닌 의젓하고 당당한 모습을 나는 생생하게 기억하고 있다. 가끔 전화 등으로 안부를 주고받는 친구도 있지만 대부분의 동기생들은 경향 각지에 살고 있어 자주 만날 기회가 없다. 'Out of sight, out of mind' 란 말을 실감하고 있을 뿐이다. 한때는 정다웠던 친구들이지만 먼 거리, 건강, 이해관계, 생활환경의 차이 등으로 마음의 거리가 멀어지는 경우가 허다한 것이 인간사에서 흔히 보는 친구관계가 아닌가 싶다.

인생을 살아가면서 학교에서, 직장에서, 취미활동 등에서 알게 된 친구가 적지 않지만 이렇게 가까우면서도 먼 친구가 있는가 하면 멀고도 가까운 친구도 있다. 가깝고도 먼 친구를 생각하면 마음이 허전하고 씁쓸하지만 멀고도 가까운 친구가 있으면 가슴이 찡하면서 더없이 큰 행복감을 느낀다. P사장이 나에게는 바로 그런 친구의 한 사람이다.

P사장은 일 년이란 만남의 인연을 소중하게 생각해서인지 자신의 많은 이야기를 e-mail로 보내준다. 가족사, 교유관계, 회사에 입사해서 성장한 과정, 해외연수, 히말리아 등정, 웃음보따리의 유머들, 술에 얽힌 난감했던 에피소드, 폭 넓은 독서량을 가늠케 하는 책이나 글 소개, 화제의 가수나 연예인의 동영상도 보내온다. 아내나 가족에 대한 이야기를 할 때는 순수하고 따뜻한 감정을 내비친다. 나에게 보내오는 여러

가지 글들은 단순한 개인의 기록일 뿐만 아니라 인정과 사회풍속, 세태, 회사 경영과 철학, CEO로서의 자세 등에 관한 것들이라 매우 흥미롭다. 내가 살아온 상아탑 주변의 생활과는 사뭇 다르기 때문에 더욱 관심 있게 읽고 있다.

나는 e-mail을 통해 그의 글을 접하면서 그의 삶의 궤적을 추적해 보면서 친구 P사장은 CEO로서의 덕목을 고루 갖춘 인물로 평가하고 싶다. 그는 분명 자신만의 특성을 가진 창조적 CEO라고 생각한다. 창조적 CEO로서 이 친구를 지배하는 정신은 과연 어디서 나왔을까?. 책을 많이 읽고 글쓰기를 잘하는 걸 보면 인문학적 성찰과 사유가 풍부하다는 걸 느낀다. 또 가수나 연예인들의 동영상을 선보일 때는 예술적 감각이 뛰어나다는 걸 직감할 수 있다. 또 전공인 공학 기술에 대한 해박한 지식과 회사 경영의 노하우나 철학에서 그가 얼마나 합리적이고 과학적인 사고의 튼실한 기반을 갖추고 있는지 엿볼 수 있다. 이러한 자질들에 투사된 도전과 열정이 원동력이 되고 가족과 직원들을 사랑하는 따뜻한 인간미가 융합되어 CEO로서 크게 성공한 것 같다. 정말 호감이 간다.

나에게만 보내는 글은 아니겠지만 친구라는 범주 안에서 마음의 거리를 좁히며 인터넷을 통해 열린 마음의 교류를 시작한 이래로 수십 년 세월 동안 잊고 몰랐던 이 친구에 대한 궁금증이나 공백이 하나씩 풀리거나 메워지고 있다. 가깝고도 먼 친구가 있는가 하면 사이버 공간에서나마 이렇게 멀고도 가까운 친구가 있다는 것은 인생 후반기에 나에게 찾아온 큰 복이요 디지털 시대의 은혜이다.

친구야! 고맙다.

ESSAY

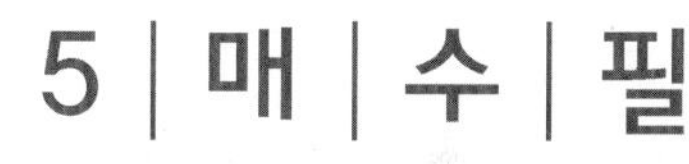

강대진 강돈묵 강수찬 강종엽 강지영
강 천 강현순 공대식 김미정 김정원
도혜숙 류재식 박주원 배대균 백남오
서영수 서현복 신서영 신태순 심옥배
안순자 유명숙 이방수 이정옥 이정하
정동호 정영선 진재수 최문석 한석근
허익구 허표영 허학수 황광지 황소부

| 5매수필 _ 강대진 |

물에 빠진 사람은 지푸라기도 잡는다

어머니로부터 쪽지를 받아 들었다. 구름에 반쯤 가린 보름달 같은 어머니의 얼굴을 쳐다보면서 무엇이냐고 물었다. '집 팝니다.' 라고 쓴 종이 뒤쪽에 그걸 써서 전봇대에 거꾸로 붙이라는 것이었다. 집 살 사람들이 수캐가 암캐 찾듯 몰려온다고 하였다. 너무나 반가운 말이어서 종이를 펼쳐 보았다. 개ㅇㅇ이라고 쓰여 있었다. 우습기도 하고 창피하기도 하였다. 자식에게 차마 입으로 말할 수 없어 글로 써서 주신 것이리라. 어머니 얼굴을 바라볼 수가 없어서 벌떡 일어나 후닥닥 밖으로 나갔다. 실실거리며 거리를 걸으니 지나가는 사람들이 흘끔흘끔 쳐다보았다. 다음 날 어머니가 지시한 대로 쓴 종이를 들고 큰길로 나와 전봇대 마다 붙였다. 자정이 넘은 시각이라 전단지를 붙이기에는 안성맞춤이었다.

밀양에서 마산으로 이사할 계획을 세운 지난해 12월, 아내와 나는 마산으로 내신을 내었다. 집도 내어 놓았다. 9월 1일 인사에 아내는 마산의 ㅇㅇ중학교로 옮겼다. 금년이 학교 만기인 나는 마산으로 전근될 수 있을 것이다. 문제는 집을 파는 일이었다. 일 년이 다 되도록 집을 보러 오는 사람도 없었다. 미신이나 속설을 믿지 않는 나였지만 '물에 빠진 사람이 지푸라기라도 잡는다.' 는 속담대로 행동할 수밖에 없었다. 한 달 후 원래 내어놓은 값보다 더 비싸게 집을 팔고 마산으로 이사를 하였다.

부동산 붐이 일어나는 시기와 맞물린 우연의 일치였을는지 모른다. 그러나 주술적 행동이 주는 심리적 치료효과는 컸다. 시내 중심가에 있는 전봇대에 요상한 글귀를 쓴 전단지를 붙인 것을 생각하면 수업 중에도 웃음이 났다. 길을 가다가도 웃고, 밥을 먹으면서도 웃었다. 그러다 보니 집을 팔지 않으면 안 된다는 강박관념도 사라졌다. 긍정적으로 세상을 보게 되고 잠 못 이루는 밤도 줄었다. 집이 팔린 후에는 이 세상이 아름답고 살아볼 만한 곳이란 생각도 들었다.

한때 나도 학생들 앞에서 구원의 동아줄인 척 한 적도 있었다. 생각해 보니 구원의 동아줄은 아니었던 것 같다. 행동과 말은 물에 빠진 사람의 손에 잡힌 지푸라기요 현대문명의 틈새를 비집고 들어선 주술이었을 것이다. 그 주술이 개○○보다 효과가 있었는지, 지푸라기가 동아줄이 되었는지는 의문이다. 텅 빈 과거를 되돌아보면 참으로 우습다. 지푸라기라고 생각했던 것이 동아줄이 되기도 하고, 튼튼한 동아줄인 줄 알았던 것이 썩은 새끼줄이 되는 세상이다. 한치 앞을 내다볼 수 없는 세상 그래서 살아볼 만한 가치가 있는 것이 아닐까.

| 5매수필 _ 강돈묵 |

언덕밥과 비빔밥

부모님은 자녀를 많이 두셨다. 팔 남 삼 녀. 그중 나는 위로 형이 넷이 있고, 누나가 둘이 있으니, 가운데쯤에 박혀 있는 셈이다. 어릴 때는 많다는 것을 전혀 모르고 그냥 즐겁게 자랐다. 오히려 형제가 많은 것이 좋았다. 그러나 찾아갈 만한 친척은 별로 없었다. 증조부 대 위에서는 계속 독자이거나 대가 끊기어 양자를 들이고 하였었으니 우리 어머니는 문중에 엄청난 일을 하신 분이 분명했다.

위의 형들이 도시로 나갔어도 집안은 언제나 복작거렸다. 그 많은 식구들의 식사 일을 어머니는 혼자서 도맡다시피 하셨다. 어머니는 등에 동생이 매달려 있어도 전혀 개의치 않고 일을 하셨다. 끼니때마다 까만 가마솥에 밥을 안치셨다. 미리 삶아둔 보리쌀을 깔고, 감자도 올리고, 그 위에 올리는 쌀은 한쪽이 더 높게 하여 언덕밥을 지으셨다. 그것은 순전히 아버지와 우리들에 대한 배려였다. 또 밥을 푸는 순서도 언제나 정해져 있었다. 쌀이 많이 섞인 밥을 아버지께 드리고, 다음에 진밥을 싫어하는 형의 밥을 푸시고, 그 다음이 입이 짧은 내 밥이었다. 우리는 어머니의 자상한 배려로 제각기 개성을 가지고 성장했다.

그러면서도 함께 어울릴 때는 하나같이 마음이 맞았다. 어쩜 그것은 양푼에 밥을 비벼서, 온 가족이 둘러앉아 먹은 덕인지도 모른다.

태풍은 물러갔어도 더위는 남아 기승을 부릴 때쯤이면 어머니는 소쿠리를 들고 고구마 밭으로 나가셨다. 던져놓은 열무 씨가 밭고랑 여기저기에 터를 잡았다. 싱싱하게 제법 자랐다. 어머니는 그것을 뽑아다가 살짝 버무려 금세 겉절이를 내놓으셨다. 이런 날이면 으레 밀대방석이 마당에 깔렸고, 두레상이 펴졌다. 나는 외양간에서 황소가 먹다 남긴 풀을 한 아름 안아 왔다. 풀에 불을 붙여 모기를 좇는 일은 형의 몫이었다. 이마를 맞대고 여러 식구가 양푼의 비빔밥을 먹는 날에는 서녘 하늘의 별들이 쏟아지는 것을 자주 볼 수 있었다.

나들이 길에서 가마솥과 양푼만 보면 언덕밥과 비빔밥이 생각난다. 적당히 개성도 있으면서 화합할 수 있는 슬기를 갖게 해 준 부모님의 지혜가 밤하늘의 별똥별처럼 번득이며 지나간다. 그 어린 날 누렸던 고향집에서의 추억은 북극성처럼 빛을 발하며 내 안에 영원히 있다.

문득 양푼에 밥을 비벼보고 싶다. 그리고 온 가족이 둘러앉아 한 끼 밥이라도 먹어보고 싶다. 하지만 겉절이를 만들어 주실 어머님이 없다. 둘러앉아 있는 형제들 속에 몇 군데 이가 빠졌다. 쌍쌍이 앉으면 스물 둘이어야 하는데, 아무리 세어보아도 스물을 못 채운다.

휘영청 밝은 고향집 마당에서 달빛을 받으며 혼자 서 있다.

| 5매수필 _ 강수찬 |

나의 취미, 산행

나는 아침형 인간이다. 새벽의 2시간은 누구도 앗아갈 수 없는 나만이 오롯하게 즐기는 내 시간이다. 나는 계절에 상관없이 동창이 밝아지면 잠자리에서 일어난다. 그것이 나의 습관이다. 일어나자마자 시원한 찬물 한 컵을 마시고 걷기를 시작한다. 나의 둥지에서 10분만 벗어나면 장복산 자락이다. 날마다 걷는 오르막길이라 단숨에 편백나무 숲에 다다른다.

나의 취미는 세월 따라 두 번의 변화가 있었다. 30대 초반부터 15년 동안 셔틀콕을 갖고 놀았다. 유연성이 없는 몸치가 배드민턴라켓을 쥐고 체육관 바닥을 뒹굴면서 땀을 흘린 것은 친구의 권유 덕분이었다. 어떤 일도 기초를 튼튼하게 다져야 한다. 구기운동은 더욱 기초가 필요하다. 배드민턴은 생활체육이 활성화되어 초등학교마다 체육관을 임대하여 시간대별로 서클이 조직되어 있다. 기량에 맞추어서 복식으로 남녀노소가 어울리며 즐길 수 있는 운동이다.

아침마다 동네 동호인들끼리 배드민턴을 하면서 기량이 향상되면 지역별 연합회에서 봄가을에 시행하는 대회에도 참여한다. 기량이나 나이별로 구분하여 시합을 한다. 동호인 가족을 포함해서 비교적 참가자가 많이 모이는 경기다. 대회는 주로 실내체육관에서 열린다. 입장식 분위기는 마치 전국체육대회를 연상할 정도로 성대하게 치러져 생활체육인에게는 큰잔치인 셈이다. 그날은 셔틀콕으로 만난 동호인들이 마음껏 기량을 뽐내며 건강하게 웃으면서 하루를 보내게 된다. 게임에 취해서 새벽에 잠을 설칠 정도로 재미가 있었다. 힘겨운 운동을 삼가라는 주치의의 뜻에 따라 골프에 입문하였다.

골프는 어느 정도 기본기를 익혀서 필드에 나가야 한다. 나는 설부른 기량으로 초원의 유혹을 뿌리치지 못해 친구들과 라운딩을 시작하게 되었다. 골프는 동반자와 어우러져 자연을 벗 삼아 즐길 수 있는 유유자적한 스포츠다. 여느 스포츠와 달리 서클을 만들어 라운딩을 한 번 하는데 시간이 오래 걸리는 것이 흠이다. 나의 둥지에서 20분 거리에 회원권을 가진 골프장이 있다는 것에 만족하였다. 아름다운 자연의 품속에서 15년간 취미생활을 한 것은 행운이었다. 골프는 꾸준히 연습하면서 자주 라운딩을 해야만 어느 정도 기량을 유지할 수 있다. 가끔 필드에 나가보면 마음대로 안 되는 운동이다. 자신도 모르게 스트레스를 받아서 건강에는 별 도움이 되지 않았다.

취미로 하는 운동이나 악기를 다루는 것도 동호인들과 어우러지려면 기본기는 갖추어야 한다. 어느 정도 숙련이 될 때까지는 한 번이라도 미쳐야만 어울릴 수 있다. 즐기며 노는 것도 그런데 하물며 생업이나 글짓기에는 얼마나 미치면서 할 수 있었던가? 오늘도 나는 상념에 잠기며 아침산행을 한다.

| **5매수필_** 강종엽 |

왜 분홍색인가

사람이 좋아하는 색깔은 가지각색이다.

남편이 좋아하는 색은 진달래꽃 색이다. 남방이며 콤비, 넥타이 등 핑크빛이 많다. 덩치 크고 과묵하며 점잖은 양반이 왜 분홍색인가 하고 의문 날 때도 있다. 그런데 덩치까지 장인을 닮은 둘째 사위까지 분홍색을 좋아한다. 시계 줄, 컴퓨터책상, 의자, 갖고 있는 인형 따위. 결혼할 때 이부자리와 커튼, 잠옷까지 핑크빛으로 원했다. 딸집에 가 보면 집안이 온통 핑크빛 치장이다.

어떤 건강잡지를 읽으니 분홍빛의 부드러움은 마음을 순화시키는 색깔이라고 한다.

남성들은 분홍색을 보면 사랑을 느낀다. 분홍색이 자궁의 색깔이기 때문이다. 편안하고 안정감을 주며 자신을 키워준 자궁의 색깔을 잊지 못해서이다.

여인의 입술과 젖꼭지의 색이 분홍빛이 아니던가. 어릴 적 어머니의 젖을 먹고 자란 기억과 입맞춤의 기억이 항시 남성의 가슴에 본능적으로 남아 있어서가 아닐까.

나이와 상관없이 누구에게나 마음속 은유의 대상이 있다. 그 대상은 제 각자의 가슴에 깊게 오롯이 새겨져있다.

나는 초록색을 좋아한다. 의복, 신발, 가방 등 초록색이 많은 편이다. 어릴 적 고향 집 대숲이며 푸른 바다, 푸른 잔디밭에서 놀던 추억들이 온통 초록빛이다. 그래서인지 초록빛 꿈을 아직도 꾼다.

분홍색에선 부드러움, 유약함 등 동심을 느끼는 것 같다. 아이들 옷도 분홍색이 많다.

교도소 내의 폭력으로 골머리를 앓던 캘리포니아 교도소는 죄수들의 마음을 순화시킬 수 있는 색깔로 담장에 분홍색을 칠했더니 그 후로 놀랍게도 폭력사고가 줄었다고 한다.

계절은 봄이다. 왜 분홍색인가 대한 답을 얻고 보니 분홍색 블라우스를 갑자기 입고 싶다. 뒷산 진달래꽃 한 아름 꺾어와 꽃병에 꽂아 두고 커튼도 분홍색으로 바꾸고 싶다. 봄의 향취를 느끼기보다는 사랑을 느끼기 위해서다.

| 5매수필 _ 강지영 |

길 끝에서 푸딩을 맛보다

빡빡한 일정이다. 일년 만에 나선 일본 여행에 욕심이 났던가보다. 새벽 세 시에 잠들어 여섯시에 일어나는 강행군이 이틀을 넘어서면서 몸은 파김치가 되었다. 본 것은 많은데 정작 남은 것은 없는 여행이 된 것 같다. 마지막 날 일정을 접고 곧장 공항으로 가기로 했다.

버스를 기다리는데 유후인이라고 쓰인 팻말이 눈에 들었다. 오분 후 출발이란다. 고민할 새도 없이 서둘러 표를 끊었다. 도착까지 두 시간은 노곤한 몸을 잠식한 잠으로 채웠다. 가시지 않은 잠기운에 붙들렸다. 뭉그적거리다가 부은 발을 신발에 구겨 넣고 푸석한 얼굴을 문지르며 버스에서 내렸다.

한적한 산골 속 동화 같은 풍경에 들뜬 것도 잠시, 긴린코 호수까지 이어진 여정에 여행은 다시 노동이 되었다. 돌아나갈 일도 아득한데 배까지 고파왔다. 서둘러 오느라 바닥난 지갑 사정은 염두에도 두지 않아서 갑작스런 허기가 여간 곤혹스럽지 않았다. 푸딩 가게 앞에서 동전을 긁

어모았다. 다양한 푸딩의 향연에 욕심은 끝없이 더해지고 한 병만 허락된 주머니 사정은 야속하기만 했다. 망고 푸딩을 골라 앉았다. 성스러운 음식이라도 맛보듯 한숟갈 떠서 조심스레 입에 넣었다. 혀에 닿자마자 우물거릴 새도 없이 맛이 스며들었다. 절로 미소가 일었다. 그 달콤함과 부드러움 앞에서는 당장 쓰러질 것 같은 몸도, 무엇을 본 것인지 감흥 없던 여정도 충분히 지불할 수 있는 기회비용이 되었다.

지치고 힘들어 지나칠 뻔했던 길 끝에 푸딩이 놓여 있었다. 혀 위의 여운에 입맛을 다시며 성실하게 하루하루를 채워가는 것이 인생인지도 모르겠다. 의미를 잃고 돌아가고 싶어질 때를 만날지라도 뚝심 있게 가다 보면 푸딩 한 조각에 감동받을 날을 맞게 될 것이다. 그러다보면 언젠가는 마음먹은 대로 진수성찬을 차릴 날도 오리라.

푸딩 한입이 그리운 밤이다. 고인 침을 넘기며 입맛을 다신다. 키보드 두드리는 소리가 기분 좋게 귀를 울린다.

| 5매수필_강 천 |

산자고山慈姑

뉘 무덤일까. 비석도 없고 상석도 없다. 양지바른 언덕, 잔디 검불이 수북한 자그마한 무덤이다. 두 손을 포개고, 마음가짐을 가지런히 한다. 발아래를 살피고는 정중히 무릎을 꿇는다. 허리를 숙여 인사를 건넨다. 무덤과 나란히 드러누워 별 바라기를 하던 산자고가 방긋이 웃어준다.

산자고는 허약하다. 제대로 몸을 가누지 못하기에 온종일을 누워서 지낸다. 살아날 가능성이 별로 없어 보였던지 제대로 된 이름조차도 붙여주지 않았다. 산자고란 말 그대로 하자면 산에서 태어나고 살아가는 '자고' 라는 뜻이다. 얼토당토않게 타국에서 건너온 '자고慈姑(소귀나물)' 와 쓰임새가 같다고 덤으로 붙여준 이름이다. 조용한 성격이라 남 앞에 나서기를 별로 좋아하지 않는다. 볕이 좋은 날이면 덤불 속에서 바람을 즐기며 가냘픈 몸을 추스른다. 진달래가 흐드러지건, 개나리가 봄바람이 났건, 다 관심 밖의 일이다. 애써 청하지는 않지만, 그래도 찾아오는 친구를 박대하지는 않는다. 자기에게 누울 자리를 내어준 무덤의 주인과는 늘 손님의 인사를 같이 나누는, 더없이 큰마음의 소유자이기도 하다.

봄, 햇살이 눈부신 날이다. 꽃등에 한 마리 산자고를 찾아왔다. 기운이 없어 누군가에게 기대어야만 하는 산자고를 끝까지 챙겨주는 의리 있는 친구다. 꿀벌도 찾아오고 가끔은 나비도 찾아온다. 티 한 점 없는 하얀 얼굴에 노란 꽃가루로 연지를 찍고, 갈색 댕기를 늘어뜨린 모습이 청초하다. 몸이 약하다고 마음마저 약하지 않다는 듯, 늘 매무새가 야무지다. 작은 바람에도 감사한 마음을 담아 손을 흔들어 주고, 방문자에게는 무엇이든 아낌없이 내어준다. 키가 작아 세상을 다 보고 살지는 못하지만, 가슴은 모두를 다 아우르고도 넘칠 만큼 넉넉하다. 원망의 마음도 없는 듯, 조곤조곤한 미소가 떠나지 않는다.

산자고를 만나는 모든 이들은 고개를 숙여 눈맞춤을 한다. 누워 있을망정 누구보다 즐거운 마음의 소유자에게 보내는 존경의 마음이다. 오늘, 나 역시 환한 미소로 맞아주는 산자고에게 정중한 인사를 보낸다. 마음으로 세상을 사랑하고, 마음으로 남을 알아주는 이. 그이와 눈길 한 번을 마주하기 위해, 스스럼없이 고개를 숙이는 것이리.

*산자고 : 백합과의 여러해살이풀. 비늘줄기가 있고 4월경에 흰 바탕에 갈색 줄이 있는 꽃이 핀다. 식용(녹말), 타박상, 종기에 약용

| 5매수필 _ 강현순 |

바람맞이

꽃집에 갔을 때다. 주인아주머니가 꽃다발을 예쁘게 만드는 동안 주위를 둘러보았다. 꽃들은 미소를 머금고 있거나 혹은 깊은 사색에 잠겨 있는 듯한 표정과 다소곳한 몸짓을 하고 있었다. 여러 화분들에 눈길을 주었다가 거두어들이려는데 도저히 시선을 뗄 수 없는 꽃나무 앞에서 잠시 갈등하기도 하였다. 얼마 전 거실에 두었던 꽃나무가 시들자 밖으로 내놓으며 다신 꽃나무를 안 사겠다고 마음먹었기 때문이다.

주택의 마당이나 아파트의 베란다에선 그래도 꽃나무들이 잘 자라는 것 같았다. 예쁘다고 좀 더 가까이에서 자주 보겠다는 욕심으로 화분 두엇은 항상 거실에 두곤 했는데 이상하게도 시간이 지나면 시들어버리기 일쑤였다. 물도 알맞게 주고 햇빛이 잘 들어오는 곳에 두었건만 소용없었다. 꽃집아주머니가 그건 바로 바람이 부족하기 때문이란다.

생각해 보니 집에선 대체로 문을 닫고 지낸 일이며 외출 땐 당연히 문을 잠그고 나가므로 집안에 바람이 있을 리 만무했다.

언젠가 TV프로그램 중 '위기 탈출 넘버원' 에서 공기의 중요성에 대해 방영하던 게 생각났다. 밀폐된 좁은 방에서 열심히 공부하던 어느 고시생이 산소부족으로 쓰러진 사건이 발생했던 것이다.

기압의 변화에 의하여 일어나는 공기의 움직임인 바람이, 생물이 살아가는데 꼭 필요한 물과 햇빛 못지않게 중요하다는 걸 왜 몰랐을까.

무서운 폭풍은 말할 것도 없고 우리 생활의 곳곳에 스며들어 노약자들을 환자로 만들기도 하고 무 속살까지 푸석푸석하게 하는 바람이 때론 얄미울 때도 있다. 하지만 지난 여름날 그 뜨거웠던 대지를 식힌 것도 바람이었고 언제 향기로운 꽃밭을 지나왔는지 때론 장미향도 솔잎내음도 슬몃 흩뿌려주고 종종걸음으로 사라지기도 하는 예쁜 짓도 한다.

아침에 눈을 뜨면서 신선한 바람을 안고 싶어 창문을 활짝 열었다. 무심코 내려다본 창밖에는 행인의 모습에서도, 길가에 버려져 있는 종이조각도 움쩍달싹하지 않는 걸 보면 바람이 어디 먼 곳으로 나들이를 한 것 같아 돌아서려는데 건너 플라타너스 꼭대기에서 이파리들과 장난을 치고 있었다. 간지럼을 태우는지 나뭇잎들이 까르르 웃으며 몸을 흔들고 있었다.

오늘은 꽃바람을 맞고 싶다. 꽃동산 근처에 가든지 영혼이 맑은 사람 곁에 가면 아름답고 향기로운 내음을 맡을 수 있을 것 같다.

| 5매수필 _ 공대식 |

봄나물

새 생명이 돋아나는 봄!

온갖 식물이 새싹을 내고 움이 트는 좋은 계절 봄이면 갖가지 봄나물이 나와 식탁을 풍성하게 한다.

우리 몸에는 제철에 나는 음식과 과일이 좋다는 것은 누구나 다 알고 있는 사실이다.

봄이 되면 제일 먼저 나오는 나물이 냉이와 두릅나물이다.

시장 난전 여기저기에 두릅 새순을 꺾어다 놓고 파는 시골 아낙네들이 보이기 시작하면 고향 밭에 두릅나무도 새싹이 나 주인을 기다리겠지!

두릅 새싹이 10cm 정도 될 때 꺽어 살짝 삶아 초장에 찍어 먹으면 두릅향이 그렇게 좋고 봄철 입맛을 돋운다.

4월 중순이면 새로 나온 뽕잎을 따다가 나물을 해도 좋다.

뽕잎을 먹고 자란 숫누에는 남자들 정력에 좋다고 신문 한 페이지에 전면 광고로 선전하지 않던가?

우리 집 뒤 대밭에는 제피나무가 몇 그루 있는데 봄에 새잎이 날 때 채취하여 고추장에 버무려 먹으면 제피 잎 향이 좋고 제피 잎이나 열매는 우리 몸에 피를 맑게 하고 음식물 비린내를 없애는 역할을 하기 때문에 보신탕, 추어탕, 장어탕, 붕어탕에는 필수적으로 제피 가루가 들어간다. 제피나무 줄기나 뿌리는 단술을 만들어 먹으면 무릎이나 관절이 안 좋은 사람에게 좋다고 하여 동네 나이 많은 사람들이 나뭇가지를 베어가기도 한다.

4월 하순이면 가시오가피 연한 새잎도 나물로 해서 먹으면 그 맛이 쌉싸름한 것이 입맛을 돋우는데 더욱 좋다.

4월에 깊은 산골짜기에 가면 다래나무 새잎도 나물을 해 먹으면 좋다고 등산하고 하산길에 다래 순을 꺾는 사람들을 흔히 본다. 등산으로 건강 다져 좋고 산에서 다래 순 따다가 나물 만들어 식탁에 올려 식구들 건강에 좋은 봄나물 반찬을 만들어 주니 일거양득이 아닌가?

봄부터 여름철에 길섶에서 흔히 볼 수 있는 민들레도 뿌리째 캐어 나물로 해 먹거나 달여 먹으면 간에 좋다고 강원도 어느 영농조합에서 민들레 건강식품을 개발하여 시판하고 있다.

우리 고향 시골 밭 구석에는 자연산 머위가 언제부턴가 조금 있다.

봄철이면 머위는 맛이 쓰기 때문에 약간 삶아 물에 하루이틀 담가서 쓴맛을 없애고 초장에 무쳐 먹으면 쌉싸름한 맛이 봄의 입맛을 돋운다.

5월이면 고향 집 뒷산에서 취나물을 뜯는다.

요즘은 취나물을 비닐 하우스나 밭에 재배하여 연중 취나물을 구할 수 있고 먹을 수 있으나 옛날에는 제법 높고 깊은 산골에서 취나물을 뜯을 수 있는 귀한 나물이었다.

그뿐인가 논 가의 습한 곳이나 도랑가에 있는 야생 돌미나리는 간에 좋다고 하여 간암 환자나 간이 안 좋은 사람에게 먹이려고 여자들이 채취하러 다닌다.

봄에 나는 쑥국은 우리 조상들이 얼마나 귀하게 여겼기에 딸을 낳으면 쑥국을 먹을 수 있다고 좋아 하며 이웃에 다니며 귀한 딸을 얻은 자랑을 했다고 한다.

초봄에 캔 쑥은 몸에 좋은 음식임에 틀림없다.

봄에 먹는 도다리 쑥국이 그리 인기가 있지 않은가?

어떤 사람은 봄에 쑥을 캐어 삶아 냉장고에 보관해 두고 1년 내내 조금씩 꺼내어 쑥떡을 해 먹는다는 어느 부지런하고 알뜰한 주부도 있다.

봄철이면 새로 나는 나무의 연한 잎이나 새로 돋는 풀은 나물로 만들어 먹으면 몸에 좋다고 하여 봄나물 채취하는 아낙네들을 산과 들에서 흔히 본다.

여자들이 봄나물 채취하여 가족들 식탁을 풍성하게 하는 미덕도 있고 봄기운도 받고 햇볕도 쬐니 여러 가지로 득이 되고 좋겠다.

봄이 오는가 싶더니 벌써 5월이고 날씨도 변덕이 심해 한낮에 온도가 30도가 오르내리는 여름과 같이 더우니 봄이 다 가기 전에 귀한 봄나물 먹고 건강 지켜야겠다.

강아지풀 추억

아침 산책길을 가다가 길섶에 핀 강아지풀을 보며 미소를 머금는다. 강아지풀을 보면 첫 손녀가 생각나는 까닭이다. 처음 그 녀석이 이 세상을 두들겼을 때다. 듬직한 장신의 사위가 웃으며 성큼성큼 다가와 강보에 싼 작은 아가를 내 품에 안겨주려 했다. 그때 나는 두 손을 모아 아가에게 경건히 합장부터 올렸다. "오느라 고생했구나. 우주의 어느 먼 곳에서 이 세상으로 왔느냐." 귀하고 경이로운 생명을 환희에 벅찬 가슴으로 받아 안았다. 내 생명의 연줄이었고 신비한 출현이었다. 대체 이 세상 모든 생명의 근원은 어디서 비롯한 걸까. 이것이 궁금하여 죽지도 못하겠다고 웃었다. 산통이 힘들어서 제 남편이 이마에 얹어 위로하던 손조차 무겁다고 투정하던 딸이, 엄마가 만져 주니 이상하게 산통도 덜하고 기운이 난다면서 의사가 예측한 출산시간을 몇 시간이나 당겨 출산한 것도 신기했다. 열기가 후끈한 산후입원실인데 나는 왠지 발바닥이 견딜 수 없이 시렸다. 양말을 껴 신어도 소용없었다. 그런데 집으로 돌아오려고 차를 타자마자 그 겨울에 그 증상이 거짓말처럼 사라지는 것이었다. 엄마의 기운이 핏줄로 이어진 딸에게로 다 쏠려서인가, 그때 언뜻, 예전에 어느 도인께서 하시던 말씀이 생각났다. 김 선생은 기가 하도 맑아서 갓난아기도 기운을 다 빼가니 조심하라는 알지 못할 말씀이셨다. 어른은 도리어 아이에게서 기운을 받는다고 말하지 않는가. 참 이상스런 일이었지만 이 현상은 오로지 자식을 위하는 어미의 간절한 염원 때문에 그런지 모른다고 생각했었다.

딸이 둘째를 낳았을 때, 나는 통통걸음을 걷는 첫 손녀를 데리고 산후조리원 부근의 뜰에서, 동생에게 엄마를 온통 뺏겨 떼를 쓰는 아이에게 강아지풀을 꺾어 안기며 달래고 놀아 주었다. "강가지푸이, 강가지 푸이," 그때 내 손을 잡고 이름을 뇌었던 아이는 아마도 최초로 식물의 이름을 배운 것일 거였다. 그 후로 저희 아파트 화단가에서 누렇게 말라 있는 겨울 풀들 중에서, 포슬거리는 강아지풀을 발견하면 아이는 곧장 넘어질 듯 달려가 "강가지푸이(강아지 풀), 강가지 푸이." 하고 이름을 말했다. 내 혈손을 갖게 된 감격에 찬 새내기 할머니와 넘어질 듯 뒤뚱대며 위태로이 달려가는 아이와 그 조그만 손에 들린 마른 강아지풀과……. 가을이 깊어가는 아침 산책로, 길섶의 강아지풀에서 유정한 추억을 떠올리며 문득 옛날에 내 어머니가 "내 강생이" 라 부르며 나의 딸을 안아주었듯이, 나의 손녀를 꼭 껴안아보고 싶은 그리움에 자르르 가슴을 전다.

| 5매수필 _ 김정원 |

내 영혼의 강가에서

사람은 그를 싸고 있는 환경에 지배를 받고 산다. 언제나 삶은 인내와 슬기로 견뎌내지 않고는 그 매듭을 풀 길이 없다는 생각이 든다. 한때 나에게는 산다는 것이 너무나 외롭고 처절하여 생을 포기하고 싶을 만큼 절체절명의 시기가 있었다. 나의 취미는 그 시기에 우연히 어느 연주회에 다녀온 후 음악에 불을 댕기면서 시작되었다. 가곡은 한 편의 시이다. 아름다운 시에 선율을 더하여 시를 낭송하는 감성으로 가곡을 부르면, 내 영혼의 노래 속으로 알 수 없는 햇살이 쏟아져 내리고 티 없이 맑고 투명한 빛이 가슴 가까이 오는 것을 느꼈다.

나에게 이런 열정이 어디에 갇혀 있었을까. 더러는 질문을 받기도 한다. 그러면 외로움이 극에 달하거나 절박한 상황에 처했을 때, 화산에 용암이 솟아오르듯 숨어 있던 감성이 터져 나온다고 답한다.

오늘도 저녁을 먹은 후 집을 나섰다. 가슴이 답답하여 습관처럼 강을 찾는다. 그곳에는 아련하게 잡혀오는 상이 있어 내 성정을 끌어안으면 알 수 없는 신기가 솟아오르는 것을 느낀다.

시인은 한 편의 시를 탄생시키기 위해 떠오르는 시상을 오래도록 끌어안고 아파한다. 그 시에 가슴이 아려오는 황홀한 선율을 붙여 준 작곡가와 시인과 내가 공통분모를 찾을 때면 그들이 참으로 위대하다는 생각까지 하게 된다.

나는 이제 내 영혼의 음악이 흐르는 길목에서 삶의 질곡을 뛰어넘어 푸르게 일어나는 사명을 안고, 되도록 맑고 아름답게 내 음악 밭을 가꾸어 가리라 마음먹는다. 그것은 앞으로 남은 내 생의 영원한 안식과 충일을 꿈꾸는 희망이 될 것이다.

내가 지금까지도 젊은이들과 음악을 같이할 수 있음은, 뜻이 있는 곳에 길이 있다는 의지와 버릴 수 없는 음악에 대한 나의 애틋한 사랑일 것이다.

가곡교실에 모이는 이들은 수업이 끝난 후에도 찻집에서 음악 이야기로 차와 사람의 향기를 녹록히 피워낸다. 하루의 시간을 모두 불태우듯 어디서 이런 곳을 만날 수 있을까. 가곡은 늘 내 영혼을 맑힐 수 있는 지름길로 들어서는 일이다.

| 5매수필 _ 도혜숙 |

소금민들레

고들빼기김치의 쌉쓰름한 그 감칠맛은 세 살배기 손녀도 알아본다.

시장엘 갔다. 여기저기를 기웃거렸다. 커다란 비닐봉지에 들어 있는 것이 고들빼기 같았는데 민들레였다. 돌아서는 내게 한 마디를 던졌다.

"사람 몸에 좋기로야 고들빼기만 못할까?"

"민들레로 김치를요?"

장수의 입심에 녹아 민들레를 사들고 집으로 왔다. 손질을 했다. 플라스틱 자백이에담고 소금을 쳤다. 내일 이맘때 건져서 김치를 담글 셈이었다.

아침에 나와 보니 민들레는 숨이 폭 죽었다. 쓴물을 빼려고 맹물에 헹궜다. 자백이 가득 물을 채워 담가두고는 양념거리를 사러 시장에 갔다. 난생처음 민들레 김치를 담그려는 들뜬 마음에 잰걸음으로 집에 왔다. '아니 이게 무슨 일이람' 소금물에 곤죽이 되었던 민들레가 자백이 순두위로 수북이 살아 올랐다.

'청산아, 너 어디 있느냐, 나비야 너도 가자' 펄펄 날아갈 것 같았다. 두어 번 헹구고는 짭짤하게 만든 양념을 자백이에 들어부었다. 그 순간, 엉뚱한 호기심이 생겼다. 생명력이 강한 게 민들레라는데 소금에 절였던 뿌리를 다시 심는다면 과연 어찌 될까? 양념을 씻어 내고 뿌리 몇 동가리를 화분에 심었다. 날만 새면 베란다로 나가서 화분을 들여다본다. 날마다 들여다보아도 별다른 징후가 없다. 열흘이 지났다. 제비꽁지 끝같이 생긴 순이 올라왔다. 이 경이로움이라니!

소한이 가고 대한이 되자 이파리가 땅바닥에 납작 붙었다. 아무래도 심하게 몸살을 앓는 것 같았다. 소금기도 이겨낸 민들레가 전신에 버캐가 덮이고 풀이 죽었다. 스티로폼박스를 오려서 화분을 감싸주고 그 위에 비닐을 덧씌웠다. 아침에는 비닐을 걷어주고 저녁에는 여며주었다.

제비가 온다는 3월, 바닥에 붙어 있던 민들레가 기지개를 하며 일어난다. 하늘을 날아오르려는 제비처럼 죽지를 들어 올린다. 속에서 녹두 낟 같은 알갱이가 올라온다. 바람에 꺼진 등불 같았던 육신을 일으켜 세우기까지는….

그것은 한없는 용서와 자기 다스림을 통해서만 가능할 것이다. 물이 소금을 녹여 보내듯이 뼈에 사무친 원망을 수없이 버림으로써 생명의 불꽃을 다시 지필 수 있었으리라.

저기 남촌을 넘어오는 4월의 발자국 소리, 이제 꽃이 피리라. 긴 꽃대 끝에 수정같이 영롱한 꽃을 피우리라. 마알간 눈으로 태양과 눈맞춤하는 소녀같이.

사모곡思母曲

어제는 고향 큰댁에 가서 아버님, 어머님 기제忌祭를 모시고 왔다. 여느 때처럼 술잔을 올린 다음, 마음속 깊이 안면安眠을 빌고, 자손들을 굽어 살펴주시기를 기원하며 용서 두 가지를 청한 뒤, 절을 두 번 하였다. 그런데 오늘 아침, 어머님 생각에 마음을 종잡을 수 없다. 나는 오 남매 가운데 셋째이니 행운아이기도 하다. 그래서 그런지 나는 우리 형제들 중에서 어머님의 은혜를 너무 크게 입어 오히려 민망스럽기도 하다.

이 세상에 어느 누가 자기 어머니가 사랑의 깊은 샘이요, 험한 세파를 헤쳐 나갈 지혜와 끈기의 방향타를 안겨주신 분이 아닌 사람이, 어디 있을까마는 우리 어머니는 참으로 남다르셨다.

먼저 인후仁厚하기로 집안과 이웃에 드러나셨다. "콩 한 개를 열이 쪼개 먹느니라" 하시며 화목과 우애를 본보이며 대가족을 다독거리셨다. 생전에 우리 집 큰방에는 겨울철이 되면, 내 재종 형제간은 물론이요 조금 먼 피붙이까지 찾아와서 방을 가득 메우고 이야기꽃을 피우기 일쑤였다. 그러다가 입이 궁금할 참이 되면 홍시를 내놓으시거나, 무 구덩이에 가서 무를 꺼내, 깎아, 내놓으셔서 방중의 심심함을 달래주시기도 하셨다.

또한 음식, 바느질, 술빚는 솜씨가 여간 뛰어난 것이 아니어서 '감남들 장전댁獐田宅 마느래'는 이웃 동네까지 소문이 났었다. 면이나 군에서 오신 동네 손님은 우리 집에서 대접하다시피 하였고, 우리 형제가 입는 양복까지도 손바느질로 만들어 입히셨다. 당신이 빚은 오갈피술은 큰며느리를 거쳐 손부는 물론 작은 며느리인 아내에게까지 전수되어 가전주家傳酒가 되었다.

유년시절을 그렇게 보낸 나는, 세월이 흘러 교사가 되고 혼인을 하여 어엿한 가장이 되어 분가를 했었다. 처음에는 단칸 셋방, 얼마 뒤에는 남의 아래채의 방 두 개를 전세로 입주하였다. 그때부터 어머니는 상주가족常住家族이 되셨다. 내가 편히 모시려고 오신 게 아니라, 거꾸로 어머니가 우리를 보살피고 돌보시려 오신 형편이니 나는 불효를 쓰고 난 사람이다. 그래서 여자상고(2부) 여학생 한 사람을 입주시켜 도우미로 쓰긴 했었다. 우리 내외가 부부교사여서 학교 근무 이외에 살림살이를 챙길 정신적, 시간적 여유가 적어서 고충이 여간 많지 않았기 때문이다.

그리고 1년쯤 지난 뒤 조그마한 삼 칸 집 한 채를 사서 이사를 하였다. 얼마 뒤에는 살림 밑천이라는 첫딸을 시작으로 일남사녀一男四女를 9 년 사이에 낳았으니 지금 젊은이들은 상상도 하기 어려우리라. 고만고만한 아이들을 한꺼번에 키우려니 아이들 엄마는 말할 것도 없고 우리 어머니의 애쓰심은 말로 표현하기 정말 어렵다.

어머니! 어미한테 들으니 첫째, 둘째 아이 둘은 모유母乳로만 키웠다고 했습니다. 그래서 하루에 두 차례나 아이를 업고 학교로 가셔서 젖을 먹이고 돌아오셨다고 하는데 얼마나 힘들고 피로하셨습니까? 저는 아비가 되어 그런 연유도 까맣게 모른 채 지나쳤으니 부끄러워서 몸 둘 바를 모르겠습니다.

당신 손녀 귀한 줄만 아시고 도우미에게 시키면 될 그런 힘든 수고를 자청하신 깊은 뜻을 이제야 헤아리는 이 소자를 꾸짖어 주소서.

어머니! 호되게 꾸짖어야 할 더 큰 잘못이 또 있습니다.

제가 사범학교 졸업반이 될 무렵에 저지른 일입니다. 제 친구 한 사람이 자기와 짝지가 되여 하숙을 같이 하자고 간청을 하였습니다. 나는 그 말이 솔깃하여 무턱대고 동의를 해버렸습니다. 하숙비는 쌀 2 말에 찬값을 따로 내야했습니다. 그러나 집안 사정을 잘 아는 저는 하숙을 시켜주시라는 말을 차마 입 밖에 낼 수가 없었습니다. 그러니 집에 양식 가지러 가는 걸음을 한 번 더 늘여, 쌀을 더 가져와서 하숙비를 충당했었습니다.

여든을 눈앞에 둔 이 어리석은 소자가, 어머니 영전에 엎드려 오래전 일이오나 어머니를 속인 과오를 깊이 뉘우치고 있습니다. 이렇게 고백하는 저를 그토록 믿었던 진정성으로 마지막 용서를 내려주시옵소서.

5매수필 _ 박주원

어떤 형제

팔월, 무성한 나무들이 뻗은 가지를 더 단단하게 만드는 계절이다.

농부인 동생은 포도송이가 탐스럽게 익어가는 작은 농장에서 땀을 흘리며 일하고 있다. 탐스럽게 달린 포도송이 가운데 끼인 덜 여문 포도알에 더 마음이 쓰여 안타까움이 담긴 눈길을 돌리지 못한다. 이때 농부가 일하는 포도밭 옆길에 승용차가 멈췄다. 지나는 길에 동생을 보고 잠깐 멈춘 거라며 형이 내렸다.

동생은 방학 때 집으로 돌아오는 형을 만난 것처럼 너무도 반가워서 형을 막 끌어안았다. 박꽃 하얗게 핀 우물가에서, 별무리 꽃비로 내리던 한여름 강둑에서 하모니카를 불던 멋지고 아름답던 형님. 얼마나 고대했던 기다림인가. 얼마나 많이 쌓인 혈육 간의 고픈 추억인가.

형이 열어준 차문으로 형수와 조카들이 차례로 모습을 드러냈다. 인사를 건네려는데 형수가 코를 싸쥐면서 얼굴을 찌푸렸다. 농부는 그제야 두엄을 뒤집고 있던 차림을 생각해내고 수건으로 훌훌 몸의 아래 위를 털어냈다. 그 모습을 바라보며 뒤로 물러서던 조카들이 차 속으로 도로 들어가버렸다.

어서 내려와, 참외랑 포도랑 실컷 먹을 게 많이 있단다. 농부는 열심히 손짓으로 환영의 말을 했다. 단내를 풍기며 여름 과일이 영글어 있는 텃밭을 통째로 선사하고 싶은 얼굴이었다. 냇가에서 물장구 치고 있을 아이들에게도 사촌들이 왔으니 어서 오라고 손나팔을 불었다.

형은 약속 시간이 늦어서 곧바로 가야 한다며 동생의 등을 토닥거렸다. 벌써 차에 오른 형수는 선글라스를 고쳐 쓰고 있는 중이다.

무엇이든 형제의 정을 딸려 보내고 싶어 동생은 부리나케 집으로 달려 들어간다.

방학 때 형이 오면 잘 먹던 백숙거리 약병아리도 잡았다. 대나무밭 그늘에서 호호 불며 삶아먹던 하지감자도 박스에 담았다. 갓 빻은 밀가루로 전 부쳐서 초고추장에 찍어먹던 애호박도 땄다. 햇물로 따서 말리던 홍고추도 걷어 담았다.

시장 가서 얼마든지 사먹을 수 있는 것들과 이건 다르다. 동생의 애절함을 뒤로한 채 형의 차는 벌써 모퉁이를 돌고 있었다.

아버지가 콩 타작을 하는 마당가에서 거북처럼 아기작거리며 낱콩을 줍던 형제들. 우리는 너무 멀리 커버렸나. 우리는 너무 많은 것들에 곁을 빼앗겨버렸나.

주춤, 주춤. 그렇게 우리들은 다가서는 게 아니라 멀어지고 있는가.

그래, 우리 형은 워낙 바쁜 사람이니까. 동생은 애써 신포도를 씹는다.

| 5매수필 _ 배대균 |

저커버그의 결혼식

얼마 전 미국의 페이스북의 억만장자 저커버그는 친구들을 집으로 초대하고는 그 자리에서 결혼식을 올렸다. 손님들은 선물도 마련하지 못한 채 당황스러워 하는데, 그들 부부는 스스로가 고안한 작은 반지 하나를 교환하면서 억만장자 저커버그의 결혼식은 이렇게 끝이 났다.

요사이 언론들은 '작은 결혼식' 하면서 고비용 결혼문화를 바꾸고자 안간힘을 쏟고 있다. 대통령까지 한수 덜고 나섰다. 몇백 쌍의 동조자들과 함께 열기를 더해간다.

작은 결혼식은 조건이 있다. 당사자들은 결혼 당일 날 주고받는 결혼기념품 하나로서 모든 것이 끝나야 한다. 예단 같은 것은 말이 안 되고, 식장은 교회나 야외가 아니면 돈 안드는 곳을 택해야 하며, 기념사진은 친구에게 부탁한다. 청첩장 발송은 물론 축의금도 안 받아야 한다.

이런 결혼식은, 하지만 쉬운 일이 아니다. "단 한번밖에 없는 결혼식", "생의 최고의 날"이라면서 부모는 빚을 내어서라도 체면을 지키고, 당사

자들은 마냥 캥거루가 된 채 둥둥 떠간다.

한 가지 또 어려움이 있다. 우리 민족은 상부상조의 관습이 긴 세월 이어온다. 서로 돕는 품앗이는 관습으로 우리 민족성이요 장점이기도 하다. 청첩장을 받으면 축의금을 내고, 훗날 그 돈을 되돌려 받는 풍습 그것이며, 의식구조인 것이다.

20년 전 나는 자식 셋을 결혼시키면서 쌍방 7백만 원으로 끝내었다. 친구들은, 먹고살 만한데 너무 야박하지 않는가. 청첩장도 없고 축의금도 안 받고, 한턱 내지도 않으니, 너 잘난 놈이라 했다. 결혼식 풍조를 바꾸는 일에 일조하기를 바라는 마음에서였건만 서로간의 상처는 지금도 이어진다.

결혼식이란 두 남녀를 넘어 만인 앞에 사랑을 서약하는 날이다. 판사의 공개 재판의 판결문 낭독도 같은 것, 비싼 예물이나 화려한 결혼식은 우아하게 차려입은 방청객에 불과할 뿐이다. 훗날 문제라도 생기면 도려 걸림돌로 다가온다.

'작은결혼식' 의 아쉬움들은 차라리 사랑의 깊이를 더해주고, 내내 더한 사랑으로 다가가게 하는 촉매제가 되어준다.

| 5매수필 _ 백남오 |

세계

'세계' 는 공간의 의미만은 아니다.

세계는 각자 삶의 울타리 안일 수도 있다. 함께 어울려 사는 벗이요, 이웃이다. 세계는 지금 현재 서로의 아픔과 기쁨을 나누고 있는 바로 그 상대다. 그는 작은 한 사람에 불과하지만 나의 현실과 꿈, 인간적인 모든 고뇌를 나눌 수 있음이다. 그가 없다면 누구에게 이 수많은 사연들을 터놓을 수 있을 것인가. 가장 가까이서 나를 바라보고 지지하고 지켜주는 사람들이야말로 나의 세계다.

무지개를 타고 하늘을 오르는 기쁨을 맛보았다 할지라도 축하해 줄 수 있는 사람은 바로 이들이다. 내 삶의 울타리야말로 나의 세계인 것이다.

세상은 넓고 사람은 무수히도 많다. 세계를 공간으로 말하자면 그야말로 거대하고, 아득한 우주일 것이다. 세계는 내가 살고 있는 지역일 수도 없고, 우리나라 전체일 수도, 아시아일 수도, 지구일 수도 없다. 그 이상이다.

사람도 그렇다. 지구상에 수천만, 수억만이 존재한다 해도 나와는 별개의 존재이지 않은가. 그들은 내가 슬픔에 쌓여 괴로워 죽는다 해도 나에 대한 관심이 없을 것이다. 설령 이름 정도를 기억한다 해도 '아, 그 사람 죽었구나.' 하면 끝날 일이다. 서로의 세계가 아닌 까닭이다.

나의 세계는 함께 어울려 희로애락을 나누는 사람들이다. 그들이 가진 것 빈한하고 지위도 없는 갑남을녀일지라도 세상에서 가장 소중한 사람이다. 때로는 나를 시기 질투하고, 괴롭히고, 억압 폄하하고, 뒷 담화를 친다 할지라도, 그것은 나약한 인간적인 한 모습일 것이다. 그들의 순간적인 실수를 빌미로 관계를 끊어버린다면 세계와의 단절을 의미하는 것이다.

우리의 삶의 얘기는 우리들만의 몫이다. 그것은 우리보다 먼저 살다 간 사람들과도 무관한 것이고, 먼 미래를 살아갈 사람들도 모를 일이다. 다만 역사와 문학의 기록을 통하여 먼저 살다간 사람들에 대한 평가와 주관적인 생각 정도, 말할 수는 있겠지만 그것이 오늘 우리들의 삶에 동참하는 세계는 아니지 않는가. 그들은 그들 각자의 세계가 있을 뿐이다.

현실적 세계만이 유일한 세계일지도 모른다. 이 세상에서 그들이 사라지면 나도 사라질 것이고, 내가 없어지면 그들 역시 존재하지 않을 것이다. 함께 한 시대를 살아가며 같은 세계를 공유하기 때문이다. 그렇게 한 세계를 살다가는 것이다.

| 5매수필 _ 서영수 |

조순자 선생의 가곡

무더위가 절정에 다다른 8월 초순, 한동안 소홀했던 자기연찬을 위해 '가곡전수관' 을 찾았다. 중요무형문화재 제30호 가곡 예능보유자인 조순자 선생께서 후학을 지도하고, 가곡의 전승보전에 힘쓰는 곳이다.

선생의 가곡에 대한 열정과 삶을 MBC 특집 다큐멘터리 '우주를 노래하다' 로 만난다. 대학시절, 국악개론을 강의하셨던 그 고매한 인품을 일찍부터 아는지라 새삼스러울 것도 없지만 여전히 음성, 몸짓 하나가 예스럽고 고상함을 풍긴다. 그녀의 노래처럼 한 치도 흐트러짐이 없는 것이다.

전수생과 정음 단원에 의한 무대가 열린다. 관현합주 〈수제천〉, 가야금 · 해금 병주, 내가 좋아하는 시조에 이어 가곡이 연주된다. 남창가곡으로는 우조 언락 〈벽사창〉, 여창가곡으로는 우조 우락 〈유자는〉이다. 피리, 가야금, 거문고, 대금, 해금, 장구 연주자까지 무대에 오르니 아정한 자태가 객석까지 물들인다.

집박이 합죽선처럼 생긴 박을 폈다가 손바닥에 치는 소리가 채찍을 때리는 듯이 경쾌하다. 때를 같이하여 좌고, 장고의 느린 가락이 장려한 기품으로 영송헌을 가득 채운다. 대금의 부드럽고 유려한 가락이 플루트를 닮았다. 세피리의 섬세한 선율은 피콜로와 짝을 이룰 것 같은데 그 가느다란 울림이 모세혈관을 타고 온몸을 타고 도는 듯하다.

남창의 부드러운 음성, 여창의 맑은 노래가 잠자는 혼을 깨우면서 가슴을 친다. 가야금, 거문고, 해금이 내는 단아한 소리는 속세의 온갖 영욕에 젖은 두 귀를 정화시킨다. 그렇지만 아쉬운 점도 있다. 시조시를 가사로 사용함에도 한글창제의 원리에 따라 각 음절의 자음과 모음을 단순화하여 길게 소리 내어 노래하는 탓에 단어를 알아들을 수 없는 것이다.

선생께서는 '시김'의 멋을 말씀하셨다. 세상을 떠날 때 가곡을 들으며 눈을 감고 싶다는 말씀에 목이 메고, 가슴까지 먹먹하게 만들지만 그녀만큼 악곡의 깊이를 헤아릴 수는 없다. 쉬 사랑하게 될 것 같지도 않다. 어쩌면 그런 생각의 편린조차 헛된 꿈일지 모른다. 그래도 어쩌랴. 천천히 그리고 조금씩 그녀의 향기를 마음에 담아가노라면 잘 익은 간장에서 단맛을 느끼듯이 나의 가곡도 무르익지 않을까.

3번의 박 소리에 정신이 든다. 소리는 멈추었지만 하늘 높은 곳까지 울려 퍼지는 선생의 가곡 사랑과 열정은 다함이 없다.

| 5매수필 _ 서현복 |

길 위의 부부

다큐멘터리 '인간극장' 을 방영 중이다. 이번 주일은 벌통을 트럭에 싣고 이산저산 옮겨 다니며 뜨내기살림을 하는 부부의 삶을 그리고 있다.

주인공의 모습이 눈에 익다 했더니 '꿀포츠' 가 분명하다. 텁수룩한 수염에 검은 안경과 체크무늬 셔츠, 지난해 방송국청춘합창단원 모집 오디션 때 나오던 차림새 그대로다. 젊은 날에 잘나가는 합창단의 일원이었다가 홀연 떠나야 했고 각막에 이상이 생겨 색안경을 쓰게 되었다는 벌치기가 직업인 남자. 텁수룩한 수염에 거친 인상과는 완연 다르게 달콤하고 시원스럽게 노래를 불러 심금을 울려주던 사람이었다.

테너파트 독창자로서 빛을 발하여 마침 내한했던 세계 최고의 성악가 '폴포츠' 와 듀엣으로 노래 부를 행운도 맞았다. 그래서 얻은 별명이 '꿀포츠' 아니던가. 그에게 뭔지 서광의 조짐까지 비치는 듯싶어 열심히 응원의 박수도 보냈던 바로 그 사나이다.

그런 그가 오늘 다시 벌통을 메고 산을 향해 가고 있다. 혼자가 아니고 가녀린 모습의 아내와 동행이다. 합창단원으로 원래 자리를 찾고 각광을 받아 '꿀포츠'가 이제 양봉을 그만둔 줄만 알았다. 재능을 살리고 새 삶을 얻기 바랐다. 기대했던 마음이 빗나간 탓일까 괜스레 짠한 마음이 든다.

설상가상 산에서 벌통을 몽땅 잃어버리는 황당한 일을 겪고 난 뒤에 부부는 보금자리로 돌아간다. 어느 산골 조그만 외딴집이다. 저녁을 지으며 아내는 착하고 살갑게 남편을 대한다. 남편 또한 아내에게 지극하고 다정하다. 서로 존중하고 아끼는 사랑의 스킨십이 자연스럽기만 하다. 유일한 이웃은 근처 할머니뿐, 외롭고 고달플 터인데 조금도 그리 보이지가 않는다.

일주일분의 '인간극장'을 다 보고나서야 안쓰럽게만 보았던 처음 고정관념을 수정해야겠다는 생각이 든다. 그 부부에겐 고달픔을 이겨내는 벌꿀 같은 사랑의 진액이 있음을 알게 되었으므로. 떠도는 삶이지만 꽃처럼 향기롭게 노래처럼 달콤하게 살아가리라는 믿음마저 든다.

오늘 '꿀포츠' 부부는 단정하게 정장 차려입고 길 위에 나섰다. 매스컴 덕분에 섭외된 무대에서 노래의 메신저가 되기 위해 달려가고 있는 것이다.

진정한 행복의 조건이 무엇인지에 대한 생각 하나를 줍는다.

| 5매수필 _ 신서영 |

아코디언 소리

사랑채 문을 열자 상큼한 바람이 밀려 들어온다. 더위에 지쳐 한켠에 밀쳐두었던 아코디언을 챙긴다. 미처 집 속에 넣어 두지도 못해 소리가 변하지는 않았는지 건반을 지그시 누른다. 목쉰 음이 방 안에 가득 찬다.

먼저 〈바위고개〉를 연주하면서 그림자같이 늘 가까이서 보살펴주던 오빠를 생각한다. 가버린 빈자리는 무엇으로도 채울 수 없다는 것을 왜 진작 알지 못했는지 안개 같은 슬픔이 가슴에 번진다.

저녁 산책길을 핑계 삼아 좋아하는 이의 집 앞을 황급히 지나던 기억을 되살리는 〈그집앞〉과 세월의 덧없음을 아쉬워하는 〈동심초〉도 연주한다. 머릿속의 잡다한 생각들이 꼬리를 감추고 음률에 실린 마음이 가벼워진다.

중학교 입학할 무렵, 일본의 할아버지께서 보내주신 빨간 아코디언이 내게 온 지 사십 년이 지났다. 결혼을 하고 까마득히 잊고 지냈는데 오십 고개를 넘자 어디선가 아코디언 소리가 나는 듯했다. 그제야 친정에 두고 온 아코디언이 생각났다. 수소문을 해서 찾으니 다행히 잃어버리지는 않았지만 몇십 년간 들어 있던 창고 속 습기 탓인지 건반 두 개가 내려앉고 보관집의 자물쇠도 녹슬고 부서져 있었다. 꿈속에서 어머니를 보는 것처럼 반가웠다. 수리를 했지만 경쾌하고 탄력 있는 소리를 들을 수는 없었다. 낡은 모양과 소리가 세월의 더께에 눌린 내 모습과 흡사했다. 그래서인지 더욱 정감이 가서 보기만 해도 즐거워진다.

옛날엔 무겁고 헐거워 무릎 위에 걸치고 앉아야 건반을 누를 수 있었지만 지금은 몸에 꼭 맞아서 훨씬 수월하게 연주할 수 있다. 몸이 커지면 마음도 넓어 이해심도 많아져야 하지만 그러지 못하니 안타까운 일이다.

비가 오거나 계절이 바뀔 무렵이면 아코디언 건반을 누른다. 편안한 음률을 들으면 최면에 걸린 듯 마음속에 켜켜이 쌓인 나쁜 기억들이 지워지고 편안했던 어린 계집아이로 돌아갈 수 있기 때문이다.

나이 든 내 목소리도 때론 지친 마음을 달래주는 소리가 되고 싶다. 담장 너머로 아코디언 소리가 빗물로 번진다.

| 5매수필 _ 신태순 |

가을의 언어言語

입추가 지나고 처서가 다가오면 작은 생물들이 먼저 가을을 알린다. 매미 소리 점차 멀어지고, 선선한 초저녁 바람에 뜰 여기저기 작은 풀벌레들이 울기 시작한다. 자연의 질서는 정확히 24절기에 맞추어서 가고 오는 것이기에 삼라만상이 다 섭리에 따라 순응하는 것이다.

스산한 바람결에 마른 나뭇잎이 표표히 떨어지면 사람들의 가슴에도 허무의 바람이 일기 시작한다. 그래서 가을을, 결실의 풍요 뒤에 오는 쓸쓸함과 외로움의 정서를 띤 계절이라 한다.

가을에는 어떤 낱말도 시어가 된다. 가을 강, 가을 산, 가을 하늘, 가을 밤, 가을 달, 가을꽃, 가을바람…. 자연은 가을이라야 비로소 진정한 색조를 마음껏 드러낸다. 온통 울긋불긋한 단풍으로 물든 산야는 여름의 풍우를 이겨낸 무성한 숲이 있었기에 저마다의 색깔로 가을을 노래한다. 곡식이 여물고 과일들이 달게 익는 것도 초가을 햇살이 따갑게 쏟아지기 때문이다. 황금빛 벼들이 들판 가득 출렁이는 모습은 농부들의 지친 허리를 펴게 한다. 우리네 옛 조상들은 넉넉한 가을걷이가 끝나면 남은 짚으로는 초가지붕을 이어 따뜻한 겨울을 나게 하였고 나이 찬 자식들이 있는 집안은 혼인도 서둘렀다.

가을꽃이라면 국화를 빼놓을 수 없다. 봄날의 그 눈부신 꽃 잔치를 멀리하고 봄부터 가을까지 없는 듯 서 있다가 찬 이슬을 맞고서야 울안에 노랗게, 또는 하얗게 모습을 드러낸다. 국화는 매화나 난초처럼 고고한 기상은 없으나 온화한 부드러움이 있다. 장미처럼 화려하지 않아도 인내의 결의가 서려 있다. 어느 산자락 비탈진 언덕에서 소소하게 피는 들국화에는 그리움과 애잔함이 있다.

그러나 가을에 피는 꽃이 어디 국화뿐이랴. 억새꽃이 있고 비파꽃이 있다. 은빛 파도 출렁이는 언덕의 억새꽃은 바람의 참빗살로 머리 올을 빗질하며 쓸쓸히 황혼의 메타포를 노래한다. 사철 푸른 비파나무도 늦가을 개화에 동참한다. 넓고 큼직한 잎이 중국의 비파를 닮았다 해서 붙여진 이름이 어여쁘다. 늦가을 찬 서리에 미색의 작은 꽃들이 오종종하게 피었다가 진눈깨비와 칼바람에도 오롯이 푸른 열매 간직하더니 이듬해 초여름에야 황금빛 열매로 익는다. 꽃이 핀 날 그저 무심히 보고 지나갈 뿐 눈여겨보지 않았던 비파 꽃, 잎 속에 숨은 꽃 진 자리, 싸늘한 바람 속에서도 서슬 푸른 기개가 살아 있을 줄이야.

가을은 결별 뒤에 오는 기다림이 있는 계절. 그래서 가을의 언어는 비장미가 있고 기다림이 있는 것일까.

| 5매수필 _ 심옥배 |

사진전, 삶을 생각하다

'데이비드 라샤펠 한국 특별전' 부산 벡스코 신관 2전시관. 팝아트 대가 앤디 워홀이 라샤펠의 작품을 아낀 이유를 알고자 들어섰다. 간혹 인터넷에 떠돌던 작품으로 한번쯤 보았을 만한 대중에게도 친숙한 라샤펠의 작품은 스토리가 있는 작품들이다. 그냥 보면 모든 사진 속 형상을 포르노그래피로 유혹한다.

나오미의 인체를 통하여 보듯 여성과 남성의 누드인 육체를 헐리우드 배우들을 통해 르네상스를 모색해 본다. 단순한 유혹이 아닌 인간의 육체를 사진학의 상업적 속박으로부터 벗어나 현대 문화를 말하고 있었다.

삶과 죽음을 고뇌하고, 종양과 상처로 육체의 황폐화로부터 지구 태고의 여신 가이아에게 이제는 잘못을 되돌리고자 화해의 손길을 보내는 가이아의 작품이 시선을 머물게 하였다.

셀러브리티들의 이미지를 담으며 여성래퍼 릴킴과 함께 작업한 럭셔리 아이템에서 세상 모두 명품 브랜드를 향한 집착을 그려내는 동시, 더 소중히 다뤄져야 할 내면과 육체를 말하고 있었다. 그가 말하듯 작품 하나하나 인체를 통해 나를 꼬집어 말하고 나의 아픔을 쓰다듬고 있었다. 인간인 나를, 집착과 강박이 공존하는 삶 속에 유한함, 복잡한 시대를 살아가는 인간에게 정의에 대해 질문하며 내적인 교감을 요구하였다.

현실의 부조리한 면을 직시하고 대안을 꼭 제시될 필요보다도 그에 극복할 대안을 찾아보게 한다. 삶은 부정이 아니라 저항하는 삶으로 생각해본다.

| 5매수필 _ 안순자 |

폭 풍

천둥 번개가 치는 것 같다. 가슴이 쿵쾅거리며 호흡이 빨라진다.

그녀의 손이 건반 위에서 퍼덕거리며 튀어 오르기 시작한다. 물속에서 고기가 헤엄치듯 유연하게 춤추다가 갑자기 수면 위로 솟구쳐 오르며 허공을 한 바퀴 휘돌아 하강하듯 내리꽂힌다.

참으로 투박한 손이라고 생각했다. 소박한 외모에 푸근한 인상이다. 그녀의 겉모습 어디에서도 그런 섬세하면서도 폭풍 같은 면이 숨어 있으리라고는 생각하지 못했다. 반전이었다. 온몸에 소름이 돋았다.

우리에게 보여지는 그녀의 1% 뒤에 얼마나 많은 보이지 않는 99%의 노력과 희생이 숨겨져 있을까? 그녀 자신일 수도 있고 또 다른 누군가이기도 한 수많은 인고의 날이 엎드려 있다. 피아노 인생을 위해 놓쳐버린 평범한 여성의 삶을 이런 경우에 안타까워해야 할까? 그렇게 연주할 수 있게 되기까지 그 손안에 녹아 있는 시간과 열정을 도무지 가늠할 수 없다.

건반 위에서 춤추는 그녀의 손을 시종일관 '모차르트'를 질투하는 '살리에르'의 고통스런 심정으로 지켜보며 나는 내 삶을 생각했다. 그

짤막한 시간 동안 만감이 교차했다.

그녀는 연주 후 이렇게 말했다. 연주를 하고 있는 동안은 숨쉬는 것을 잊고 있다고, 호흡이 길어야 좋은 연주를 이끌어갈 수 있다. 그래야 듣는 사람도 그 호흡에 따라 음악에 몰입할 수 있게 된다고 했다. 네 시간 정도 연습하고 나면 손이나 팔이 아픈 것이 아니라 목이 쉰다고 했다. 그만큼 호흡조절로 인해 목에 부담이 되었기 때문이리라.

내가 무언가에 집중하느라 목이 쉰 적이 과연 있었나? 아니면 누군가의 열정을 뒷받침하기 위해 보이지 않는 99%가 되었던 적이 있었나? 나는 내 손을 내려다보았다. 여성들의 일반적인 삶처럼 가족을 위해 내 손을 사용하였노라 자랑스럽게 말할 것인가?

나는 그날 밤 잠이 오지 않았다. 내 인생을 돌아봤다. 내 마음을 강타하던, 두근거리던 가슴의 여운이 쉬 잠 못 들게 했다. 그러다가 새벽에 눈을 떴다. 마루에서 서성거리며 무언지도 모를 결심을 하게 했다. 두 손을 불끈 쥐며 나 자신을 담금질하고 싶어 안달이 난 사람처럼 서성거렸다.

연주를 듣는 내내 인내와 땀으로 점철된 그녀 삶의 나날을 아프게 인정해야 했다. 속으로 감탄하며 신음소리를 삼켰다. 아무런 장신구로 장식하지 않아도 그녀의 손은 아름다웠고 빛났다. 나는 어쩌면 안이하게 문학에 또는 예술에 접근하려 하지 않았나 싶었다. 그녀의 연주를 듣고 전율하듯이 한 편의 글을 읽으며 아니 작품을 쓰면서 가슴 떨린 적이 몇 번이나 있었나 생각해 보았다.

일주일에 한 번 음악을 향유하기 위한 모임에서 있었던 이 일은 예술을 대하는 나의 자세에 한 전환점이 되었다. 그날 그녀가 연주한 곡목은 '베토벤 피아노 소나타 17번 3악장' 이었다. 10분이 채 되지 않은 그 짤막한 연주는 나를 되돌아보게 한 한바탕 폭풍이었다.

| 5매수필 _ 유명숙 |

윤회의 공원

멀리서 보는 오슬로의 프롱네트 공원에는 푸르름이 깔려 있다.

입구에서 보기만 해도 십만 평 부지 곳곳에 비겔란의 영혼이 배어 있는 것 같다. 생명의 다리 양쪽에 설치된 청동조각들은 다양한 연령층의 다른 모습들이다. 환희와 고통과 갈등, 슬픔이 설명하지 않아도 가슴으로 느껴진다. 북구의 로뎅이라고 부르는 비겔란은 '모든 것은 하나로 통한다' 는 생각으로 인간의 본질적인 문제를 끌로 찍어 냈다고 한다. 생로병사를 글로 표현하는 것도 어려운데 어떻게 단단한 화강암을 밀가루 반죽으로 빚듯이 나타낼 수 있을까. 온몸이 떨린다. 근육의 움직임조차 선명하게, 그 속엔 핏줄이, 그 끝에는 실핏줄이 전신에 퍼져 있는 것 같다.

우뚝 선 모노리트monolith에는 많은 남녀노소가 뒤엉켜 조각되어 있다. 마치 수많은 애벌레들이 정상을 향해 아귀다툼을 하며 기어오르는 모습과 흡사하다. 밀치고 끌어내리고 절규하고 화를 내는 모습들. 그것은 시시각각으로 변하는 인간의 욕망과 투쟁, 슬픔과 고독을 담고 있는 것 같다. 위의 작은 점으로 서 있는 아이로부터 아래쪽의 몸집이 큰 어른까지. 낙오되지 않고 안간힘을 다하여 정상을 차지하려는 원초적인 감정들이 거친 숨을 쉬고 있다. 고개를 젖히고 태어나서 죽음에 이르기까지 삶의 과정을 살펴본다. 나는 저 화강암의 표면 어디쯤에 어떤 모습으로 새겨진 사람일까. 역동적인 형상들을 보면서 마음은 자꾸만 가라앉는다.

아이는 웃음으로 말하고 장년은 힘으로 말하고 노인은 굵은 주름으로 말하는 것일까. 젊은 부부는 어깨를 짓누르는 삶의 고통마저 거부할 수 있을 것 같은 힘이 느껴진다. 서로 사랑하고 배려하는 것만큼 좋은 믿음이 있을까. 부부가 한곳을 응시하는 조각상 앞에서 한동안 걸음을 멈췄다. 살아오는 동안 얼마만 한 시간을 저런 모습으로 살았으며 앞으로 같은 곳을 응시할 시간이 얼마나 남았을까. 비겔란의 작품처럼, 알몸으로 태어나서 살면서 무수히 걸쳤던 가볍고 무거웠던 옷들을 하나씩 벗고 있는 것인지 모른다. 멀찍이 서서 미처 돌아보지 못하고 지나쳐 온 자신의 모습을 관조해 본다.

| 5매수필 _ 이방수 |

가야산 소리길

요즈음 사람들은 길에 대한 관심이 많은 것 같다. 더구나 지방자치단체에서는 숲속의 오솔길을 조성하는데 경쟁이라도 하듯이 하고 있다. 제주의 올레길, 부산의 갈맷길, 지리산의 둘레길 등 많은 길을 내고 있다.

우리가 어렵게 살고 경제 사정이 좋지 않았을 때에는 생각도 못했던 일들이었는데 조금 살기가 나아지고 보니 인생의 사는 멋과 여유를 찾고 건강에 대해서도 신경을 많이 쓰는 것 같다.

지난해 2011년에는 경남 합천에서도 대장경 천년세계문화축전 행사를 치르면서 때를 같이하여 가야산 해인사의 홍류동 계곡에 6km의 숲속 오솔길을 조성하였다. 그 길 이름을 소리蘇理길이라고 명명하였다. 소리는 우주 만물과 소통하고 자연과 교감하는 생명의 소리로서 이상향(극락)으로 가는 길을 뜻한다고 하였다.

홍류동 계곡은 신라시대 고운 최치원 선생이 이곳 풍광의 아름다움에 빠져 신선이 되었다고 하는 전설이 있는 명소이기도 하며 시인 묵객들이 자연에 심취하여 무릉도원의 꿈을 꾸는 곳이기도 하다.

소리길은 녹음이 짙은 울창한 숲 속에 계곡 따라 굴곡을 이루면서 자연과 조화되게 잘 만들어 놓았다. 푸른 숲, 맑은 공기, 기암괴석의 웅장한 장엄미! 물소리, 새소리, 바람 소리를 들으며 자연의 신비 속에 길 따라 걷다 보니 내가 마치 신성이 되는 길을 가고 있는 것 같은 기분이 들었다.

합천은 내가 공직생활을 하면서 2년여 동안 살았던 곳이다. 사람들은 자기가 근무하던 곳에 퇴직 후에는 가기가 잘 안 되더라고 말하는 분이 많았다. 그러나 나에게는 정이 들 대로 든 곳이요, 내 마음의 고향이기도 한 곳이다.

인생은 도심 속에서 살다보면 풍진 세상에 찌들린 생활이 권태롭고 괴로울 때도 있는 것이다. 그럴 때 나는 배낭 메고 홀홀히 도심을 떠나 청정한 맑은 물에 오욕과 번뇌를 씻고 소리길을 따라 자연과 교감하면서 마음으로 걷는 길, 돌아보는 길, 함께 가는 길, 명상의 길을 거닐며 나 자신과의 만남을 통한 내 마음의 즐거움을 찾는 길이 되었으면 한다.

| 5매수필 _ 이정옥 |

할아버지의 마지막 편지

달밤이다. 거실 안까지 푸른빛이 출렁인다. 교교로움을 즐기다가 붓을 들었다. 가을 밤공기는 이마에서 코끝으로 알싸하고 먹물은 심회를 돋운다. 붓끝에 정신을 모으고 필사를 한다.

— 사랑하는 리언, 브렌던, 찰스, 캐서린에게 —

너희 한 사람 한 사람은 너희 가족과 이 세상에 신께서 주신 경이로운 선물이다. 늘 명심해라. 특히 자기 회의와 좌절이 너희 인생에 닥쳤을 때 절대 그 사실을 잊지 말아라.

어느 누구도, 그 무엇도 두려워하지 말아라. 아무리 어려워 보일지라도 희망과 꿈을 향해 나아가라. '하지만… 어쩔건대?' 라고 토를 다는 틀어진 마음의 비관주의자들을 멀리 해라. 삶에서 가장 못난 짓은 지난날들을 돌아보며 '~했을 텐데', '~ 뭐 할 수 있었는데', '~했어야 했는데…'

라고 말하는 것이다.

너희가 하고 싶은 일들의 인생 목록을 만들어라. 여행도 하고, 기술도 배우고, 외국어도 익혀라. 절대 "내일 해야지"라는 말은 하지 마라. 실패하는 가장 확실한 길이다. 내일이란 없다. '지금' 말고는 무슨 일을 시작함에 '적절한 때' 는 없다.

가능한 한 책을 많이 읽어라. 책은 기쁨, 지혜, 영감의 훌륭한 원천이다. 배터리나 전원 접속 없이도 어디든 갈 수 있는 게 책이다. 젊을 때 여행을 많이 다녀라. 돈과 여건이 갖춰지면 그때 가야지 하지 마라. 그런 때는 오지 않는다.

너희가 하기 좋아하는 것을 직업으로 선택해라. 오로지 돈 때문에 직업을 선택하는 것에 주의해라. 너희 영혼을 망가뜨린다. 고함지르지 마라. 살다보니 소리 질러 되는 일 없더라. 너 자신과 다른 사람들 모두를 다치게 할 뿐이다.

진실한 사람이 되라. 감사하는 사람이 되라. 아일랜드 속담에 이런 것이 있다. "오늘은 우리 인생의 하루, 하지만 다시는 오지 않는다. 매일 매일 이 말을 명심하고 살아가거라."

미국 뉴저지의 제임스 플래너건 씨가 쓴 편지글이다. 72번째 생일 전날인 지난 4월 8일, 5살에서 11살 먹은 다섯 손자 손녀에게 살아오면서 깨달은 인생 교훈을 적은 것이었는데 예기치 못한 심장마비로 고인이 되고 말았다. 편지는 손주들에게 남긴 유언장이 됐다.

무엇보다 내 삶의 좌표로도 손색이 없겠기에 궁체로 화선지에 옮겨 적었다. 늦은 가을, 별 수확 없이 보낼 뻔한 계절에 의미를 새긴 시간이었다.

| 5매수필 _ 이정하 |

어느 소나기 오는 날의 단상

검은 먹구름이 온통 시가지를 덮는가 싶더니, 순식간에 굵은 빗줄기가 쏟아진다. 무심한 얼굴로 제각각 왔다가 사라지곤 하던 사람들이 수선스레 비를 피할 곳을 찾는다. 마땅찮은지 뛴다. 어떤 이는 손에 든 서류봉투를 머리 위에 인 채 뛰기도 하고, 파라솔을 비우산으로 가린 여자는 옷이 금세 젖는다.

무거운 가방을 든 남자가 내가 앉은 찻집 창가에 와서 비를 가린다. 지나가는 소나기쯤이야 잠시 기다리면 지나가기 마련이라는 것을 아는 까닭에, 어깨에 멘 제법 큰 가방을 가슴에 안고 하늘을 바라고 섰다. 노숙자인가? 얼굴이 여자처럼 고운 선을 가진 남자는 조금 왜소해 보인다. 쓸쓸함이 묻어 있고 조금은 지쳐 보인다.

찻집 문을 열고 밖을 나갔다. 문 앞에 섰던 남자가 짐짓 놀라며 미안한 얼굴로 쳐다본다. 내가 엷은 미소를 띠자, 처음처럼 무심히 빗줄기를 하나라도 놓지 않으려는 듯 뚫어지게 보고 있다. 비를 피하고 있긴 하지만 바지며 운동화는 흠뻑 젖어 있다. 빗소리에 섞여 이상한 여음이 그 남자에게서 들렸다. 실성한 사람인가? '성문 앞 우물 곁에 서 있는 보리수 나는 그 그늘 아래 단꿈을 꾸었네…' 슈베르트의 〈겨울 나그네〉가 아니던가. 나직하고도 은은하게 부르는데 나는 발이 묶이고 말았다. 오랜만에 듣는 것이기도 하거니와 빗소리에 섞이어 들리는 하모니는 순진무구한 사람의 잃어버린 꿈과 희망을 되찾고자 하는 갈망처럼 느껴졌다.

학교 다닐때 음악실기 시험 단골로 부르던 것이 저 가곡이었는데….

남자가 노래를 다 부를 때까지 그 자리에 서 있었다. 불혹을 넘겼을까? 인생이 뭔지 알고 있는 사람같이 느껴져 온다.

떨어지는 빗방울이 보도블록 사이에 골짜기를 만드는 것을 무심한 얼굴로 지켜보며 노래에 몰입한 것인지, 빗줄기에 몰입한 것인지, 남자는 주의를 의식하지 않은 듯 깊이 자기 세계에 침몰해 핏기 없는 얼굴에 푸른빛이 드러난다.

슈베르트는 가장 어려운 시기에 〈겨울 나그네〉를 썼다고 했는데. 저 남자도 안식처를 찾아 헤매고 있는 중인지도 모르겠다는 생각을 하며, 조금 잦아진 빗속을 우산을 쓰고 총총 먼저 자리를 떴다.

삶의 무게에 짓눌려 보이는 그 남자의 파리한 어깨가, 내 빈속의 공복감처럼 느껴지는 것이 참으로 이상했다. 한 번도 본적 없고, 지나친 적도 없는 그 젊은 남자가 나의 지심을 자극하는 것에 당혹감을 느꼈다. 집으로 돌아오는 길에서도, 저녁을 준비하면서도 줄곧 그 남자가 뇌리에서 떠나지 않았다.

우리는 행복을 원하면서도 진정한 행복이 뭔지 모르고 사는, 그래서 지독한 절대적 행복을 찾아 영원을 쫓아가는 나그네들인지도 모른다.

| **5매수필 _** 정동호 |

숨은 가시

열아홉 소녀가 손짓을 한다. 곁에 있는 아내도 잊은 채 그의 유혹에 빠졌다. 달빛 따라 내려온 천사인가, 남정네 홀리는 요정인가. 연둣빛 물감으로 채색되어가는 오월 어느 날, 저녁을 먹고 아내와 함께 산책길에서 만난 빨간 장미꽃.

길 옆 울타리 너머로 수줍은 듯 고개 내민 불그레한 얼굴, 송이송이 이글거리는 청순한 눈빛, 터질 듯 풍만한 봉우리에 매료당해 탄성을 지른다. 손이라도 슬쩍 만져보고 싶다. 가슴에 안아보고 싶다.

꺾지 말라는 아내의 말을 질투심으로 들으며 한 송이 꺾었다. 눈에 보이는 날카로운 가시를 떼 내고 입맞춤하며 가슴에 품어본다. 말대꾸도 않는 아내를 흘겨보며 이리저리 매만지다 감전된 듯 갑자기 손가락을 움칫한다. 아름다운 장미에는 가시가 있다지만 눈에 잘 띄지 않는 가시가 잎 뒷면에 숨어 있는 줄은 미처 몰랐다. 자잘한 털 가시가 손등 여러 곳에 박혀 마음을 뺏어간다. 아름다움도 잠시잠깐, 정이 뚝 가신다. 찔

레꽃은 초라해 뵈지만 차라리 은은한 향기라도 남아 있으련만.

언젠가 캐나다 여행 중, 세계 미인대회에 참가한 각국의 미녀들을 호텔 로비에서 만난 일이 있다. 수영복 차림의 쭉쭉 빠진 열댓 명의 내로라하는 미인들을 우연찮게 가까이서 볼 수 있었던 것은 분명 행운이었다. 일행 중 어느 누구라 할 것 없이 그녀들과 사진이라도 한 번 찍어보려고 안달이었다. 빼어난 아름다움에 어느 사내치고 눈요기 한 번 해보고 싶지 않았겠는가. 하지만 그런 미인들에게도 숨은 가시는 없지 않을 터, 어찌 아름다움만 있을까.

빼어난 그림도 적당한 거리에서 감상해야 하듯, 아름다운 꽃도 거리를 두고 보아야 여운이 남는다. 고상한 향기도 스쳐 지날 때가 은은하고 매력적이지, 향기 속에 묻히면 구역질이 날 수도 있다. 아름다운 무지개도 멀리서 보아야 제멋이고, 굽이굽이 능선도 멀리서 봐야 깊은 사색에 잠길 수 있다.

존경하는 사람도 가까이서 자주 만나게 되면 그분의 약점이 보이고 허점이 드러나기 마련이다. 정말로 존경하고 싶은 분이 있다면 그분에 대한 더 많은 정보를 얻으려 하지 말아야 한다. 범인들에게서 알고 싶은 것 다 알고 나면 정이 떨어지고 혀를 차게 될 일이 생기지 말라고 어느 누가 장담하겠는가. 좋은 관계를 오래 지속하기 위해서는 적당한 거리를 두어야 한다.

세상에는 유혹하는 것들이 많다. 돈과 권력과 명예도 끝이 없고 사치와 유흥도 자주 손짓한다. 마약만이 사람을 병들게 하겠는가. 게임이나 노름도 빠지기 시작하면 넘어지기 십상이다. 유혹의 손길 뒤에 감추어진 가시는 잘 보이지 않는다. 호리는 말에도 자잘한 털 가시가 없나 살펴볼 일이다.

| 5매수필_정영선 |

코 아

코아는 우리 집 강아지 이름이다. 작년에 사위가 제 아내를 위해서 사 온 강아지다. 처음 데려올 때는 태어난 지 열 흘쯤 되었는데, 이제 1년이나 자라서 제법 개 짖는 소리도 낼 줄 안다. '푸들' 종류이며 몸집에 비해 귀가 크고 다리가 날씬하며 털이 곱슬곱슬하다. 마치 파마한 것 같은 털빛이 코코아색을 닮았다고 하여 '코아' 라고 이름 지었다. 애칭으로 '코키' 라고 부르기도 한다.

코아는 지난 일 년 동안에는 딸과 사위의 사랑을 듬뿍 받다가 딸이 아기를 낳자 우리 집으로 오게 되었다. 평소 개를 좋아하지 않던 나는, 코아를 남에게 주어버리자고 했으나, 아이들이 사정을 하는 바람에 할 수 없이 받아들였다. 나에게 강아지는 결코 달가운 존재가 아니었다. 개를 키우게 되면 집도 더러워지며 신경도 쓰일 것 같아서였다. 그리고 무엇보다도 어릴 적, 동네 골목에서 큰 개에게 쫓겨 도망가다가 물렸던 경험이 있어서 개만 보면 조그만 강아지라도 겁을 내어 오금을 못 펴기 때문이었다.

그런데 개를 키워보니 이처럼 귀여운 짐승이 또 있을까 싶다. 아침에 일어나면 제일 먼저 달려와 내 발을 핥으며 문안 인사를 하고, 오후에 퇴근을 하면 발자국 소리만 듣고도 현관 앞까지 달려 나와 뛰어오르며 그렇게 반가워할 수가 없다. 잠깐 외출을 했다가 들어와도 마찬가지다. 사람보다도 더 반겨주는 강아지에 감동을 받을 때가 많다. 내가 거실에 가 앉으면 저도 따라와 거실에 앉고 내가 방으로 가면 방으로 따라와 발밑에 납작 엎드린다. 한밤중에 일어나도 어느새 깨어 나를 따라다닌다. 어떤 땐 자식처럼 내 무릎을 베고 잠들 때도 있다. 이렇게 붙임성이 좋은 짐승이 있을까?

그러나 코아의 이러한 붙임성 있는 행동 때문에 내가 갑자기 강아지를 귀여워하게 된 것은 아니다. 가족의 식사시간만 되면 식탁 밑에 앉아 먹고 싶다는 듯이 애처롭게 바라보기에, 사람이 먹는 음식들을 이것저것 먹이게 되었는데, 어느 날 배탈이 나서 피똥을 누고 난 뒤부터다. 강아지가 사람 먹는 물김치도 먹고, 마늘 들어간 완자도 얻어먹고, 돼지고기 삼겹살도 먹다가 피똥을 누게 된 것이다. 배탈이 나서 아무것도 먹으려 하지 않고 기운 없이 엎드려 있는 모습을 보니 너무 가여웠다. 이러다가 어린것이 죽을까봐 걱정도 되었다. 딸이 동물병원에 데려가 약을 타 먹이고, 특히 주의를 하니 코아는 다시 건강해졌다. 강아지도 주인의 보살핌과 사랑이 없이는 살아갈 수 없는 존재라고 느끼고 연민의 정이 들게 된 것이다.

요즘에는 코아와 저녁산책을 하는 재미가 생겼다. 코아가 잘 알아듣는 몇 개의 단어가 있는데 그중 하나가 '산책' 이다. 눈을 반쯤 감고 졸고 있다가도 " 코아, 산책갈까? 산책!" 하면, 갑자기 눈이 초롱초롱해지면서

팔짝팔짝 뛴다. 빨간색 목줄을 가지고 오면 목을 내어밀며 짧은 꼬리를 흔들어댄다. 어두워진 강변길에 강바람 쏘이며 저랑 나랑 앞서거니 뒤서거니 하면서 산책을 할 때 가끔 '이런 게 행복인가?' 하는 생각마저 든다. 편안한 차림으로 강아지 코아를 데리고 강변을 산책하며 둘만의 추억을 만들어가고 있다.

| 5매수필 _ 진재수 |

산이 주는 선물

교단에서 물러난 옛 동료 수명이 매주마다 한번 모여서는 곧장 산길에 들어선다. 산행이다. 산이 좋아 수년째 이어지고 있다. 걸으면서 한 주일 동안 참았던 세상 사는 얘기를 나누며 숲속 길을 기분 좋게 걷는다. 그래서 주변의 높고 낮은 산은 안 오르고 안 다닌 곳이 없을 정도로 우리 동아리(?)의 산행 발자취는 부지런하다.

그러나 몇 년 전에는 멀리 있는 높은 산에 올랐으나, 이젠 생의 황혼녘이 되니 가까운 낮은 산을 찾게 된다.

그날은 여름 장마 끝에 드물게 쾌청한 날씨라 멀리 높은 산에 오르기로 작정하고 발걸음을 옮겨 놓았다. 시작은 산바람 치달아 오르듯 설렁설렁 신발도 가볍게 오르다가 산허리쯤일까, 아들부자 ㅎ교장과 다른 몇 분이 힘들어서 더는 못 가겠다고 한다.

“무리는 금물, 할 수 없지, 여기서 쉬어요!” 딸부자 ㅇ교수와 함께 계속 전진이다.

나는 산에 오르기 시작하면 더 오를 곳이 없는 능선 노루막이나 정상에 발을 디뎌야만 산행의 맛을 느끼니 끝까지 간다.

높이 오를수록 하늘 향해 쭉쭉 뻗은 우람한 소나무들, 금송 적송인가, 밑둥치엔 두꺼비 등짝 무늬의 솔보굿에서 진한 솔 냄새, 갈비(낙엽) 삭은 흙냄새가 어우러져 산이 풍기는 상큼한 향기로 가슴이 다 시원하다.

가쁜 숨을 몰아쉬며 발밤발밤 나가는 데 선바위와 너럭바위가 앞길을 가로막는다. 커다란 덤 서리를 돌아 기어오르는데 뒤따르던 한 짝도 힘들어 더 못 가겠단다.

"여기서 쉬겠다, 혼자 갔다 오세요" 한다.

다시 힘을 다하여 한갓진 오솔길을 혼자 간다. 그러나 발걸음보다 마음이 바빠진다.

해발 700고지 8부 비탈길을 다 올랐을 때다. 길섶 부듭솔 곁으로 뭔가 무두룩이 솟아 있는 것이 한눈에 들어온다.

"저게 뭔가?" 가까이 가서 보니 "앗, 이럴 수가!" 한 무더기의 송이버섯이다.

산삼이라면 "심봤다." 가슴이 뛰는 경이로움으로 조심조심 수습하니, 크기와 모양이 사람으로 치면 장년의 훤칠하게 잘생긴 다 자란 것 둘, 한창 피어나는 청년 같은 중간 것 넷, 앳된 옥동자 같은 작은 것 둘, 모두 여덟 꼬투리다.

송이들은 깊은 산 솔밭에서 사철 부는 바람과 하늘의 비와 포실한 흙의 오묘한 조화가 빚은 자연의 창작품이다. 놀랍다. 그것을 거둔 내 몸에선 송이 향기가 풋풋하다.

그럭저럭 십수 년을 친구들과 산이 좋아 산에서 길을 찾던 나에게 산의 혼령이 있어 정기精氣로 빚은 정수精髓인 '송이'를 선물로 주는 것인가.

산을 내려와서 그날 해거름까지 그 귀한 것으로 하여 우리는 더없이 감사하고 행복했다.

| **5매수필 _** 최문석 |

노인 동기생들에게

법정 노인 연령을 7년이나 넘긴 나이의 나는 분명 노인이다. 동갑내기 친구들이 평균수명을 들먹이며 우리들의 장장한 앞날을 강조하지만 그들의 얼굴에 묻어나는 늙음을 읽고 나는 마음속으로 편지를 쓴다.

노인은 당당해야 한다. 일요일 아침 TV대담에 나와 지난날의 회고담을 들려주는 명사들의 얼굴에서 조용하면서도 자신에 차 있는 얼굴을 보면서 저것이 노인의 얼굴이라는 생각을 한 일이 있다. 저들은 국가적 과제의 중심에서 일을 처리한 사람들이지만 우리는 직장이나 가정의 중심에서 지난 세월을 요리한 사람들이 아닌가. 이사 갈 때 버리고 갈까 두려워서 맨 먼저 앞자리에 올라앉는 걱정은 접어두자. 요즈음은 한 술 더 떠서 장롱 안에 숨었다가 쓰레기장에 버려진다는 우스갯소리 같은 건 무시하자.

노인은 순리의 지혜가 있어야 한다. 세상을 살아온 시간이 많으니 여러 가지 일들의 시작과 끝을 경험했기 때문이다. 요즈음 나는 젊은 사람들을 만나서 농을 할 수 있을 때는, 내가 늙어보니 귀도 잘 안 들리고 눈도 침침하여 불편한 게 너무 많다 너희들은 늙지 말라고 말한다. 아무도 '예 그러겠습니다' 하고 대답하는 사람은 없다. 늙는다는 것은 자연현상임을 다 알기 때문이다. 자연에는 법칙이 있고 그 법칙을 거스르지 않고 사는 것이 행복임을 역설적으로 설명하고 싶은 것이다. 그것을 이해하는 것은 경험이지만 실천하며 사는 것은 지혜이기 때문이다.

친구들아 우리는 칠십 년이 넘는 세월을 함께 살아온 게 얼마나 정겨운 일이냐? 역사의 고빗길을 함께 걸었다는 사실이 이해의 폭을 넓히기 때문이 아니겠는가. 똑같은 육이오 남침 전쟁을 겪으면서도 우리의 선배들이 총알이 날아오는 산야에서 죽음을 무릅쓰고 싸우고 있을 때 우리는 숙제가 없는 학교생활을 즐기면서 들판에 버려진 총알이나 주워 화약을 뽑아 불꽃놀이나 하면서 지낸 일을 우리의 선배들은 어찌 알겠느냐? 또 젊은 시절엔 새마을 노래에 맞춰서 우리들의 가난을 자식에게는 물려줄 수 없다는 생각으로 밤과 낮을 가리지 않고 오직 일하는 재미로 살아온 시절을 요즈음의 노동법이나 따지는 젊은이들이 어찌 알 것인가. 그러나 야단치거나 욕하지는 말자. 우리의 선배들이 총알이 날아오는 전쟁터에서 얼마나 무서움에 떨었는지 우리들은 이해할 수 없었잖아. 노인 동기생들인 우리만의 어린 시절과 젊은 시절의 이야기가 아니겠는가. 그러하니 너무 오래 살려고 욕심부리지 말자. 때가 되면 여행을 떠나듯 그렇게 가볍게 가자. 몸에 좋다고 뱀이고 지렁이고 닥치는 대로 잡아먹고 있는 모습이 오히려 추하더라. 그러나 건강을 지키도록 노력해야 한다. 늙은이가 병들면 불쌍해진다. 힘들더라도 계단 하나라도 걸어 올라가면서 내 몸은 내가 챙겨야 한다. 노인이 추하거나 불쌍해지면 당당해질 수가 없다.

열심히 공부하자. 새로운 것을 안다는 것은 신나는 일이다. 얼마 전 나는 황혼의 하늘을 보면서 술잔을 기울이고 있었다. 붉지도 노랗지도 않은 신비의 구름 색과 모양을 보면서 자연의 아름다움에 새삼 놀라고 있었지. 그러다 술맛에 빠져 잠깐 딴생각을 하는 새 시간은 흘러 다시 하늘을 보니 그 아름다운 구름이 간 곳이 없다. 그때 나는 어두워지면 구름이 없어진다는 사실을 깨닫고 새삼 놀랐다. 그 많은 날들을 하늘과 구름을 보아 오면서 해가 지면 구름이 안 보인다는 사실을 처음으로 깨달은 것이다. 알고 있다는 사실의 허무함이여!

그러나 진정 우리가 공부해야 할 일은 한 번씩 우리가 어디로 갈 것인가를 스스로에게 물어보면서 살아갈 일이다.

| 5매수필 _ 한석근 |

가을꽃 풍미豊美

가을이라면 단풍이 아름다운 계절이다. 단풍보다 아름다운 가을꽃을 찾아 떠나는 여행도 큰 의미가 있다.

아침저녁 옷깃에 스치는 바람살이 삽상颯爽하지만 한낮에는 창으로 비치는 햇살이 한결 따스하고 감미로움을 안겨준다. 이럴 때 가깝고 먼 곳으로 여행을 떠나보면 가을의 참맛을 느낄 수 있다. 강바람에 가녀린 꽃대를 흔들거리는 코스모스는 마치 엷은 구름이 내려앉은 듯하고 메밀꽃의 정겨움은, 보료를 깔아 놓은 듯한 꽃무릇, 천상의 화원을 연상하게 하는 금대봉 등, 산과 들녘을 수놓은 꽃의 향연에 초대받는 것도 나쁘지는 않을 것이다.

메밀꽃이 피는 봉평의 높고 얕은 산기슭은 무리로 핀 메밀꽃이 하늘의 구름궁전을 이룬다. 달빛 아래서 바라보는 메밀꽃은 마치 왕소금을 뿌린 듯 환상적이다. 이백은 술 취해 길을 걷다 달빛 아래 비치는 눈이 덮인 세상을 '월백설백천지백月魄雪白天地白'이라 할 만큼 달빛과 눈을 예찬했다. 달빛 어린 하얀 메밀꽃밭은 환상적이다. 그래서 봉평의 가을은 단풍보다 가을 메밀꽃이 더욱 아름답다고들 한다.

어찌 메밀꽃뿐이던가? 도심에서 벗어나 잠시 교외로 나가보면 도로변에 엷은 미풍에도 하늘거리는 코스모스는 노랑, 빨강, 분홍, 하양 등 여러색 꽃들이 손을 흔든다. 전국 어느 곳에 가도 가을만이 느낄 수 있는 가을꽃이다.

가을꽃이라면 피를 토하듯 붉게 피는 꽃무릇을 빼놓을 수가 없다. 꽃무릇은 지역에 따라 다르게 이름 붙이기도 하는데 경상도 지방에서는 사화사라 부르기도 하고 융동초隆冬草라고도 한다.

꽃이 피는 늦여름과 초가을엔 꽃이 무리지어 탐스럽게 피어나고 꽃이 지면 시든 대궁이 아래쪽에서 난잎 같은 잎이 돋는다. 꽃과 잎이 서로 다르게 피어나므로 상사화(草)라고 부른다. 이 꽃말에는 애틋한 사랑이야기가 전해온다.

승려를 짝사랑한 한 여인이 애모의 정을 어쩌지 못해 상사병이 난 애절한 마음으로 묘사되어 상사화라고 불리기도 한다. 대개 사찰 주변에 많이 심어져 있다. 핏빛 같은 선홍빛과 엷은 분홍을 곁들인 베이지색도 핀다. 우리나라 최대 군락지는 영광의 불갑사 주위로 꽃무릇 군락지로 알려져 있다.

이들 가을꽃에 뒤질세라 고산지대에서 피는 꽃향유, 산부추, 잠취, 마란화가 10월이 다 가도록 피고 진다. 강원도 인제군 곰배령의 금대봉에 자리 잡은 '천상화원' 도 피고 지는 꽃들이 많으나 백두산에서 본 마란화馬蘭化 군락지는 내 일생에서 영원히 잊을 수 없는 곳이다. 수백만 평 초지에 군락을 이루고 노랑과 남색으로 핀 꽃들은 천상에서나 볼 수 있는 꽃으로 경탄을 금치 못했다. 백두산 깊은 골짜기에서 해빙과 더불어 산정으로 부는 바람의 방향 따라 크고 작은 꽃들이 피며 천태만상의 색채와 모습은 환상을 넘어 자연의 신비함에 경탄을 금치 못한다.

봄에 피는 꽃은 꽃색이 대체로 화려하다. 뿐만 아니라 향기로워서 벌과 나비가 찾아들어 은밀한 꽃술의 꽃가루로 교접을 맺고 씨앗을 맺어 종족을 번식케 한다. 가을꽃은 화려하거나 향기롭진 않아도 꽃을 보는 마음은 봄꽃보다 훨씬 경이감을 자아내게 한다.

강바람에 하늘거리는 코스모스를 바라보며 하늘이 높아진 가을, 가을꽃을 찾아 여행을 즐기며 인생의 풍요를 마음에 담아보자.

| 5매수필 _ 허익구 |

보름이의 애인

보름이가 우리 집에 온 지도 금년 말이 지나면 만 16년이 된다. 둘째 딸이 초등학교 4학년 때부터 1년간 졸라대며 강아지타령을 하는 통에 뒤치다꺼리를 책임진다는 약속을 받고 3개월 된 요크셔테리어를 데리고 왔다. 가끔씩 방바닥에 실례를 하기도 했지만 대체로 화장실 정도는 구별할 만큼 길을 잘 들였다.

그러던 보름이가 몇 개월이 지나고부터는 개구쟁이로 돌변했다. 닥치는 대로 물어뜯는 건 일상이고, 산책길에서 만난 암컷이 생각나는지 자꾸만 밖으로 나가자고 보채기도 하고, 아이들이 보고 있어도 수컷의 본능적인 행동을 여지없이 보여주어 어떤 때는 민망스럽기까지 했다. 늘 함께 놀아줄 처지도 아니어서 친구처럼 가지고 놀도록 같은 크기의 강아지 인형을 하나 사주었다. 처음에는 겁을 내고 조심을 하더니 며칠이 지나고부터는 가장 가까운 친구가 되었고 언제부턴가 떼어놓을 수 없는 사이가 되었다. 우리 집에서는 아예 강아지 인형을 보름이의 애인이라 부른다. 잠을 잘 때는 꼭 인형과 함께 잠자리에 들었고 언제나 가까이에 두지 않으면 안절부절못하는 것 같았다. 어쩌다 곁에 인형이 없으면 이 방 저 방 다니며 방문을 긁어 대기에 찾아주지 않고서는 모든 식구들이 잠을 잘 수가 없었다. 인형을 찾아주면, 안고 뒹굴고 실컷 가지고 놀고 나서야 잠이 들곤 했다. 더러워진 인형을 세탁하여 창틀에 말려두면 한 사코 내려달라고 동네가 시끄럽게 짖어대는 바람에, 드라이기로 얼른 말려 주기도 했다.

이제는 귀가 떨어지고 단추로 된 눈도 떨어지고 남은 것은 강아지 형태뿐이다. 보기가 흉하여 새로운 강아지 인형을 사주었더니, 쳐다보지도 않고 헌 것을 고집하기에 어쩔 수 없이 지금까지 다 망가진 인형을 천생연분인가보다 하고 그대로 애인으로 정해두고 있다.

강아지 나이 열 살만 되어도 사람으로 치면 70세는 족히 된다고 하니 보름이는 8, 90대 노인쯤은 될 것 같다. 지난겨울에는 기관지협착증으로 호흡곤란이 심하더니 최근에는 백내장으로 눈이 잘 안 보이고 귀도 어둡고 관절염으로 뒷다리를 쓰지 못해서 볼일 보는 일도 잡아주어야 한다. 이젠 보름이의 후일을 기약할 수가 없다. 그러나 시간이 흐르고 몸이 성치 않아도 변하지 않은 것은 여전한 보름이의 애인에 대한 사랑이다.

'개만도 못하다' 는 말이 있다. 사람은 은혜를 잊어도 개는 주인을 배신하지 않는데서 나온 말인 것 같다. 만물의 영장이라는 사람들이 쉽게 버리고 쉽게 떠나는 것이 일상화되어 버린 오늘이 안타깝기만 하다. 한 가지 바람은 보름이가 헤진 애인에게 끊임없는 애정을 쏟는 것처럼, 잊혀져가던 우리 기억 속의 사람들을 한 번씩 돌아보는 여유를 가졌으면 하는 생각을 해본다.

5매수필 _ 허표영

향기와 열매

반음지의 경사진 면에 편백나무가 울창하다. 천천히 걸으면서 피톤치드 향을 사양하지 않고 받아들인다. 개인이 몇십 년에 걸쳐 조성했다는데 이렇게 산책을 나온 사람들에게 혜택을 주고 있다. 향기는 누구에게나 공평하고 주었다고 대신 뭘 바라는 게 없다. 향긋한 나무 향이 전신을 위무하듯 감싸 안는다.

나무 사이로 청설모가 쫓아다닌다. 낙엽이 얼어붙은 땅을 헤집고 메마른 나무를 타고 오르내리지만 소득이 별로인 것 같다. 내일모레가 동지인데 무슨 먹을 만한 열매가 남아 있겠는가. 안타까운 시선이 기다란 꼬리를 따라 움직이는데 나무 밑에 엎드린 사람이 보인다.

나이 든 여자가 숲 사이에서 무엇인가 줍고 있다. 들고 있는 비닐봉지에 한 주먹 수확물이 담겼다. 무엇을 줍느냐고 물어보니 편백나무 열매라고 한다. 베개 속에 넣을 거란다. 사업에 실패한 자식이 밤잠을 이루지 못해 숙면에 도움이 되는 베개를 만들어주고 싶단다. 들고 있는 봉지의 분량이 적어 보인다. 언 손을 비비며 동토를 누비는 어머니의 마음은 오직 한 군데에 있는 듯했다.

편백나무 열매는 찾아봐도 쉽게 잘 보이지 않았다. 손가락으로 집기에도 힘들 만큼 작은 데다가 땅이나 나뭇잎 색깔과 비슷한 황갈색이었다. 한 개 주워보니 옥수수 알갱이만 하다. 종피는 강냉이뻥튀기처럼 튀어서 갈라졌는데 한 조각 안에 씨앗 몇 개씩이 들어 있단다. 떨어지면서 달아났는지 내 눈에는 한 알갱이도 보이지 않았다. 땅을 헤집다 말고, 나는 무한정으로 나눠주는 나무 향기만 가지고 길을 나섰다.

숲 중간쯤 왔을 때 또 편백나무 열매를 줍고 있는 남자 한 사람이 보였다. 그는 고향의 산자락에 심어볼 예정이라고 했다. 한 번도 시도해본 적은 없지만 눈을 틔워보고 싶다고 했다. 열 개 심어 한 개라도 성공한다면 좋지 않느냐는 것이다. 이번에는 내 눈에도 몇 알이 쉽게 보였다. 그것을 주워 아저씨께 넘겨주며 잘 키우기를 바랐다. 숲이 무성한 아저씨의 꿈이 이루어지기를 성원해주었다.

산책코스를 돌아서 나오는데 부지런히 쫓아다니던 청설모는 먹이를 얼마나 주웠을까라는 생각이 들었다. 나무가 익혀주는 열매를 놓고 그것을 노리는 이들이 서로 다투고 있다. 정작 나무는 자신의 씨를 남겨 생존을 유지하고, 종족을 늘리고 싶다. 수산물도, 날짐승도, 야생식물류도 그런 의도로 수많은 종자를 퍼뜨리고 있다. 바람이나 물, 동물들의 이동성에 번식을 기대기도 한다. 그런데 중간에 탐욕스런 자들이 생명의 씨앗을 남겨두지 않으려는 것처럼 탈취하고 있다. 심지어 천연기념물로 보존되는 동식물까지 손을 대는 탐욕들이 존재한다. 저마다의 욕심을 가지고 조금 더 소유하려고 쟁탈전을 벌이고 있다. 씨앗이 포근히 내려앉아 싹을 틔울 안식의 땅은 어디에 있을까.

불치병으로 하반신 마비가 되어가는 아들을 업고 다니던 노모가 있었다. 어머니의 소망은 아들의 이런 상황을 받아들일 만한 여자를 얻는 일이다. 그 사이에서 대가 끝나지 않는 손주를 보고 싶다고 했다. 자손을 남기고 싶어 하는 인간의 본성이 고개를 끄덕이게 했다. 사람들은 자신들의 종족 보존을 위해 어떤 희생도 감수하고 매달린다.

씨앗을 업고 다닐 수 없는 나무는 제자리에서 종자를 뿌릴 뿐이다. 부디 좋은 곳에서 자리를 잡아 싹을 틔워 자라기를 바란다. 눈에 띄는 열매 몇 알을 인근의 부드러운 흙속에다 묻어준다.

아낌없이 선사하는 향을 부담 없이 받아들이며 천천히 편백나무 숲을 벗어나온다.

용龍의 꼬리에 매달려

별이 잠든 밤, 달력에는 용의 꼬리만 보인다. 노래방에서 지나친 그 세월이 나를 울린다고 피나도록 목청을 세웠지만 방음벽이 사위를 허락하지 않았다. 벌써 송구영신의 에필로그가 서릿발을 손짓한다. 아무리 생각하고 또 생각해도 인생은 음지가 있으면 양지가 있고, 오르막이 있으면 내리막이 있다는 말이 딱 들어맞는다.

외양으로 행복하여 어깨 펴고 거만하게 설치다가도, 이내 천길 단애로 추락하는 꼴도 있으니 말이다. 부귀권세도 그렇고, 화복길흉이 그러하니 사람 사는 세상 모두가 진짜로 새옹지마이다.

살다보면 모자라고 없는 것이 수치이고 원망스러울 때가 있는가 하면, 오히려 넘치고 가진 것이 많으면 내내 걱정이고 우환일 때도 있다. 집이 없어 화재는 상관 없고, 전답이 없으니 수해볼 걱정도 없는데, 다만 위장이 탈이 안 났으니 밥걱정만 하는 혈혈단신도 있다.

나는 요즘 내 스스로 잘 알면서도 모르는 체하고, 소리치며 대항하고 싶어도 고개 숙인 남자가 되어버렸다.

지난날 서른이 되고 마흔이 될 때만 해도, 무엇 하나 부러울 것 없이 천방지축 제법 재미가 났었다. 어른이 되어가는 보람과 함께 아이들이 귀엽게 매달리고, 멀리서 가까이서 부르고 따르면서 유혹하는 치맛자락도 있었으니, 백만장자 부귀영화에 눈 돌릴 필요도 없었다.

심청이가 효성이 지극하고 용궁의 제물이 되었기에 이승에 환생하였고, 처용의 심대한 관용이 역신을 감동하였기에 지금도 부적의 효험이 있다는 것이다. 예순의 이마에 자리잡은 주름살이며 귀 위에 선보이는 백발의 뭉치가 바로 어제인데, 올해가 단지 흑룡해라고 오도방정만 떨어대면 또다시 후회만 거듭하게 된다.

정직하고 착한 사람은 하늘이 복을 내리고, 착하지 않고 악한 사람은 하늘이 벌을 주고 화를 내린다고 했다(爲善者 天 報之以福 爲不善者 天 報之以禍). 무턱대고 청룡, 백룡, 적룡, 황룡이라 날뛰고 유혹하면 참말로 잔악한 북룡의 아가리에 씹히고 만다.

용띠! 내 인생의 천륜인가 보다. 금년에는 정직과 신뢰와 청렴을 겸비한 호국룡이 국민 앞에 당당하게 등극할 것이다. 용은 나이를 먹으면 승천하고 곡예사는 시간이 가면 땅에 떨어진다. 언제 어디서나 인생은 고뇌의 연속이며 중단은 없다.

나는 오늘도 코스모스 웃음 짓는 오솔길을 걷고 있다.

| 5매수필 _ 황광지 |

곶자왈

에코랜드 관람은 시작부터 사람의 마음을 흔들어 놓았다. 기차 탑승 때문이었다. 수학여행 온 청소년들도 많았다. 팔팔한 청소년들도 걷는 것을 별로 좋아하지 않아, 다리 힘이 없어 걷기 힘든 노인네들보다 더 반겼다. 기차를 타는 즐거움 위에 걷지 않아도 되는 편안함이 보태어져 좋아했다. 아직 다리에 힘이 좀 있는 나 같은 중늙은이는 건강을 위해 부지런히 걷는 걸 즐기지만, 역시 유람기차를 타는 설렘은 최고였다. 기차를 타고 숲길을 달리는 낭만의 시간이 펼쳐졌다.

나름대로 멋진 제스처로 안내하는 청년들의 환송을 받으며 기차가 출발하자, 나는 한 낱말에 꽂혀버렸다. 곶자왈. '숲길' 의 제주도 사투리다. 귀에 솔깃한 음성으로 안내방송을 하는 아가씨는 '이제 우리는 이 기차를 타고 곶자왈을 달리게 된다' 고 일러주었다. 그냥 숲길로 보이던 에코랜드의 경관이 아가씨의 입에서 '곶자왈' 이 발음될 때마다 제주요정이 만들어 내는 판타지 세상으로 변하는 듯하였다. 낱말 하나에 이렇게 기분이 달라지다니. 장난감 같은 기차를 타고 곶자왈이란 미지의 세계로 가는 우리들. 최강 동안임에도 불구하고 나만큼이나 나이 든 김 계장도 키다리 손 팀장도 천진한 웃음을 터뜨렸다.

낯선 낱말이 좋아 나는 곶자왈, 곶자왈 수시로 입에 올려 보았다. 한 나라 안에서도 생판 다른 '숲길'과 '곶자왈'로 쓰는 말이 신기했다. 어디에서 비롯된 것인지 짐작조차 알 수 없는 완전히 낯선 제주도 사투리는 자체가 판타지였다. 이전 제주도여행에서는 '숨비소리'에 꽂혀 여행 내내 이 말을 입에 올리며 다녔다. 해녀들이 물질을 끝내고 물 위로 솟구칠 때 뿜어내는 숨소리라고 했다. 숨비소리는 그나마 이미지가 그려지는 낱말이었는데, 곶자왈은 말의 근원이 잡히지 않는 참으로 몽롱한 것이라 더 흥미로웠다.

안내방송하는 아가씨의 입에서는 '숲길'이 사라지고 '곶자왈'로 도배되었다. 울타리 속에 있는 조랑말 두 마리도 보고, 자연에 놓여 나 있는 사슴인지 노루인지도 스쳐 지나며 숲의 공기를 마셨다. 나무의 이름과 나무 사이로 고개를 내밀거나 무리 지어 있는 꽃들의 이름을 알려주는 아가씨의 낱말 속에서도 '곶자왈'만 속속 귓속으로 들어와 앉았다.

수필의 질감質感에 관하여

한편의 좋은 글을 쓰기 위한 방안으로 나는 가끔 미술의 '마티에르' 즉 질감을 생각해 보곤 한다. 물감, 캔버스, 펜촉, 화구 따위가 만들어 내는 재질감이 바로 '마티에르' 즉 질감이다. 한 폭의 그림을 그리기 위해 동원된 재료와 재질에 따라 달라지는 느낌 때문에 그림의 아름다움과 오묘함이 돋보이듯이 수필에서도 어휘, 문맥, 비유법 등으로 함축적인 극적 효과를 만들어내면서 서술이나 묘사를 아름답게 하고 생동감을 느끼게 할 수 있지 않을까.

언어의 표현양식은 글 쓰는 이에 따라 다르기 마련이다. 이런 개성 있는 글에서 독특한 맛과 향기와 빛깔을 느끼게 할 수 있다면 그것이 바로 질감 있는 글이 되지 않을까.

수필은 심미적 예술적 가치의 문학이라고 말한다. 그렇기 때문에 작품에는 어떤 기법이나 문체에 의해서 심미적 가치 즉 예술성이 확보되어야 하고 인생관이나 세계관 같은 철학적 사유가 깔려 있어야 한다. 이런 수필의 특성 때문에 짜임새 있는 구성과 미감 있는 수사법 등을 소홀히 하면 단조롭고 밋밋한 글이 되기 쉽다. 따라서 참다운 수필을 창작하기 위해선 질감에 관심을 가지는 것이 매우 중요하다고 말할 수 있다.

한편의 글을 쓰기 위해 동원되는 도구나 재료는 많고 다양하다. 소재와 제재의 선택, 숙성된 아이디어는 물론이고 문장구조나 통사방법, 비유 언어의 밀도와 어조 그리고 환유, 은유, 상징법 등의 적절한 활용 등이 작품의 질감을 결정하는 요소들이 아닐까 싶다. 이러한 요소들이 적절히 배합되고 조화를 이루며 작용할 때, 무미건조한 표현은 배제되고 글은 생동감을 얻게 된다. 이런 흥미와 생동감 있는 수필 속에 구현된 일상적인 경험과 정서 그리고 사유를 꿰뚫고 있는 심미적 관점에 독자가 쉽게 이끌리게 될 수 있을 것이다.

수필의 질감을 위해 덧붙이고 싶은 것들이 있다. 문장을 서술할 때의 템포와 변화, 어휘 선택과 사용에서 다의성이나 의미의 제층에 유념해야 한다. 또 필요에 따라 유머와 위트를 곁들이면 지적 쾌감과 정서적 감흥을 유발하는데 크게 도움이 될 것이다. 또 직설적 표현과 함께 에둘러 말하는 지혜도 있어야 한다.

이렇게 수필에서 질감의 효과를 살린다면 문장이 보다 사색적이고 암시적이고 정교하게 될 것이며 아울러 명쾌하고 음조가 아름다운 활기 있는 글이 될 것이다.

《수필문학》 등단. 제1회 한중 수필문학 심포지엄 주제발표 등 국내외 심포지엄 다수 주제발표. 재미 한인문인협회 초청특강 등 국내외 다수 수필 특강

수필에 있어서 문학성의 제각除却 요인들

—시사성과 일반적 사회성

하 길 남

1. 머리말

말할 것도 없이 수필의 문학성에는 여러 가지 사항들이 동원된다. 문학적 형상화에는 깨달음이나, 언어의 사물화 기법, 주제와 소재, 그 구조의 조직화, 수필의 미학적 상관화 등 문학성의 조건은 한둘이 아니다. 그런데 우리는 수필 작법에 있어서 대체적으로 가변적 시사성이나 일반적 사회성을 금기시하고 있다. 왜냐하면 수필에 있어서 이 가변적 시사성이나 일반적 사회상이 문학성을 저해한다고 믿고 있기 때문이다.

시사성이나 사회성이 문학성을 제각한다고 하는 사실을 우리들은 각자 저들의 이론적 근거는 물론 사실상 수필을 쓰면서 부지불식간에 터득하고 있는 것이 사실이다. 말할 것도 없이 인생이란 무엇인가 하는 본질적인 문제에 대한 탐구라는 소명, 이른바 득도, 그 영원성의 영적 영역에까지 회자되는 입장에서, 그 변화무쌍한 가변적 시사성이나 변화무쌍한 사회성, 그 한가한 일상의 담론들이 문학성을 담보할 수 없기 때문이다.

2. 가변적 시사성과 일반적 사회성

지난해 가정의 달 농번기 이전에 잡은 날이 2011년 5월 13일이었다… 한 달 후에 약속한 그날 11시 30분 귀향하여 지정된 불고기타운에 들어설 때는 이미 여성 노인들이 좌정을 하고 있었고…

—문명휘, 〈고향의 정감〉에서…(1)

1939년에 닫았던 메종을 1954년에 다시 연 샤넬 … 1968년 설립된 빠리 맞춤의상조합은 … 1960년도에 접어들면서 맞춤복 분야가 사양길에 들게 되어 거의 모든 유명 디자이너들이 그 분야에서 적자를 면치 못했다 … 1978년 7월말, 꺄르벤 메종 2층에 위치한 살롱에는 가을, 겨울 맞춤의 상쇼의 총 연습을 위해 디자이너들은 물론 직원들이 모여 있었다.

—정영자, 〈파리지엔느와 현대 모드사〉에서…(2)

해방후 특히 주목되는 현상으로서 우리는 여러 가지 점을 여기 열거할 수 있다고 생각하나 그 한 가지로서 나는 모든 한국 사람이 저마다 의견을 가지고 있고 그래서 기회가 있을 때마다 함부로 의견을 주장하고 있는 점을 들고자 한다. 어린이는 어린이대로, 어른은 어른대로, 노인은 노인대로, 부인은 부인으로서, 학생은 학생으로서 다들 자기만이 훌륭하다고 생각하고 있는 의견을 가지고 있고 또 그것을 항상 주장하려고 노심하고 있다.

—김진섭, 〈건국의 길〉에서...(3)

요사이 신문을 보면, 어느 날 교통사고가 몇 건씩 발생하지 않는 날이 없다. 그리하여 수많은 생명이 무상으로 죽어가고 있다. 그런데 그 대부분이 자동차 사고요, 또 기계 고장보다는 운전수의 부주의가 절대다수를 점한다고 한다. 버스를 타고 보면, 다른 버스의 앞장을 지르려고 굉장한 속력으로 경주를 하는 일이 많다.

어떤 때는 충돌의 위기에 부딪쳐 간이 콩알만 하여질 적이 많다. 이렇게 하여 사고는 늘 일어나기 마련이다. 그 기사가 신문에 나면 소름이 끼쳐지는 살생에 대하여 누구나 쾌감을 느낄 리는 만무하다, 또 모르고 지나치는 사람이 별로 없을 것이다. 자동차를 운전하는 운전수들에게 있어서 더욱 그러할 것이다.

—이희승, 〈운전수의 무모〉에서...(4)

마음대로 쓸 수 있는 돈이 있다는 것은 참으로 유쾌한 일이다. 이런 돈을 용돈이라고 한다. 나는 양복 호주머니에 내 용돈이 칠백 원만 있으면 세상에 부러울 사람이 없다. 그러나 삼백 원 밖에 없을 때에는 불안해지고 이백 원 이하로 내려갈 때에는 우울해진다. 이런 때에는 제분회사 사장이 부러워진다.

—피천득, 〈용돈〉에서...(5)

아침에 출근하면 도서관 입구에 있는 '초등학생 방과 후' 교실로 간다.

전날 늦게까지 공무하고 간 교실과 로비를 청소한다. 도서관 문을 열고 창문과 커튼을 젖히고 책을 정리하고 나면 11시쯤이 된다. 한숨 돌리고 책을 찾아보고 있으면 점심시간이 되고 1시경이 넘으면서 저학년 아이들부터 하나 둘 오기 시작한다…(가)

3월부터 9월까지 20만원이란 급료가 나오지만, 10월부터 다음 해 2월까진 완전 무료봉사다. 점심 사먹고, 어쩌다 늦으면 택시도 타고 하다보면 재산상으로선 별 소득이 없는 일이다. 그렇지만 내가 그 시간에 집에 있으면 대부분 TV를 보거나 낮잠을 자곤 했다. 오후 5시경엔 아이들도 뜸해져서 흩어진 책들을 정리하고 그날 근무일지를 쓰고 청소를 하고 나면 나의 하루 근무가 끝난다. 퇴근하는 발걸음이 한결 가볍고 상쾌하다. 이곳에 근무하는 10명 중 5명은 평생교육원 실버 반에서 만난 친구들이다. 2인 1조로 5일간 일한다…(나)

—전옥자, 〈맑은 누리 작은 도서관〉에서…(6)

이 고장 군수님이 마을마다 특색 있는 전통음식을 찾아 상품으로 개발하여, 주민들의 소득을 높여주려는 뜻에서 올 9월에 '와일드푸드 축제'를 연다고 하시니, 완주군 소양면장은 그 축제에 출품할 음식을 찾아내기 위해 철쭉 졺 음식 품평회 '를 열었다…

전북도청 문화관광과 방문을 열었다. 아는 사람이 없는데 사무실 문을 열고 들어가기가 두렵다는 것을 느꼈다. 아니 그런 일을 생각해 보지도 않았다. 스스럼없이 드나들던 관청이었는데, 민원인의 입장이 되니 관청 문을 열고 들어가기가 이렇게도 서먹서먹한지 모르겠다…

건강음료, 야쿠르트, 사탕, 과자를 보니 손이 저절로 그쪽으로 갔다. 얼른 사탕 하나를 입에 넣는 여유도 생겼다. 담당자가 직접 연필로 고쳐 써

준 보완서류를 들고 나오면서 권위적인 분위기에서 가족을 만나는 포근한 분위기로 바뀌어졌다. 다음부터는 편안한 마음으로 관청의 문턱을 쉽게 넘을 수 있을 것 같다. 이른 아침 전화벨이 울렸다. 수화기에서 흘러나오는 젊은 남자의 목소리를 들으니 엊그제 시청에 들러 기획조정국장실에서 만난 K과장이었다…

—박귀덕, 〈요즘 공무원〉에서…(7)

앞에 열거한 글들을 보면, 대체적으로 가변적 시사성과, 일반적 사회성을 그대로 노출하고 있는 것을 볼 수 있다. 이를 항목별로 짚어보면 대체적으로 다음과 같은 공통점을 발견할 수 있다.

3. 문학성 제각의 사유

서두에서도 잠시 언급한 바 있지만, 일시적인 것이거나 기업적인 것, 아니면 가변성이 강한 제재들은 문학의 본질인 항구성과 보편성을 기대하기가 힘들기 때문이다. 신문이나 잡지 등 언론계통에서 회자되는 이야기들은 사실상 존재의 본질적 지평, 그 진리를 담보하기란 힘든 것이 사실인 까닭이다.

인간의 삶, 그 본질적 화두, 그 깨달음의 지평, 문학 그 형상화의 길에서, 오늘 교통사고가 몇 건이나 일어났고, 날씨가 얼마나 덥거나 춥다든지 하는 온도계의 기록적 목록들, 그 사회적 시시비비 등이 문학작품으로 승화되기는 힘들 것이기 때문이다.

그래서 '시사성 있는 술어는 본질보다 덜 중요하다.' 고 한 쇼우의 말은 적절하다 하겠다.

가. 작품 (1) 및 (2)

말할 것도 없이 몇 년 몇 월 며칠에 누구를 만나서 불고기 파티를 열고, 몇 년도에 의상조합이 설립되고 또 몇 년도에 맞춤복 분야가 사양길에 접어들고 등 연도별, 혹은 계절별 맞춤의상쇼의 연습 등 시사성이 나열되어 있다. 우리가 아침을 몇 시에 먹는다거나, 몇 시 몇 분에 점심을 먹고, 하루에 용변은 꼭 한 번씩 보게 된다는 등의 일상적 시사성이나, 오늘은 금년 들어 제일 덥다는 등 그 일기예보 등을 늘어놓는다면, 그것은 신변적 메모나, 일반적 사회상 평설에 불과할 뿐, 문학작품이 될 수는 없는 것이다.

나. 작품 (3) 및 (4), (5)

작품 (3)은 저마다 주장이 분분했던 해방 후의 사회상을 제재로 한 글이요. 작품 (4)는 신문기사를 제재로 삼은 글이다. 작품(5)는 주머니의 돈을 제재로 삼을 글이다. 이와 같은 시사성이나, 일시적인 사회상을 다룬 것, 즉 가변적 시사성의 폭이 큰 글이나, 일반적 사회상을 그린 글들은, 인생의 본질적인 이른바 깨달음의 세계를 지향하는 문학적 작품으로서는 걸맞지 않는 것은 말할 나위도 없는 일이다.

수필이란 인생이란 가장 근원적인 본질문제에 초점을 맞추는 자세가 필요한 것이다. 그래야 수필작품이 가장 개성적이면서도 공간적으로 널리 읽히는 보편성에 닿고 시간적으로 영속하는 항구성에 이르게 될 것이기 때문이다. 이런 점에서 수필가 신상철은 자신이 쓴 수필에 대해서 시사성적 성격이나, 사회상으로 인해 문학성이 제각된 실례를 들고 있다.

며칠 전 외신 보도에 의하면 여론 조사에 나타난 일본인들의 사는 재미는 첫째가 '일하는 재미' 요, 둘째는 '자식 키우는 재미' 며, 셋째가 '성性의 재미' 로 나타나 있었다.

고 쓴 글에 대해서 다음과 같이 그 문학적 제각성을 설명하고 있다.

'며칠 전' 과 '외신보도' 는 글을 쓸 당시에는 구체적이고도 정확한 기술일 수 있었지만, 일년 뒤, 이년 뒤에 읽어보면 그것을 엉뚱한 거짓이 되고 마는 것이다. 시사적인 문제를 다룰 때 추상적이고 윤곽적인 표현이 요구되는 이유가 바로 여기에 있다.

다. 글 (6) 및 (7)

아침에 학교에 출근하여 몇 시 몇 분에 아침 청소하고, 도서관 문 열고, 창문과 커튼을 젖히고 11시쯤 책을 정리하고, 점심을 몇 시에 먹고, 1시경에 아이들을 기다리고, 오후 5시에 책을 정리하고, TV를 보고, 낮잠을 자고, 근무일지를 쓰고, 청소를 하고 등 그야말로 시간별 메모를 하고 있는 것을 보게 된다...(6).

군수님과 소양면장님의 지시사항이 나열되는가 하면, 도청문화관광과를 방문하는 등 그날 일정이 소상히 메모되어 있다. 그리고 건강음료, 야쿠르트, 사탕, 과자 등을 챙겨 먹는 이야기와 담당직원이 서류를 연필로 고쳐주는 일, 그래서 이제 편안한 마음으로 관청을 드나들겠다는 마음다짐을 적고 있다.

또 이른 아침에 전화벨이 울렸다는 이야기와, 전화를 받고, 시청에 들러 기획조정국장님과, K과장님, 그 젊은 남자의 목소리를 기억하게 되었다는 등의 메모형식의 글들이 진을 치고 있다...(7)

4. 마무리

이상 수박 겉핥기식이 되었지만, 마무리를 지어본다. 문제는 인간의 가장 기본적이며 본질적인 영원성의 철학적 문제에 대해 가변적 시사성이나, 일반적인 사회성으로 대처할 수가 없다는 것이다. 결과적으로 신변잡기라는 이야기도 사실은 여기서 연유한다 해도 변명할 여지가 없지 않을까 한다.

말하자면 실존적 인간 운명, 그 창조적 신성神性에 대해, 오는 일요일에는 바람이 많이 불겠다거나, 지난 수요일에는 자전거 교통사고가 몇 건 있었다는 등의 순간 귓전으로 흘리고 말 이야기들이 수필의 문학적 형상화를 담보할 만한 단서가 못 된다는 이야기를 다시 되풀이할 필요는 없을 것이다.

그것은 차라리 친구간의 한가한 논담과 같은 이야기로 문학작품이 되기에는 너무 지겨운 수작이라 하겠다. 사실상 귀에 걸면 귀걸이, 코에 걸면 코걸이 같은 응석으로 우리들에게 인생에 대한 긴장감 같은 자기 성찰의 기회를 불러오기는커녕 맹물과 같은 이야기가 된 까닭이다.

문학적 수필, 그 글은 진정 피로 쓰는 글이어야 할 것이다.

*참고문헌 : 신상철, 《수필문학의 이론》, 서울; 도서출판 삼영사, 1984.

2012 경남수필문학회 발자취

■ 제4회 경남수필문학회 시상 및《경남수필》38호 출판기념회

일시 | 2011년 12월 3일 토요일 오후 5시 **장소** | 마산 사보이 호텔
수상자 | 최문석 회원

■ 2012년 1월 월례회

일시 | 1월 21일 토요일 오후 4시 **장소** | 진주 '목해' **참석인원** | 16명
발표자 | 김정원 〈무제〉, 강천 〈닭이 먼저야, 달걀이 먼저야〉
*2월부터 수필작법 발표(회원 중에서 희망자에 한함)

■ 2월 월례회

일시 | 2월 18일 토요일 오후 4시 **장소** | 목해 **참석인원** | 22명
발표자 | 강수찬 〈약속〉, 유명숙 〈돌아서 제자리에〉
*이승철 회원 계간《한국생활문학》수필부문 수상
*정목일 회원 특강 '수필 쓰기의 관점과 탐구'
*이원기 회원 전국난협회 회장 취임

■ 3월 월례회

일시 | 3월 17일 토요일 오후 4시 **장소** | 창원 시골한우생고기
참석인원 | 22명
발표자 | 백남오 〈어머니의 가을 여행〉, 이동이〈멸치〉

■ 4월 정기총회

일시 | 4회 21일 오후 4시 **장소** | 목해 **참석인원** | 23병
*새 임원단 구성/ 회장 : 김미정, 부회장 : 정동호 이동이
감사 : 백남오 신서영, 사무국장 : 이정하
*특강 : 신일수 회원 '나의 수필작법'

*토의사항 : 회칙 변경 제5장 16조
– 3년 이상 불참, 작품 미제출, 회비 미납시 총회 거쳐 제명
*김미정 회원 한국문인상 시부문 본상 수상

■ **5월 월례회**

일시 | 5월 19일 오후 4시 **장소** | 목해 **참석인원** | 20명
발표자 | 류재식 〈석양녘의 콧노래〉, 신서영 〈하루〉
*직전 임원 공로배지 전달식
*하길남 회원 T.S.엘리엇 문학대상 수상
*정목일 회원 흑구문학상 본상 수상
*임원회 개최
*경남수필문학회 카페 개설
*출판회 및 문학상 시상식 장소 예약
*경남은행 광고 의뢰 방문 및 공문 발송
*경남에너지사 광고 의뢰 공문 및 회지 발송

■ **6월 월례회**

일시 | 6월 16일 오후 4시 **장소** | 마산 황금농장 **참석인원** | 21명
발표자 | 강돈묵 〈갯바위에서〉, 진재수〈비원〉
*신태순 신입회원 입회

■ **7월 월례회**

일시 | 7월 21일 오후 4시 **장소** | 목해 **참석인원** | 24명
발표자 | 허표영 〈금잔옥대〉, 신태순 〈검은 숲의 나골트 강을 따라〉
*서영수 회원 수필집 출간 《수필로 만나는 음악의 향기》
*본회 사업자등록증(고유번호) 신청 발급
*출판협찬 의뢰사(경남에너지) 광고 수락받음

■ **8월 월례회 (휴회)**

*광고의뢰은행 본점 2차 방문, 광고료 수여

*문화기금정산서 제출용 본회 통장 및 체크카드 만듬

■ 9월 월례회

일시 | 9월 15일 오후 4시 **장소** | 목해 **참석인원** | 28명

발표자 | 최문석 〈촉석루 예찬〉, 박주원〈전설의 흔적〉

특강 | 한석근 회원 〈동촌 한석근 수필론〉

*신입회원 입회 : 공대식 님, 심옥배 님

*문학기행 논의

*백남오 회원 두 번째 수필집 《지리산 빗점골의 가을》 출간

*경남스틸사 광고청탁서 공문 및 회지 발송과 수락

■ 10월 월례회 '문학기행'

일시 | 10월 20일 **장소** | 거제 일원 **참석인원** | 32명

*문화예술진흥기금신청 등록단체변경신청서 제출(진주시청)

*경남수필문학상운영위원회 회의 – 수상자 결정(황소부 회원)과 새 회칙 결의〔2013년도부터 당년직 회장이 경남수필문학상 대상자 심의위원을 지명(경남수필문학상운영위원 중 2명, 일반회원 중 3명), 수상자 심의 선정한다〕

*백남오 회원 출판회(지리산 롯지)

*정목일 회원 《지금 이 순간》 수필집 출간 및 저자사인회 개최(교보문고)

■ 11월 월례회

일시 | 11월 17일 오후 4시 **장소** | 마산 황금농장 **참석인원** | 19명

발표자 | 허학수 〈가을에는 떠나야 한다〉, 윤지영〈내리막길〉

*진주시 문화예술진흥기금 교부신청서 제출 및 기금 수령

*편집회의, 원고 교정

*최정임 회원 탈회

*지역문화예술육성지원사업 지원규모 변경안 제출

*국가문화예술지원시스템 사용자매뉴얼 설명회 참석(임원)

경남수필문학회 회원주소록

성명	주소	자택전화 · 직장전화
강대진	**667-822** 하동군 화개면 부춘리 705-1 topguby@daum.net	010-8521-7724
강돈묵	**656-892** 거제시 일운면 소동리 93-1 dmkang892@hanmail.net	682-4357, 680-1610 010-3892-4353
강수찬	**645-750** 창원시 진해구 풍호동 우성A 110동 402호 mun8049@yahoo.co.kr	010-3598-8126
강종엽	**667-913** 하동군 진교면 진교리 진교맨션 805호 6262mom@daum.net	883-5126 010-8520-5126
강지영	**660-904** 진주시 상평동 218-4 동신A 106호 Poldee@lycos.co.kr	010-5357-8324
강 천	**630-758** 창원시 마산회원구 내서읍 삼계리 삼계주공A 108동 603호 cheonkang@hotmail.com	011-874-2087
강현순	**642-600** 창원시 성산구 창원우체국사서함 137호 hyunsoon52@hanmail.net	283-9643 010-3554-9643
공대식	**660-764** 진주시 상대2동 상대한보타운 103동 908호 seckfa@daum.net	010-3847-0326
김미정 (회 장)	**631-150** 창원시 마산합포구 완월동 경남맨션 1동 1202호 mj2000k@hanmail.net	242-6869 011-581-6869
김정원	**660-310** 진주시 호탄동 삼성A 102동 701호 jwk4000@hanmail.net	753-3535 011-561-2851
김창환	**642-777** 창원시 성산구 상남동 대동A 105동 608호 11181104@hanmail.net	288-8117 010-6486-8118
도혜숙	**660-983** 진주시 이현동 235-1 덕산A 1507호 dhs3415@hanmail.net	745-3415 010-8262-3415
류재식	**660-767** 진주시 신안동 780-1 주공A 105동 403호 mjj8879@hanmail.net	010-6685-2194
박주원	**660-250** 진주시 강남동 245-31 joowon56@hanmail.net	752-0454 010-7722-0454
배대균	**631-442** 창원시 마산합포구 신포동 2가 46-6 배신경정신과의원 bnp1969@hanmail.net	246-8590, 244-7878 010-7525-8590
백남오 (감 사)	**631-867** 창원시 마산합포구 자산동 13-1 한백푸른A 706호 jilisarang13@hanmail.net	247-5079 010-2314-5071

성명	주소	자택전화 · 직장전화
서영수	**630-852** 창원시 마산회원구 내서읍 삼계리 9-2 musicseo@daum.net	010-2887-2847
서현복	**660-912** 진주시 대곡면 광석리 315-1 대곡한양A 1동 702호 hb0012@hanmail.net	746-0012 017-348-3726
손영희	**645-260** 창원시 진해구 태백동 산 98-1 경남문학관 내 chealsu9@hanmail.net	542-0619 010-9665-0127
신서영 (감 사)	**660-340** 진주시 수곡면 대천리 260-8번지 young104995@hanmail.net	752-4995 010-5547-4995
신일수	**660-020** 진주시 인사동 남성한주맨션 나동 303호 ilsooshin@hanmail.net	743-9033 011-552-8441
신태순	**645-806** 창원시 진해구 여좌동 131-35 sts1926@hanmail.net	010-5175-1926
심옥배	**656-933** 거제시 고현동 414-2 주영에이스빌 102동 501호 dewshim 1004@hanmail.net	010-5583-2546
안순자	**642-751** 창원시 성산구 남양동 성원1차A 105동 1403호 sobin52@hanmail.net	284-4351 010-9367-9127
안황란	**660-773** 진주시 주약동 156-1 현대성우팰리스 B동 1405호 hrahn@gnu.ac.kr	753-5439, 751-8887 010-5296-8735
유명숙	**660-832** 진주시 금곡면 두문리 650-10 freshyoo@yahoo.co.kr	755-4329 010-7334-4329
윤지영	**656-801** 거제시 고현동 860 롯데인벤스家 108동 901호 yunok06@hanmail.net	633-9150 010-2653-3130
이강섭	**637-802** 함안군 가야읍 광정리 1551번지	582-0626 011-880-0626
이광수	**642-820** 창원시 성산구 반지동 118-5번지 kslee1000@yahoo.co.kr	331-5867 010-5458-5686
이동이 (부회장)	**642-764** 창원시 성산구 반림동 럭키A 14동 1106호 58agassi@hanmail.net	261-6876 010-8531-6876
이방수	**641-784** 창원시 의창구 용호동 롯데A 4동 505호 ibs287@naver.com	287-0649, 8505 011-9309-0649
이승철	**656-930** 거제시 고현동 81-16 lsung8867@hanmail.net	632-0447 011-880-8867
이영혜	**660-794** 진주시 집현면 봉강리 금빛마을현대A 101-806	010-8292-6164

성명	주소	자택전화 · 직장전화
이원기	**631-860** 창원시 마산합포구 오동동 234-18 마산한일정형외과의원 wklee02@dreamx.net	246-7789, 5819 010-5499-9502
이정옥	**660-991** 진주시 평거동 695-7 경해여자중학교 교무실 jungok826@hanmir.com	747-3120 010-9395-0900
이정하 (사무국장)	**660-991** 진주시 평거동 725-2번지 0415jh@naver.com	747-9866 010-8267-9866
정동호 (부회장)	**660-983** 진주시 이현동 235-1 덕산A 1507호 jdh3415@hanmail.net	745-3415 010-9336-3415
정목일	**642-777** 창원시 성산구 상남동 대동A 119동 502호 namuhae@netain.com	263-1628 010-3866-1628
정영선	**660-991** 진주시 평거동 741-4번지 3층 skwjddudtjs@hanmail.net	746-7980, 752-5410 010-4849-7981
진재수	**642-766** 창원시 성산구 반림동 18 트리비앙A 201동 801호 bearock38@hanmail.net	010-9272-7378
최문석	**660-797** 진주시 초전동 초전1차 푸르지오A 101동 504호 mschoe3@hanmail.net	759-9079 010-2220-4039
하길남	**631-330** 창원시 마산합포구 대창동 67-3 중앙캐스빌 504호 hagilnam@hanmail.net	243-3455 010-2879-0551
하영제	**150-916** 서울 영등포구 여의도동 17 더샵아일랜드파크 101동 810호	864-0501 010-5488-2418
한석근	**681-230** 울산광역시 중구 북정동 116-6번지(도서관길 27) dr0300@naver.com	(052)244-0300, 273-2828 011-851-1640
한후남	**642-932** 창원시 성산구 남양동 동성A 6동 1506호 52hoo@hanmail.net	287-1476 011-214-5520
허익구	**660-762** 진주시 망경동 253 한보A 102동 1704호 hurik@jinju.ac.kr	762-4731 018-747-6969
허표영	**660-991** 진주시 평거동 146 원정로얄팰리스 505호 pyhurkr@hanmail.net	745-3121 010-3832-3121
허학수	**660-766** 진주시 상봉서동 1096 상봉한주타운 4동 103호 **662-820** 산청군 오부면 중촌리 오휴마을 285번지 hhs410@hanmail.net	742-8002(진주) 973-8382(산청) 011-875-8232
황광지	**630-805** 창원시 마산회원구 삼호로 227 catari429@hanmail.net	010-3575-4783
황소부	**660-763** 진주시 상대1동 상대현대A 103동 1205호 sbwhang@gnu.ac.kr	752-5793 010-8026-5793

편집후기

어느새 겨울로 가는 가을의 끝자락입니다.

일 년 동안 갈고 닦은 작품들이 석류알처럼 알알이 빛나는 제39집 동인지를 세상에 내놓습니다.

사람마다 추구하는 행복의 색깔이 다르지만 우리 회원들은 한곳을 향하고 하나를 위해 달려와 이제 막 행복한 열매를 손에 쥐려고 합니다. 진지한 수필 쓰기에 고민해 왔으며, 깊은 사유를 보여주는 글을 쓰고자 혼을 불태우는 모습을 볼 수 있었습니다.

이번 호에는 서정적이고 해학적인 글, 실험적인 삶의 가치를 말하는 지적인 글과 다양한 취향의 글들이 많이 실렸습니다. 빙그레 미소를 머금게 하는 작품이 있는가 하면 청량제 같은 신선한 작품도 있었습니다. 아마도 글을 쓰지 않고는 견디지 못하는 마음들이 우리 회원들에게는 다 있으리라 생각합니다. 그것이 동인지를 통해 조금은 해소가 되었으리라 생각합니다.

올해에는 세 분의 회원이 작품집을 내셨고, 두 분은 문학상을 수상했습니다. 그리고 세 분의 신입회원도 맞아들였습니다.

이번 호도 작품 소재는 예년과 같이 자유로운 선택으로 묶었으며, 12매의 수필과 5매의 짧은 수필로 동인지를 엮었습니다.

처음 편집을 맡았지만 회원들의 적극적인 협조와 회장님의 온화한 미소에 힘을 입어 큰 어려움 없이 엮을 수 있었습니다.

여러 회원님께 감사드립니다.

알찬 책을 엮어주신 도서출판 경남과 문학상을 제정해 주신 경남의사회에도 고마움을 전합니다.

〈이정하〉

慶南隨筆

제39호 2012

펴낸날 2012년 12월 1일

펴낸이 김미정 회장

펴낸곳 경남수필문학회

창원시 마산합포구 완월동 경남맨션 1동 1202호

연락처 • 011-581-6869

만든곳 도서출판 경남

631-130 창원시 마산합포구 몽고정길 2-1

☎(055) 245-8818~8819

FAX(055)223-4343

http://www.gnbook.com

e-mail:gnbook@empal.com

등록 제567-1호(1985. 5. 6.)

ISBN 978-89-7675-807-1-04800

ISBN 978-89-7675-466-0(세트)

* 이 책은 진주시 문화예술진흥기금에서 발간비의 일부를 지원받았습니다.

[값 10,000원]